社群分析与营销完全攻略

（案例实战版）

海天电商金融研究中心 编著

清華大學出版社
北 京

内 容 简 介

本书通过企业的108个实战案例，由浅入深地诠释了社群营销和运营的奥秘，运用两条线帮助读者从入门到精通社群营销，从新手变为社群营销高手。

一条是横向案例线，通过社群营销与运营经营得最好的16个行业：手机、书籍、医疗、瘦身、餐饮、购物、旅游、影视、美妆、婚庆、招聘、母婴、游戏、宠物、社交和教育，对社群营销手段与运营方法进行了充分讲解。

另一条是纵向技巧线，通过100多种不同种类的社群营销手段与运营方法：利用微信做入口、APP随时互动、论坛进行交互、O2O提供服务、特色活跃社群、教程内容丰富，以及形成“社群+电商”模式、进入场景营销、基于兴趣吸引用户、抓住痛点、提供活动、进行垂直社群、抓住口碑、细分服务、解决用户问题等，对读者玩转社群营销与运营做了详细说明。

本书适合的对象包括：准备从事社群营销与运营的人员或者企业；从事社群营销与运营有一段时间却并没有获得预期效果的人员或者企业；专业的社群营销与运营公司；各大企业负责社群营销与运营的人员或部门；想了解社群营销与运营并且利用社交软件挖金的营销人员或企业。

图书在版编目(CIP)数据

社群分析与营销完全攻略（案例实战版）/海天电商金融研究中心编著．—北京：清华大学出版社，2016
(电商营销与运营实战系列)
ISBN 978-7-302-44044-4

Ⅰ.①社… Ⅱ.①海… Ⅲ.①社区—市场营销学 Ⅳ.①F713.50

中国版本图书馆CIP数据核字(2016)第127817号

责任编辑：杨作梅
封面设计：杨玉兰
责任校对：张彦彬
责任印制：李红英

出版发行：清华大学出版社
网　　址：http://www.tup.com.cn, http://www.wqbook.com
地　　址：北京清华大学学研大厦A座　　**邮　　编**：100084
社 总 机：010-62770175　　**邮　　购**：010-62786544
投稿与读者服务：010-62776969, c-service@tup.tsinghua.edu.cn
质量反馈：010-62772015, zhiliang@tup.tsinghua.edu.cn
印 装 者：北京亿浓世纪彩色印刷有限公司
经　　销：全国新华书店
开　　本：170mm×240mm　　**印　　张**：16　　**字　　数**：258千字
版　　次：2016年8月第1版　　**印　　次**：2016年8月第1次印刷
印　　数：1～3000
定　　价：59.80元

产品编号：068141-01

前言

写作驱动

随着互联网的发展，企业的盈利模式越来越多，如今备受企业关注的是社群营销。企业可以通过社群营销与运营，将粉丝经济、用户口碑、电商营销、O2O、APP 等营销方式结合在一起，快速地、低成本地、有效地提高企业和产品的形象，从而为用户营造出“好玩”“有趣”“有调性”等特点的社群，同时也拉近了用户与企业之间的距离。所谓社群，是一种既能为企业聚集大量忠实用户的运营方法，又能为企业谋取高额红利的营销手段。本书基于社群营销与运营的特点，结合 16 大热门行业的 108 条实战案例，给读者提供最全面的实战技巧。

本书紧扣“社群营销与运营案例实战”，从横向案例线，系统地分析了 16 大行业中，具有代表性的 108 个软文实战案例；从纵向技巧线，深入讲解 100 多种社群营销与运营的手段与方法，对 100 多个行业社群进行介绍以及功能解析，以便让读者更接地气地吸收社群营销手段和运营方法，帮助读者从中获得有用的实战经验。下面用图解的方式做进一步了解。

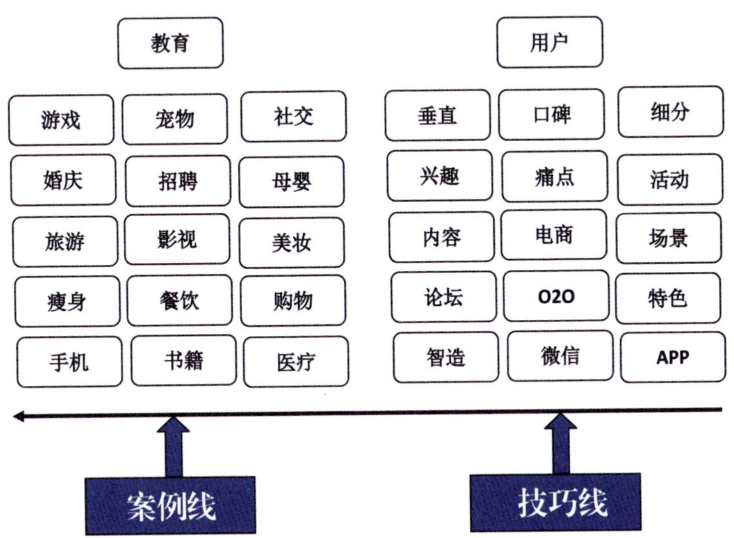

本书特色

本书有以下 5 大特色。

（1）覆盖面广，囊括 100 多种社群营销手段与运营方法：本书巧妙地将 100 多种社群营销手段与运营方法嵌入到行业案例中，通过案例生动形象地将营销手段与运营方法表述出来，让读者能够快速吸收、全面掌握社群营销与运营的相关规律与技巧。

（2）实践性强，渗透 16 个行业领域：内容涉及与人们生活和工作密切相关的手机、书籍、医疗、瘦身、餐饮、购物、旅游等各个领域。

（3）案例丰富，列举 108 个案例分析：对 16 大行业中具有代表性的 108 个社群案例进行透彻的讲解和分析，让读者通过一本书就可知晓整个行业的社群营销与运营。

（4）便于理解，构建 108 个图解分析：对案例社群进行专业的剖析，从社群功能、应用方法、应用方法的优势等方面，将社群营销手段与运营方法进行了详细分析，从而推动读者进入社群新时代、玩转新世纪。

（5）融合模式，结合 6 种营销模式：本书将社群与 APP、O2O、电商、微信、微博、论坛融合在一起，形成新趋势，从而体现新时代的营销模式，让读者更深入地了解社群，更早掌握社群时代下必然结合其他营销模式的红利路径。

作者团队

本书由海天电商金融研究中心编著，同时参加编写的人员还有董婷、谭贤、柏松、谭俊杰、徐茜、苏高、曾杰、张瑶、刘嫔、罗磊、罗林、蒋鹏、田潘、李四华、刘琴、周旭阳、袁淑敏、谭中阳、杨端阳、卢博、徐婷、余小芳、蒋珍珍、吴金蓉、陈国嘉、曾慧、向彬珊、李龙禹、徐旺等人，在此一并表示衷心的感谢。由于作者知识水平有限，书中难免有错误和疏漏之处，恳请广大读者批评、指正，联系邮箱：itsir@qq.com。

目录

第 1 章

手机社群：聚集粉丝“智造”用户

手机社群：聚集粉丝“智造”用户

粉丝文化

小米手机

锤子手机

联想手机

魅族手机

vivo 手机

用户黏性

OPPO 手机

三星手机

华为手机

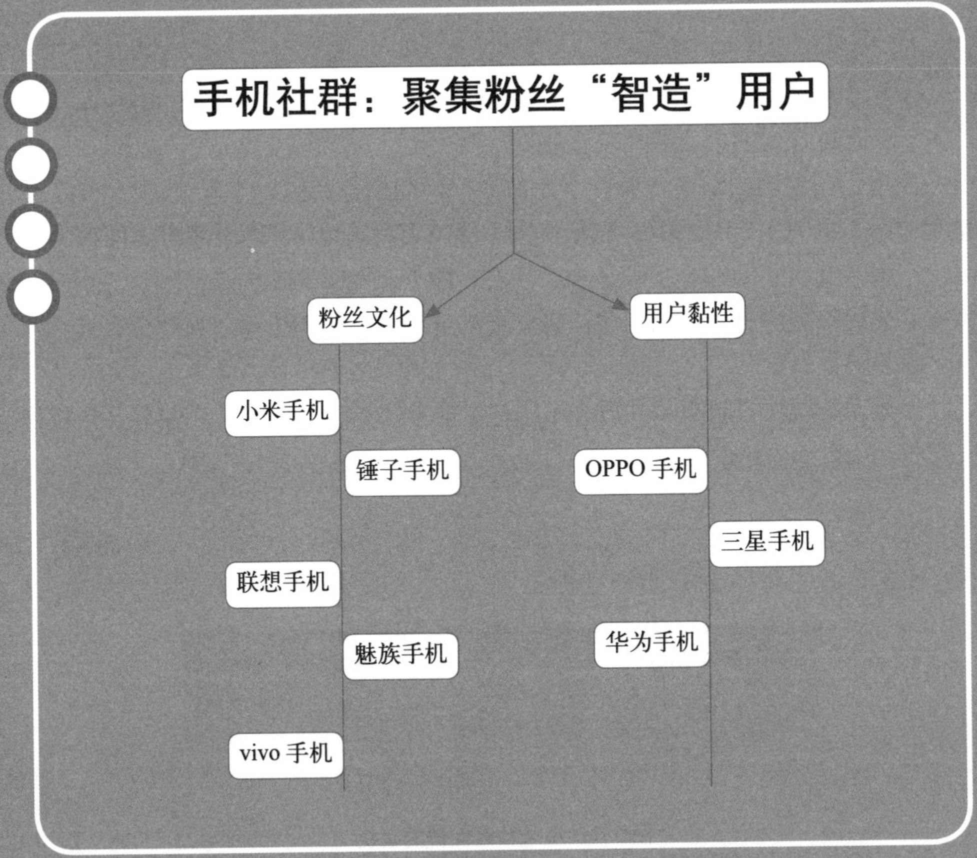

1.1 粉丝文化

在社群还没有盛行之前，粉丝经济一直占领着主导地位。例如，乔布斯与他的“果粉”们。不管是哪个行业，都纷纷看重粉丝市场，期待着粉丝给他们带来持久的效益。可是，随着粉丝经济的放纵，人们开始关注粉丝带来的一些负面影响。例如，明星粉丝会无限吹捧自己所喜爱的明星，而导致一定的人群不会去关注、喜欢这位明星，即对开发新粉丝有一定的影响。

由此，可以认为粉丝经济是一把双刃剑，直到社群时代的崛起，粉丝经济带给企业负面影响的问题也就迎刃而解了，很好地让企业在粉丝文化的基础上，进行社群营销与运营的操作，让企业在社群时代更快进入红利时代。

【案例 1】小米手机：让每个人都可享受科技的乐趣——落实粉丝需求

【企业简介】

小米公司成立于 2010 年 4 月，是一家专注于智能手机、互联网电视以及智能家居生态链建设的创新型科技企业。

小米公司自创办以来，保持了令世界惊讶的增长速度，小米公司在 2012 年全年售出手机 719 万台，2013 年售出手机 1870 万台，2014 年售出手机 6112 万台。

小米营销模式的核心基础是小米社群，即小米 QQ 群、小米空间等，小米一直以“先聚集用户再做产品”“让每个人都可享受科技的乐趣”为理念，势必要唯“米粉马首是瞻”。

小米生态链建设将秉承开放、不排他、非独家的合作策略，和业界合作伙伴一起推动智能生态链的建设。

【功能解析】

小米社区社群的功能如图 1-1 所示。

图 1-1 小米社区社群的功能

(1)资讯：为“米粉”提供关于小米手机、手环等智能产品的信息。例如，新手机F码的信息、米粉才艺大咖秀的情况、产品的评测、美好手机的基础技能等。

(2) 论坛：提供“米粉”自由发表关于小米的新主题，“米粉”可以在里面进行信息的交互、一起参与小米官方的活动、一起聊关于小米的所有话题。

(3)板块：“米粉”可以根据自己的需求，精确查找到与需求相关的内容。例如，可以在小米Note板块中找到关于小米Note手机的官方公告、晒机评测、求职讨论、玩机教程、软件游戏等。

(4) 酷玩帮：专门给酷玩“米粉”提供酷玩体验与作品展示，还有最近的酷玩帮评测报告，以及相关的酷玩资讯信息。

(5) 随手拍：专门提供“米粉”发表自己拍的照片，并且还可以参加赛事，参赛作品必须是用小米手机、小米平板电脑等小米设备拍摄，图片可以经过手机或电脑后期软件编辑，但必须保证完整的 EXIF 信息 (部分手机软件处理过的图片会清除 EXIF 信息)。

(6) 应用：“米粉”在应用板块中，可以分享一些关于手机应用的帖子。

(7) 爆米花：爆米花是小米官方在世界各地组织的大型米粉线下活动，在活动中包括抽奖、游戏、才艺、互动等多个精彩环节，小米联合创始人及生态链高管等神秘嘉宾也会到现场与米粉们一起互动。

(8) 同城会：同城会是由米粉自发组建、经小米官方认证的“米粉”组织。每月不定期发起同城活动，在这里可以结交到很多同城好友。

(9) 官网：提供“米粉”快速购买小米产品的通道。

【实例分析】

小米营销模式的核心基础之所以是小米社群，那是因为它完全让粉丝体会到了从生理需求到成就需求的全过程，深深地将“米粉”拉进小米社群营销的糖衣炮弹中，让“米粉”久久不能自拔，自愿深入到其中，如图 1-2 所示。

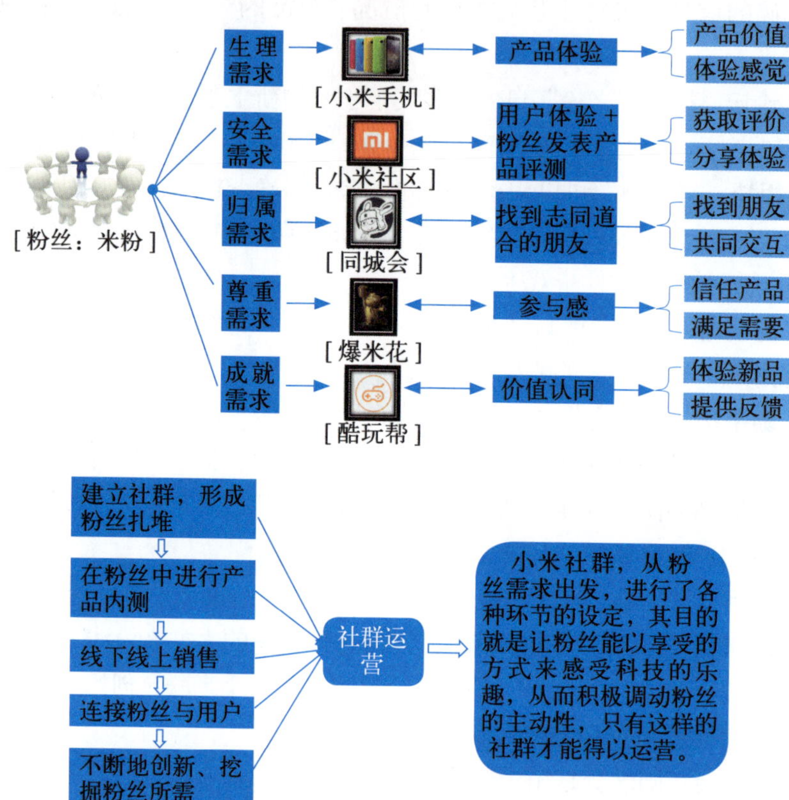

图 1-2　小米社群“落实粉丝需求”营销方法及运营解析

专家提醒

企业在进行社群营销之前，必须将粉丝的需求落实到位，这样，粉丝才不会是“伪”粉，而是真真切切对企业有帮助的铁杆粉丝。总的来说，如果企业能做到以下 5 点来进行社群营销，定然不会被原有粉丝所抛弃。

- 切合粉丝需求，制造产品价值以及产品体验。
- 提供产品评测系统，也让粉丝用户参与到评测中去。
- 即时收集粉丝用户反馈，重视所反馈的问题。
- 积极询问粉丝用户需求，让粉丝用户变相成为“生产者”。
- 根据用户需求，改进社群服务，需要做到第一时间倾听粉丝心声。

【案例 2】锤子手机：“心智连接”下“工匠精神”的粉丝情怀——人格魅力

【企业简介】

北京锤子数码科技有限公司成立于 2014 年 6 月。它是一家制造移动互联网终端设备的公司，它们以完美主义的工匠精神，打造用户体验一流的数码消费类产品。以改善人们的生活质量为口号，在缺乏创新精神和创新能力的安卓手机阵营里，它们格外擅长软件的图形界面和用户体验设计，并精通硬件的工业设计。

“锤粉”最开始的聚集，还得归功于罗永浩“高调”下的人格魅力、“工匠精神”下的手机产品，以及锤子手机在自己的官方论坛上、微博上、微信上的社群服务。下面就以锤子手机官方论坛为例，进一步来了解锤子手机的社群营销与运营。

【功能解析】

锤子手机官方论坛社群的功能如图 1-3 所示。

图 1-3　锤子手机官方论坛社群的功能

（1）论坛首页：在首页上，向“锤粉”提供精品资讯、热帖推荐、板块推荐、应用推荐、游戏推荐、福袋兑换、讯飞输入法皮肤有奖设计大赛、坚果手机特别版发布会视频回顾、黑盒子与白盒子游戏。

（2）论坛板块：向“锤粉”提供发帖板块，其中包括四个部分：官方区，包括官方动态与官方活动两个方面，围绕着锤子手机发布一些官方新闻、媒体报道、人员招聘、线上活动；产品区，包括坚果手机、Smartisan T1、情怀背壳、单发应用、功能建议；综合区，提供 4 个板块，即闲聊灌水、跳蚤市场、论坛事务、线下聚会；资源区，也包括 4 个板块，即摄影分享、安卓应用、安卓游戏、适配机型。

官方网站：点击该链接，可以进入锤子手机的官方网站首页。

在线商城：点击该链接，可以进入锤子手机在线商城购买旗下产品。

喜欢云：具有联系人、便签、查找手机等功能。

应用下载：点击该链接，可以下载锤子桌面、HandShaker、锤子便签、锤子邮件、锤子时钟、锤子日历、锤子阅读、欢喜云同步工具、锤子科技论坛、锤子驾驶等 APP。

【实施分析】

在社群时代，人格魅力可以归因于“虚产品”，粉丝因“虚产品”而聚集在一起，然后围绕着“虚产品”来进行产品的销售，促使企业获得红利。

锤子手机无疑就是依靠罗永浩的人格魅力，而吸引着不少的“锤粉”，在锤子手机不太完美的情况下，还拥护着锤子手机，成为一股支持锤子手机的中坚力量，如图 1-4 所示。

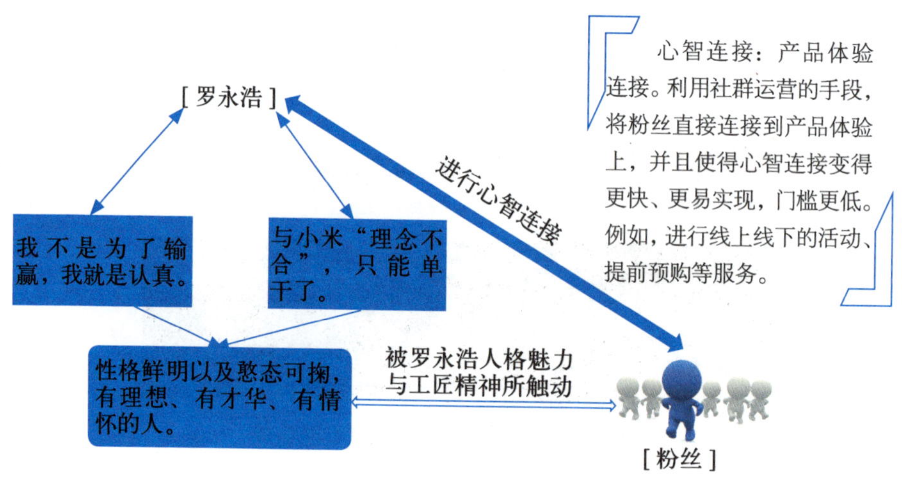

图 1-4　锤子社群中的人格魅力、心智连接以及工匠精神

专家提醒

在锤子社群中，罗永浩的人格魅力就是聚集“锤粉”的核心因素，“锤粉”直呼罗永浩为老罗，可见他们之间的亲切感。此外，通过心智连接来运营社群，增加粉丝体验，形成比较好的参与感，进一步搭配工匠精神来进行社群营销，让粉丝沉浸在老罗的人格魅力中，陶醉在产品体验上，落实到产品功能、性能、质量上，由此稳住了一堆不离不弃的铁杆粉丝，这也是社群营销与运营中不可或缺的重要一环。

罗永浩在锤子 T2 发布会上曾提出“天生骄傲”的理念，而这个理念恰巧是 70 后所感触却无法用言语表达的情怀，由此，罗永浩的“天生骄傲”就成了锤子手机与“锤粉”之间进行的心智连接，也是能让“锤粉”与品牌产生共鸣碰撞的关键点。

罗永浩还希望用户到网站上提交自己对“天生骄傲”的解读及案例、故事等，被选中的故事还可能被拍成广告。而这种做法显然是借助于用户生成内容的方式，创造一种去中心化的精神体验，如图 1-5 所示。

[线上活动] 参加“天生骄傲”征集活动，写下你最骄傲的故事 [复制链接]

发表于 2014-12-10 13:40 | 只看该作者 | 只看大图 ▸

有些事即便你从未提起，心里也一定是骄傲的。比如那次勇敢的拒绝、那段旁人不解的坚持、那个实现了的豪言壮语。参加“天生骄傲”征集活动，写下你最骄傲的故事。

图 1-5 锤子手机关于“天生骄傲”的线上活动

当这样一种精神体验演变成社群的精神体验，得到大面积的用户发酵后，用户购买产品也就不成问题了，所以“天生骄傲”对于锤子手机来说，就是一种情感连接，它使得锤子手机的社群越来越有凝聚力。

【案例 3】联想手机：树立“真的好一点”品牌主张 ——针对粉丝的推广

【企业简介】

联想集团成立于 1984 年，由中科院计算所投资 20 万元人民币、11 名科技人员创办。联想主要从事开发、制造和销售技术产品及优质服务，生产台式电脑、服务器、笔记本电脑、打印机、掌上电脑、主板、手机 、一体机电脑等产品。

如今，联想手机的乐檬系列以“产品真好，价格真心，服务真优，态度真诚”的四大特色，大受“檬主”喜爱，以性价比为核心，树立起了“真的好一点”乐檬品牌主张，如图 1-6 所示。

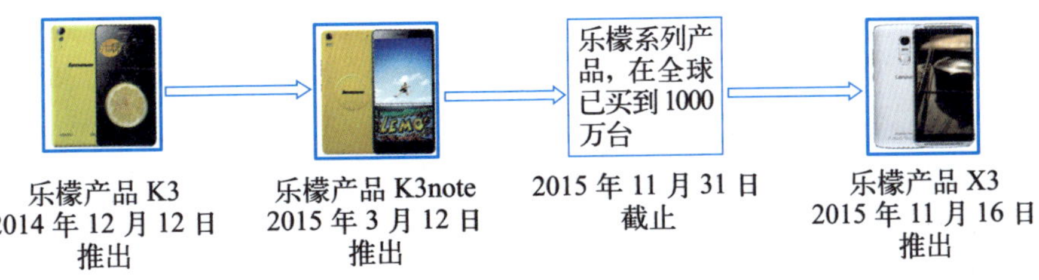

图 1-6 联想乐檬的成长

联想乐檬系列的手机产品，之所以能取得如此高的销售量，有一部分原因是因为联想乐檬手机在手机乐粉社群中与“檬主”之间的互动。下面就进一步来了解联想手机社群营销与运营。

【功能解析】

联想手机乐粉家社群的功能如图 1-7 所示。

图 1-7　手机乐粉家社群的功能

（1）首页：其中可以查看联想手机的新品信息，并提供相应社群的帖子及热门信息。

（2）乐粉板块：其中包括 5 个模块，即 Lenovo 手机、智能选件、VIBE UI（联想做的手机系统）、玩机专区、板务大厅，这 5 个板块“檬主”都可以进行发布相关的帖子。

（3）VIBE UI：提供联想手机系统相关的帖子，“檬主”也可以在这个板块发布帖子。

（4）手机服务：提供一些关于手机的常见问题，用户的投诉问题、使用方法等服务。

（5）新机试用：用户可以用较低的成本体验到联想在研发、售中、售后三个阶段的手机产品。联想将通过大量用户的内测、使用、评测、反馈等环节，帮助软硬件研发团队寻找产品现有问题，发现可提升空间，改进联想手机产品的性能、功能、服务等。

【实施分析】

如今是数码产品更新换代加速期，很多企业都在感叹着手机行业不好做，同质化太强，很难脱颖而出地吸引到消费者的注意力。可联想不这么认为，他们认为手机之所以不好做，并不全归于同质化，而是在手机推广上吃了亏，正是有了这样的意识，才会在手机乐粉家社群中拥有 3 543 853 位会员。进一步了解联想手机针对粉丝的社群营销与运营，如图 1-8 所示。

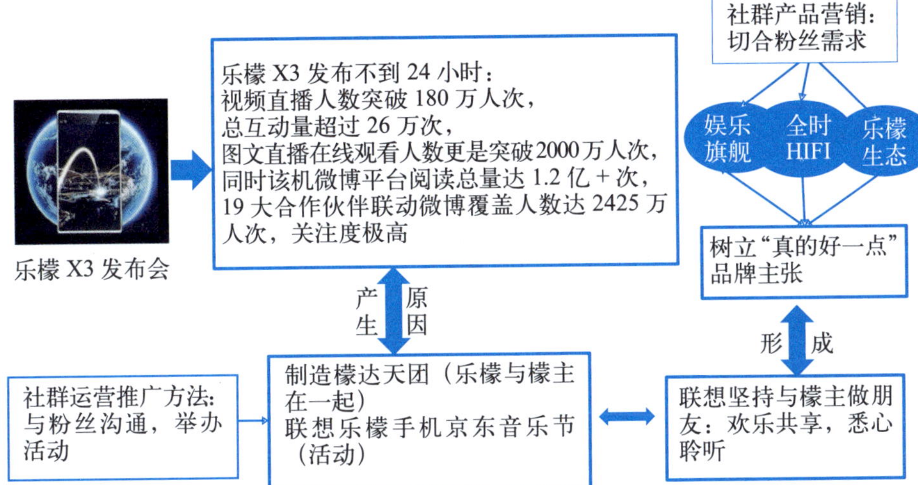

图 1-8 联想手机社群营销与运营分析

专家提醒

对于檬达天团这样的社群来说，企业营销最需要的就是信任，信任是做好营销工作的基础，没有信任就不会有成功的营销团队，更不会有成功的产品。在社群中，想要获得别人的认同就一定要给别人信任你的理由，尤其是社群中其他不认识你之前，你想要获得大家的信任就要先吸引用户关注你和信任你。

【案例 4】魅族手机：产品讨论区下粉丝的拥护——基于粉丝的产品研发

【企业简介】

魅族公司成立于 2003 年。创始人从小沉迷于电子产品，并且十分热爱科技，魅族就是其电子梦想和共赢理念的结晶。从创立以来的一次次飞跃来看，不仅是魅族人热爱追求的结果，更是梦想力量的体现。

魅族因热爱而极致、专注和长久的追求，必将带来商业产品无与伦比的梦想之作。随着时间的推移，造就了“一切将超越常规，超乎想象”的魅族品牌，也正是因为这样的品牌形象，才聚集了一大堆“煤油”粉丝，形成一个比较大的社群——魅族社区。

【功能解析】

魅族社区社群的功能如图 1-9 所示。

图 1-9　魅族社区社群的功能

（1）**产品讨论**：魅族用户可以在这个模块上提供建议。

（2）**魅蓝专区**：关于魅力手机发布帖子的平台。

（3）**行业伙伴**：魅族行业伙伴相关信息会。

（4）**魅玩帮**：提供智能硬件免费试玩，分享优质测评内容。

（5）**资源分享**：提供“煤油”分享使用过好的 APP 应用。

（6）**二手交易**：“煤油”与“煤油”之间的交易，与魅族无关，只是魅族提供淘宝贝的平台。

（7）**新人报到**：给刚刚加入“煤油”的新人一个与老“煤油”熟络的机会。

（8）**魅友广场**：提供一个“煤油”，相互认识，结交新友的平台。

（9）**摄影天地**：精美贴图、“煤油”自拍、魅族手机摄影展示。

（10）**商家活动**：各地代理商活动发布专区，专门发布面向当地“煤油”的优惠信息。

（11）**魅友家大本营**：魅族官方组织各地“煤油”聚会活动。

【实施分析】

魅族社区社群营销与运营分析如图 1-10 所示。

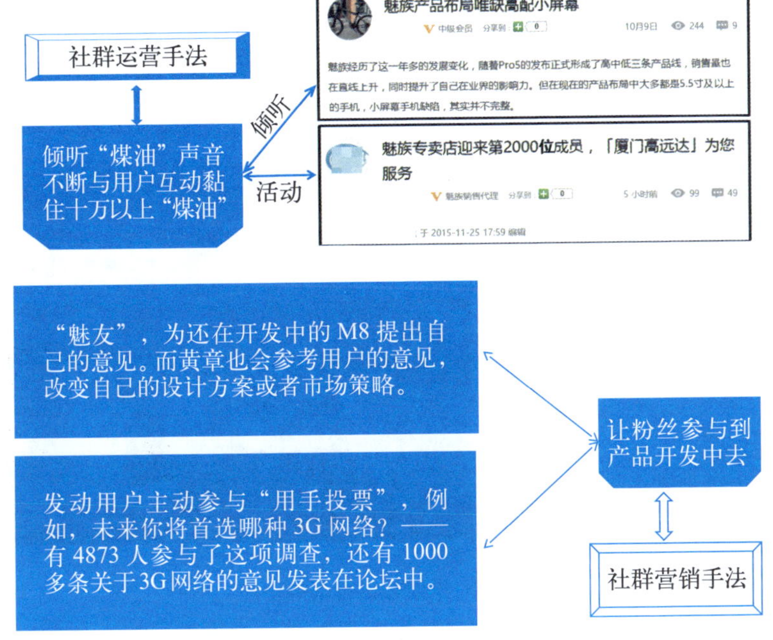

图 1-10 魅族社区社群营销与运营分析

专家提醒

在魅族社群中，“煤油”的心声永远都是第一位的，因为魅族坚信，只要与用户之间搞好关系，产生铁杆粉丝，必定会成为魅族手机的动力，当魅族遇到前所未有的危机时，也不会气馁，因为他们会不断地听取粉丝的意见，在用户互动的同时，还听取产品改善意见，以及制定营销战略。

【案例 5】vivo 手机：V 粉的极致交互
——品牌认同效应

【企业简介】

2011 年 vivo 智能手机品牌正式推出，它是一个专注于智能手机领域的手机品牌，追求乐趣、充满活力、年轻时尚的群体一起打造拥有卓越外观、高业级音质、极致影像、愉悦体验的智能产品，并将敢于追求极致、持续创造惊喜作为 vivo 的坚定追求。

自 V 粉社区出现以来，就一直为 V 粉提供了 vivo 智能手机关于安卓软件、安卓游戏下载以及手机玩家交流的社群平台，让 V 粉进一步了解 vivo 品牌，让品牌文化“乐享极智”成为 V 粉心中共同的理念。下面就来进一步了解 vivo 手机的 V 粉社区中社群营销与运营。

【功能解析】

图 1-11　V 粉社区社群的功能

（1）首页：向 V 粉提供编辑推荐、售后服务、热门板块、V 粉评测、手机拍照、V 粉热议等服务。

（2）论坛：V 粉可以在论坛中发布关于 vivo 手机的帖子，V 粉还可以基于帖子而相互交流。

（3）板块：包括 V 粉玩机、V 粉俱乐部、社区站务 3 个板块。

（4）V 粉会：在 V 粉会板块中，V 粉可以在里面看到关于 V 粉社区社群成员下线活动相关的帖子。

（5）V 摄影：在 V 摄影板块中，V 粉可以查看拍摄的影集相片，可以了解相应的摄影师，还提供了相应的摄影教程供 V 粉学习。

（6）V 精华：在 V 精华板块中，V 粉可以查看精华栏目信息以及相应的热门文章，了解关于 vivo 更多的精华信息。

【实施分析】

随着社群红利时代的到来，不少企业在试水社群营销的过程中发现，品牌推广占据了社群营销的重要部分。

所谓品牌推广，是指企业为了塑造自身和产品的品牌形象，让广大消费者产生广泛认同的一系列活动和过程。一般来说，品牌推广有三大重要要素，如图 1-12 所示。

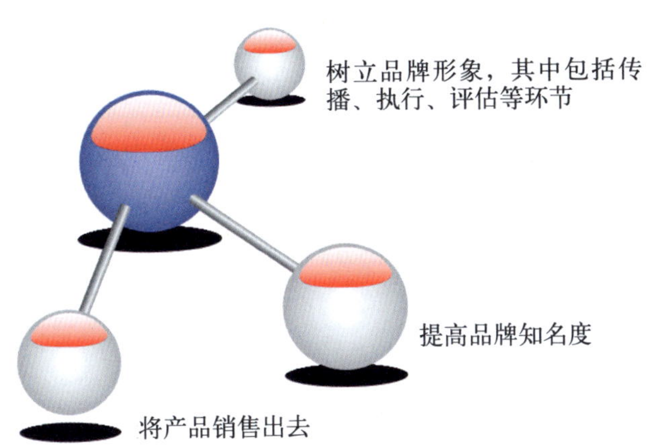

图 1-12 社群营销品牌推广的重要要素

品牌推广需要利用社群营销思维进行分析，而品牌粉丝是最优质的目标消费者，若品牌粉丝因某个品牌聚集成为一个圈子，那么他们会对品牌或产品在一定程度上注入了感情因素。他们不会嫌弃品牌或产品中的缺点，只会支持、拥护以及帮助企业改进。

社群中的粉丝会对自己喜欢的品牌或产品产生高度的热情，并且还会在自己的朋友圈中传播该品牌或产品，从而树立形象良好的口碑。

因此，企业要从根源上来打动保持漠视态度的社群成员，有 5 点是需要注意的，如图 1-13 所示。

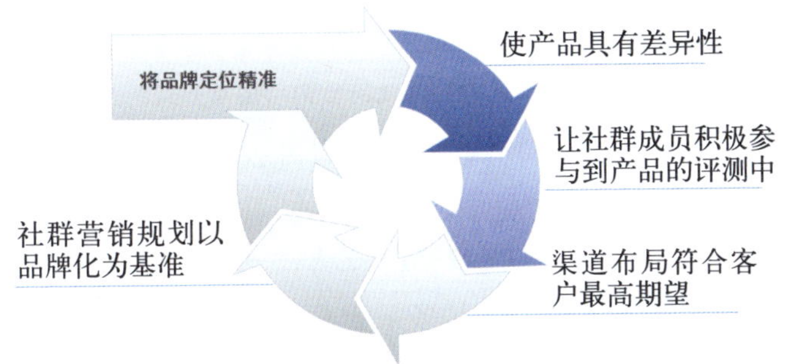

图 1-13 在社群中推广品牌的方法

下面进一步了解 vivo 在社群品牌方面所采取的措施，如图 1-14 所示。

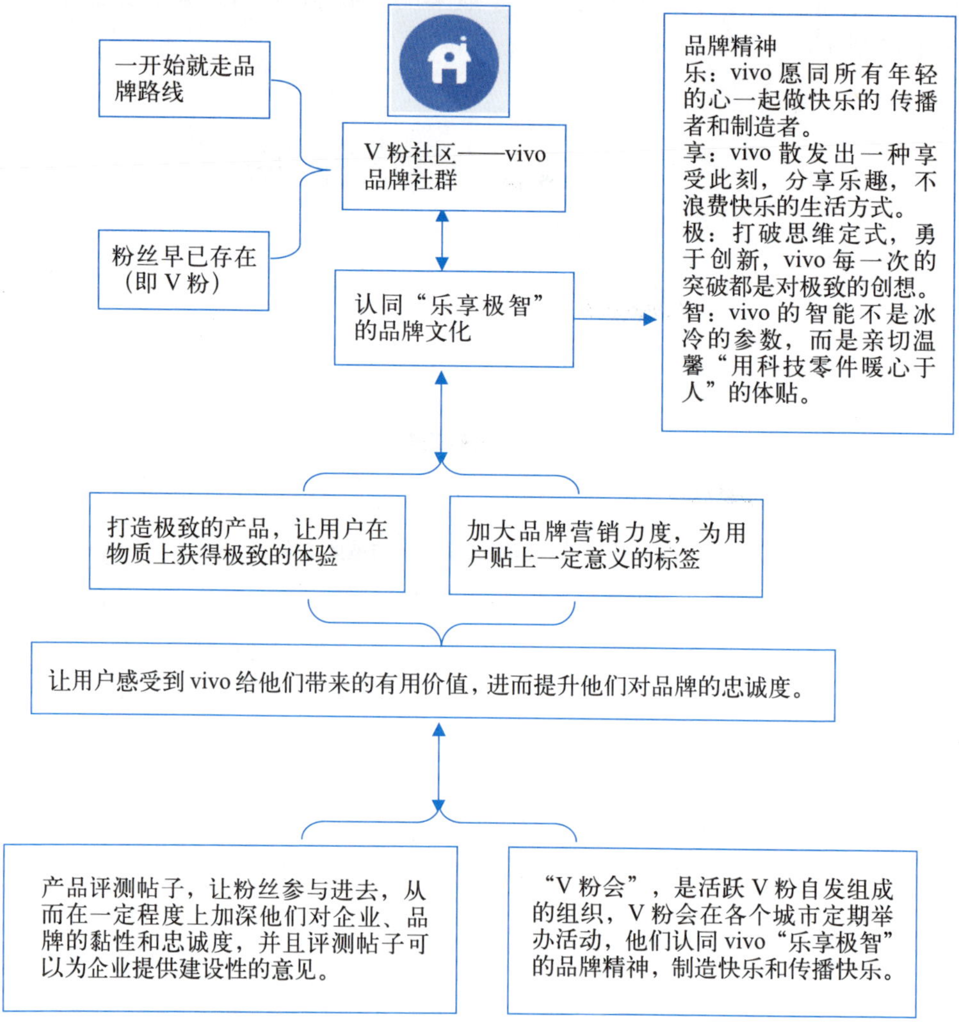

一开始就走品牌路线

粉丝早已存在（即 V 粉）

V 粉社区——vivo 品牌社群

认同“乐享极智”的品牌文化

品牌精神
乐：vivo 愿同所有年轻的心一起做快乐的传播者和制造者。
享：vivo 散发出一种享受此刻，分享乐趣，不浪费快乐的生活方式。
极：打破思维定式，勇于创新，vivo 每一次的突破都是对极致的创想。
智：vivo 的智能不是冰冷的参数，而是亲切温馨“用科技零件暖心于人”的体贴。

打造极致的产品，让用户在物质上获得极致的体验

加大品牌营销力度，为用户贴上一定意义的标签

让用户感受到 vivo 给他们带来的有用价值，进而提升他们对品牌的忠诚度。

产品评测帖子，让粉丝参与进去，从而在一定程度上加深他们对企业、品牌的黏性和忠诚度，并且评测帖子可以为企业提供建设性的意见。

“V 粉会”，是活跃 V 粉自发组成的组织，V 粉会在各个城市定期举办活动，他们认同 vivo“乐享极智”的品牌精神，制造快乐和传播快乐。

图 1-14　V 粉社区社群营销与运营方式

在 vivo 社群中，目前 V 粉会的成员已覆盖 26 个省份，由各地粉丝队长进行管理，而粉丝队长都是从 V 粉中挑选出来的，他们需要定期组织摄影外拍、粉丝聚会、登山等活动。这样就能让粉丝感觉到自己融入 vivo 中，而不是与 vivo 只有一条线的连接，相反，却是多条散发式的连接，于是造就了粉丝品牌的社群。

专家提醒

在社群中，需要造就一定的品牌理念，让粉丝拥有共同的信仰，但是打造信仰的前提，是需要有一个粉丝认同的产品，才能利用品牌理念来进行社群营销。在运营社群的过程中，最好多举办一些活动，让粉丝们聚集在一起，相互交流，促使粉丝与粉丝之间、粉丝与品牌之间、粉丝与产品之间形成黏度。

1.2 用户黏性

在社群营销与运营的成功案例中，用户黏性是非常重要的因素，当用户黏性非常大时，此社群对于企业来说，就是一个“聚宝盆”；对于用户来说，就是一个“放松自我”的好平台。

下面就来进一步了解手机行业在社群中是怎样进行用户黏性的实现的。

【案例 6】OPPO 手机：OPPO 乐园下的用户连接——用户相互交流

【企业简介】

OPPO 全称为广东欧珀移动通信有限公司，成立于 2004 年，致力于为客户提供先进和精致的智能手机、高端影音设备和移动互联网产品与服务。

OPPO 乐园是 OPPO 手机以移动社交为基础的品牌社群服务平台，让用户更喜欢 OPPO 产品，享受更完善的服务。

OPPO 乐园从 2011 年 10 月发布至今获得了用户的一致好评。2015 年 10 月 21 日 OPPO 更新至 5.21 版，广告话题，展示人生的酸甜苦辣，大千世界无奇不有；拍客社区，完美绽放用户的魅力，分享用户精彩生活，为用户带来了全面贴合 OPPO 社群的绚丽人生。

【功能解析】

OPPO 乐园社群的功能如图 1-15 所示。

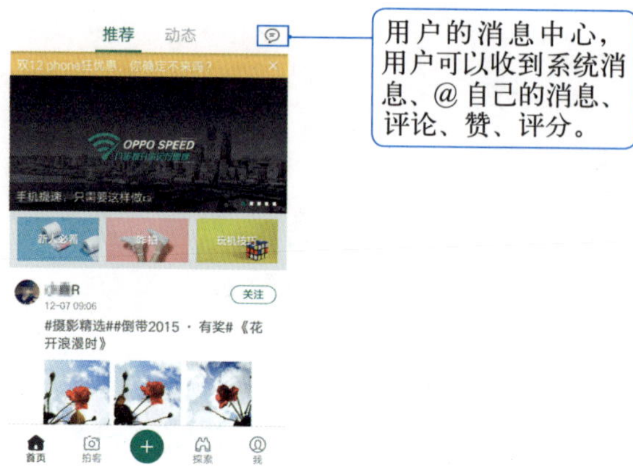

图 1-15　OPPO 乐园社群的功能

（1）**新人必看**：是针对新人的导航区域，由 OPPO 乐园官方分享内容。

（2）**咋拍**：OPPO 用户专门发表关于手机拍照的帖子。

（3）**玩机技巧**：用户可以分享一些玩机个人心得和推荐。

（4）**动态**：可以看到用户发布的心情、话题等动态。

（5）**拍客**：关于手机拍照的内容，其中包括随拍精选、自拍精选、最新集训营，其中集训营中有关于拍照的活动。

（6）**探索**：里面包括了广场、附近、Q 币小铺、幸运大抽奖、产品中心、OPPO 校园、OPPO 资讯、我要求助、体验店、客户服务。

【实施分析】

企业要想在社群中与用户产生黏性，首要条件就是让用户之间产生交流，只要有了交流，就能给用户一个留在社群的理由，如图 1-16 和图 1-17 所示。

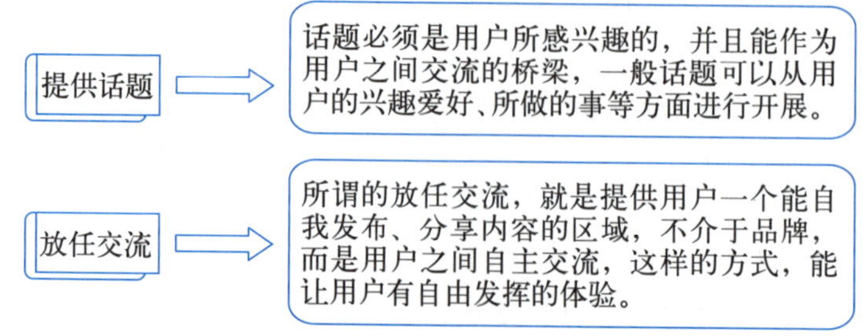

图 1-16　在社群中让用户之间产生交流的方法

专家提醒

在社群营销与运营中，对于企业来说，用户之间的黏度是一个促成口碑形成的重要基底，当用户之间的关系比较和睦、熟悉时，能让他们在社群中相互交流，那么口碑传播的效益，也就孕育而生了，特别在品牌、产品社群中比较明显。

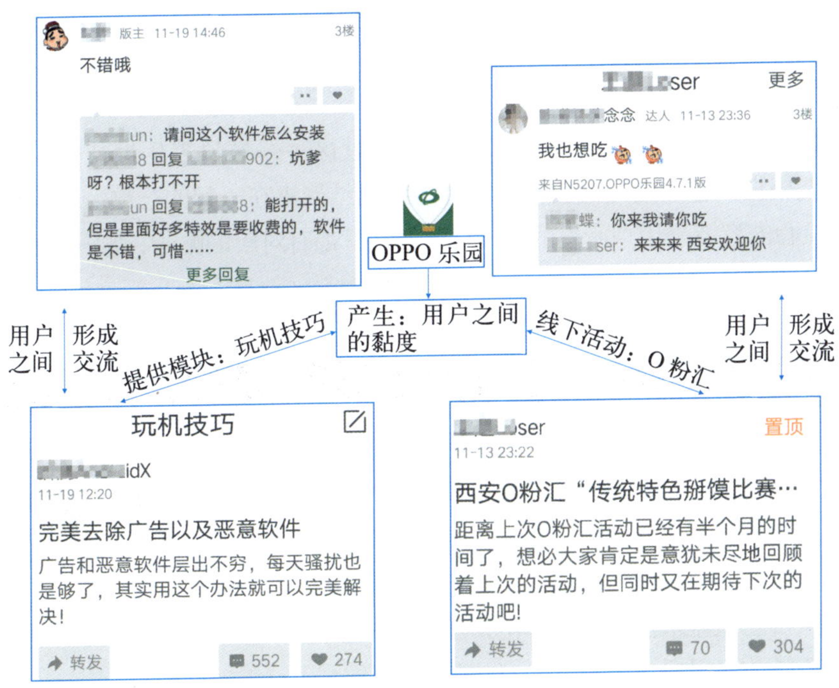

图 1-17　在社群中提高用户黏度的技巧

【案例 7】三星手机：盖乐世社区下的产品建议——重视用户反馈

【企业简介】

三星是韩国首尔的一家科技公司，它的名字来自韩语（Samsung）。另外，韩语的“Sam”还有“强大、数量多”的意思，而“sung”有“永恒”的意思，所以合在一起就是“永恒的强大”，而它的强大可以从三星愿景看出来，如图 1-18 所示。

以人为本 追求卓越	创新产品 优化服务	贡献社会 服务人类
■ 在经营理念的指导下督促员工不断成长进步，整体提升公司的技术优势。 ■ 通过人力资源整合以及技术的革新来提高公司的整体管理水平。	■ 不断优化产品质量和服务，给用户最大的满足感。 ■ 继续保持行业领先水平。	■ 为实现人类的共同利益而努力。 ■ 各下属子公司共同努力，完成使命。
核心管理因素	公司远景（内在目标）	公司远景

图 1-18　三星的愿景

【功能解析】

2015 年 7 月 1 日三星电子正式推出官方社区——三星盖乐世社区，成为一个让网友根据兴趣、爱好而自由选择并最终团结聚集在一起的社群。在盖乐世社区，其核心内容就是用户所发的帖子，每个栏目都有对应的帖子，如图 1-19 所示。

产品区	玩机区	互动交流区	服务站	专题汇总	产品建议	星校园

图 1-19　盖乐世社区的功能

盖乐世社区在完全开放之前进行了长达两个月的内测期，初步筛选出了三星的忠实用户，而这部分用户对三星品牌有着高度的认同感。

这些用户还能找到归属感，并且参与内测的用户会在微博、朋友圈等社交网络上炫耀自己在盖乐世社区的身份，从而形成社群口碑效应，慢慢变相地帮盖乐世社群招募社群用户。

【实施分析】

在社群营销与运营中，除了让用户之间进行交流之外，还需要在社群中进行用户反馈，因为用户反馈可以反映出用户在真实使用环境中所存在的问题，并且在企业预测用户行为习惯时发挥重要的作用。

企业在运营社群的过程中，通过对用户反馈的分析，可以让企业进一步了解到三件事情，如图 1-20 所示。

图 1-20　分析用户反馈对企业的好处

下面就来看一看三星手机是怎样做用户反馈的，如图 1-21 所示。

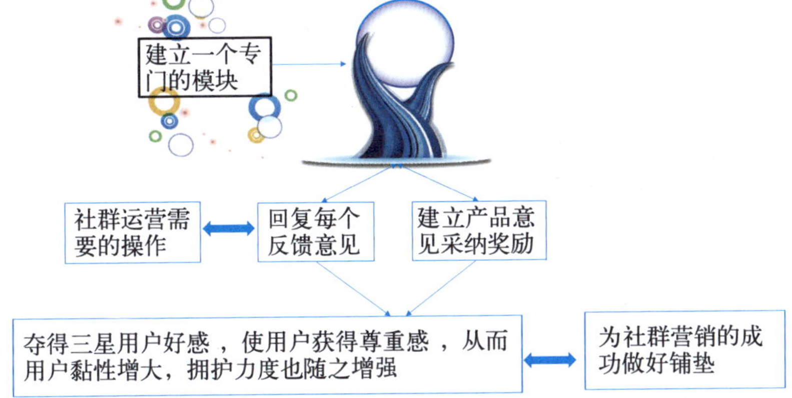

图 1-21　三星手机社群营销与运营分析中的一环——用户反馈

企业在运营社群时，不仅需要摆正对用户的意见的心态，还需要积极与反馈用户互动，让他们知道企业对他们所提的意见是以重视的姿态来处理的。除此之外，企业还需要注意两点，如图 1-22 所示。

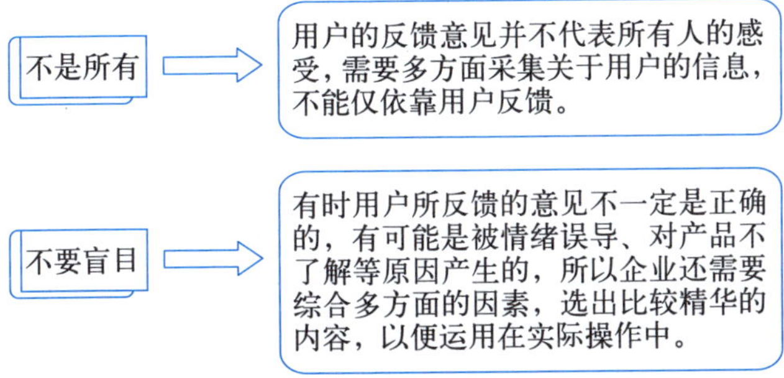

图 1-22　企业分析用户反馈所需要注意的事项

专家提醒

社群的营销与运营不管属于哪个方面，用户反馈都是非常重要的，在用户反馈中企业可以了解到用户心中的产品雏形，并且能将用户在使用产品的行为过程中遇到的问题有效地收集起来，然后改善产品，制造产品，这样在某种意义上用户就参与到了产品的制造中，建立了用户与品牌之间的情怀。

【案例 8】华为手机：花粉俱乐部下用户聚合——贴心服务

【企业简介】

消费者业务是华为三大核心业务之一，产品全面覆盖手机、移动宽带及家庭终端。消费者业务始于 2003 年年底，经过十余年的发展，在 Interbrand 公布的 2014 年全球品牌百强企业中，华为成为首个上榜的中国大陆企业。

当华为用户越来越多时，就将目光放在了完善售后服务，通过建立一个关于华为手机用户专属的花粉俱乐部社群，来为华为用户提供各种贴心的服务，让用户越来越喜欢华为，不仅限于产品，还涉及华为的方方面面。

2015 年花粉俱乐部掀起了一股圈圈热，其中以音乐天地圈完美地诠释了“画个圈圈，爱上自己”的建圈理念，目前花粉兴趣圈圈已多达上百个，均为用户自己运营，圈内还多次举办音乐会送门票的活动，备受用户好评。

【功能解析】

图 1-23　花粉俱乐部社群的功能

（1）首页：页面首页中定期向花粉提供俱乐部的相关活动信息，以及相应花粉发表的各种热门文章。

（2）论坛：提供用户自己发帖，获得资讯的板块，其中包括：Ascend 手机、Honor 手机、酷玩专区、EMUI 专区、花粉广场、版务大厅各板块。

（3）板块：提供各种板块信息，如 Ascend 手机、Honor 手机、平板 / 笔记本、智慧生活、配件专区等板块信息。

(4) 圈圈：展示用户感兴趣的帖子，其中有 4 个模块：同城俱乐部、高校俱乐部、团队空间、兴趣爱好。

(5) 活动：显示相关的活动信息，如新人专享话费红包、众测送好礼，以及相关的游戏优惠活动等。

(6) 随手拍：提供用户分析照片的板块 .

(7) 花瓣商店：用户可以通过登录、签到、发帖、回帖、参加活动等形式获取花瓣，并可通过花瓣兑换一定的商品。

(8) 投票：在其中可以查看最新的投票信息，并投出自己喜欢的一票。

(9) 频道：在其中可以查看相应的频道信息，如超级女声、花粉模拟面试大赛等。

【实施分析】

在社群中，企业需要进行贴心服务，才能触动用户的情感，才能促使用户对品牌“俯首称臣”。

社群营销与其他手段的营销不同，它需要先让用户产生价值认同，才愿意享受贴心服务，与其他营销方式背道而驰。而贴心服务，需要在满足用户需求的情况下产生。下面就来进一步了解在社群中做贴心服务的要点，如图 1-24 所示。

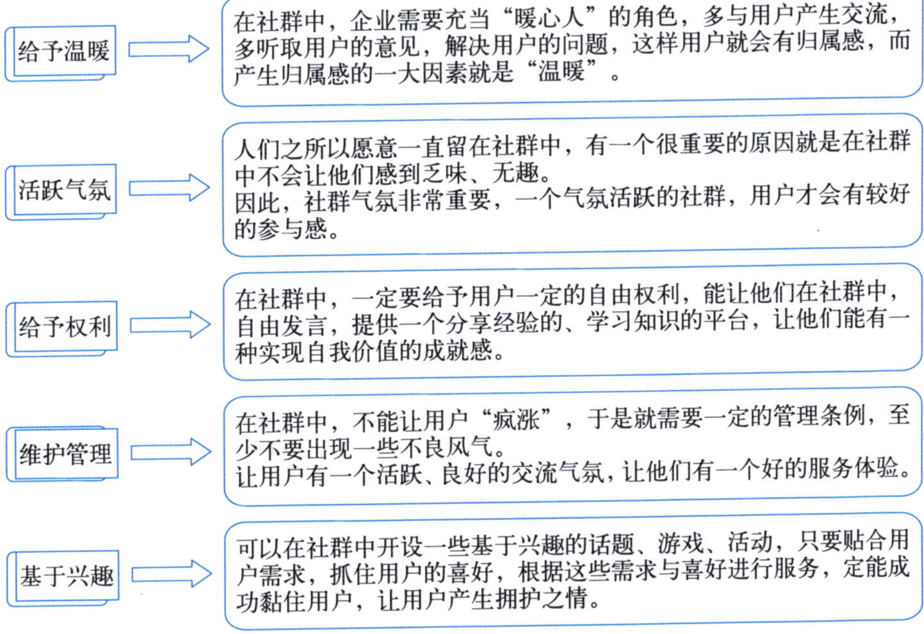

图 1-24　社群中做贴心服务的要点

下面就来进一步分析华为手机的社群营销与运营，如图 1-25 所示。

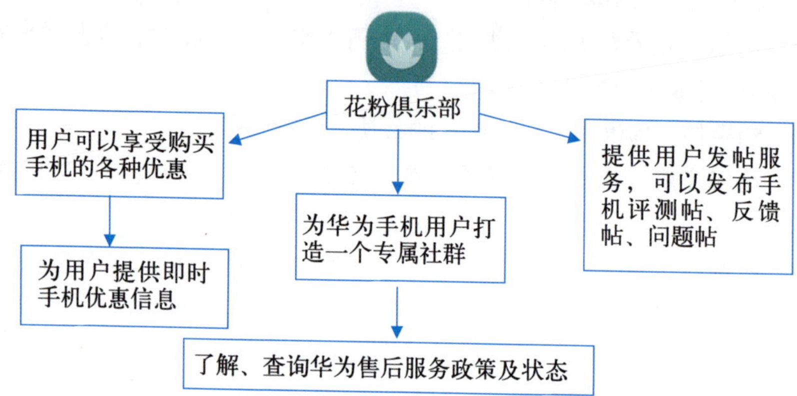

图 1-25　华为手机的社群营销与运营之贴心服务

专家提醒

贴心服务是所有社群都无法回避的运营手段，这样的设计能让用户在社群中得到一定的心理慰藉，从而产生依赖心理，使用户场景体验比较突出，让用户越来越喜欢在社群中逗留。

一旦用户对社群中所提供的贴心服务产生了好感，就会存在一定的口碑效应。一般来说，用户会从自己的好友开始，在与好友谈天说地时，会向好友推荐自己觉得好的东西，由此，社群的口碑效应就孕育而生了。

社群营销可以夹杂在推送的服务中，比如华为手机在花粉俱乐部中提供优惠信息、官方活动、新品发布等环节，就是一种营销推广方式。

第 2 章

书籍社群：聚集“书痴”进行洗礼

书籍社群：聚集『书痴』进行洗礼

- 微信入口
  - 罗辑思维
  - 十点读书
  - 书否
  - 大 V 店
  - 飞芒翻书
- 阅读 APP
  - 书旗小说
  - 扇贝读书
  - 简书
  - 蜻蜓 FM

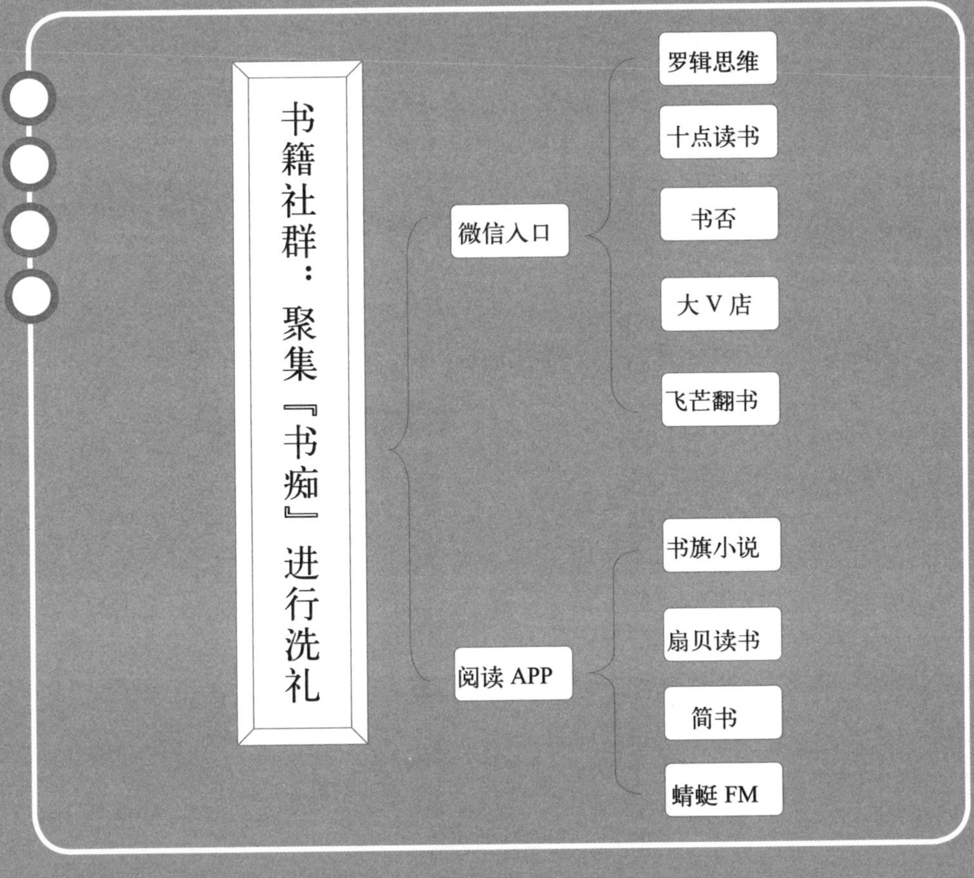

2.1 微信入口

微信的出现，给不少企业带来了新的营销途径，不管是企业还是自媒体，都能在微信中获得一定的红利。随着社群红利时代的到来，人们深刻地体会到了“抱团”的力量，无论是在用户上、粉丝上还是在营销与运营上，单干绝不可能脱颖而出，只有不断地挖掘新事态，看清形势，学会结合性发展，才能脱颖而出。

由此，企业在社群营销与运营方面，不能把眼光只放在社群上，还需要根据社群的特性，找到合适的伙伴，进行双剑合璧式的整合营销与运营。

无可厚非的是，微信是一个熟人经济旺盛、用户流量聚集的宝地，又因为社群的核心是以人为本，由此“社群＋微信”的营销与运营模式也就孕育而生了。

【案例 9】罗辑思维：坚持不懈的“60 秒的语音”——极致内容

【企业简介】

2012 年 12 月 21 日，“罗辑思维”问世的第一年，知名传媒人罗振宇、独立新媒体创始人申音、资深互联网人吴声，合作打造了知识型视频脱口秀“罗辑思维”。

在 2014 年 12 月 27 日，互联网知识类社群“罗辑思维”成功进行了第二次社群招募，唯一通道是微信支付，一天之内轻松募集 800 万元。

【功能解析】

“罗辑思维”社群运营内容的方法如图 2-1 所示。

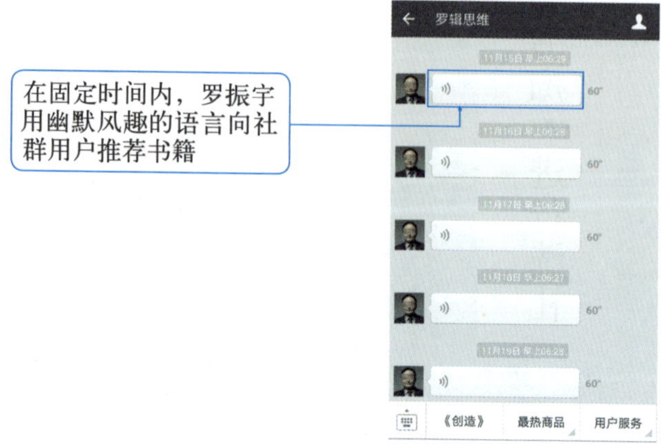

图 2-1　社群运营内容的方法

（1）《创造》：每周推荐一本热门书籍。

（2）最热商品：在微信公众号中，会向用户推荐比较热门的商品，里面还会有预售功能。

（3）用户服务：有订单查询与维权服务；有一个社群互动区，会员用户可以在这个互动区中发布自己的需求，找到更为合适的人进行互动交流；有一个主页，是提供用户进行视频学习的地方；有联系我们，可帮助用户解决售后服务、会员服务、商务洽谈、求职招聘、存稿 / 投稿、自动回复等方面的问题。

【实施分析】

在社群营销与运营中，极致内容是社群运营的必要因素，也是社群营销的前提。一个社群之所以能形成，那就必须依靠用户的愿意，而用户愿意的催生剂，就是在社群中能否得到自己想要的内容、价值。

由此可知，社群内容的好坏，在一定程度上能够摇摆用户的内心，那么，社群该如何运营才能产生极致的内容呢？如图 2-2 所示。

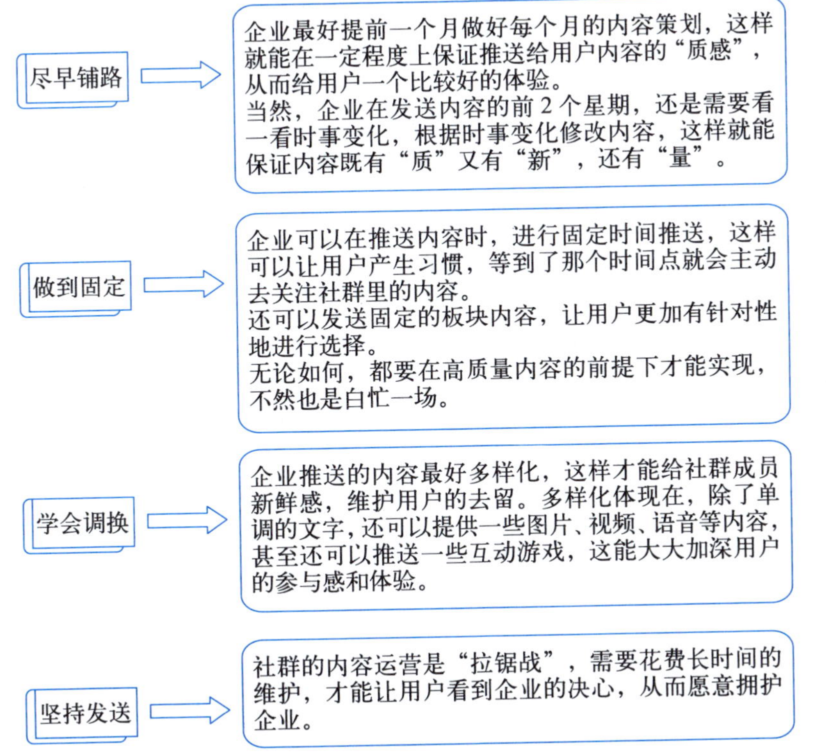

图 2-2　社群产生极致内容的方法

在社群中，想要利用内容进行营销，可以通过三种方式实现，如图 2-3 所示。

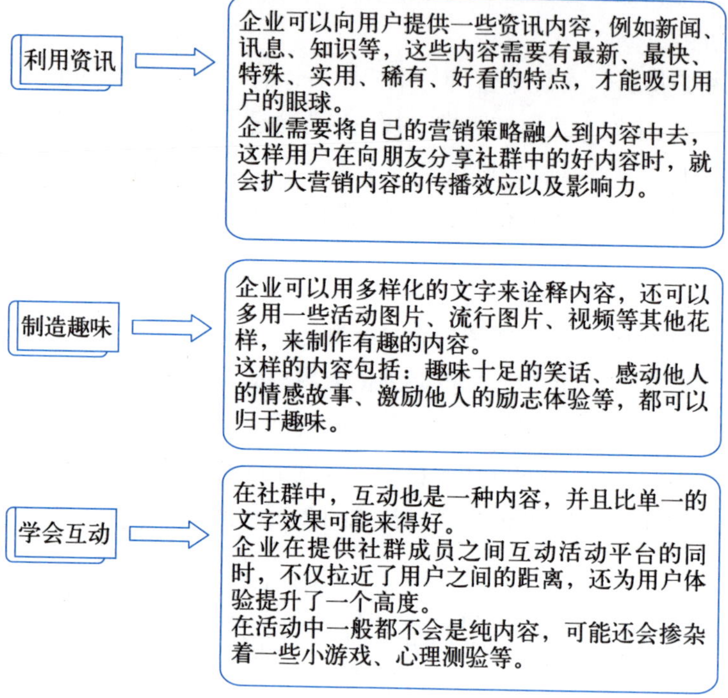

图 2-3　利用内容进行营销的三种方式

在“罗辑思维”微信公众号社群中，在极致内容的方面做得尤为成功。下面就来分析罗振宇是如何运营“罗辑思维”微信公众号社群的，如图 2-4 所示。

专家提醒

在社群营销与运营的过程中，企业的内容方面还是要从社群成员的兴趣爱好、需求出发，这样才能符合用户的口味，用户也才愿意停留在社群里，做社群的“拥护者”。一个好的内容，就是企业在社群中的一个好的营销机会，不管企业用怎样的手法进行社群营销与运营，都不要忘记“以人为本”的道理。

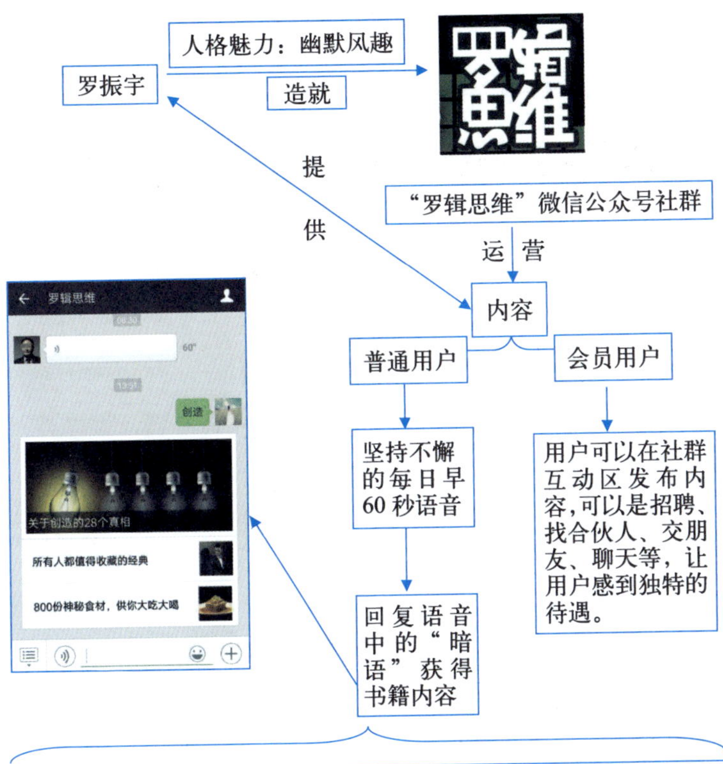

图 2-4 "罗辑思维"微信公众号社群营销与运营分析

【案例 10】十点读书：正处在活跃活动期的社群——培养参与感

【企业简介】

十点读书在 2010 年 12 月 6 日发布了第一条推荐好书的微博；2012 年 11 月 30 日，在微信上发布了第一篇好文章；2014 年 12 月 5 日，微信公众号的粉丝就超过了 100 万人；2015 年 5 月 23 日，十点读书会正式成立。

【功能解析】

十点读书微信公众号社群中的功能如图 2-5 所示。

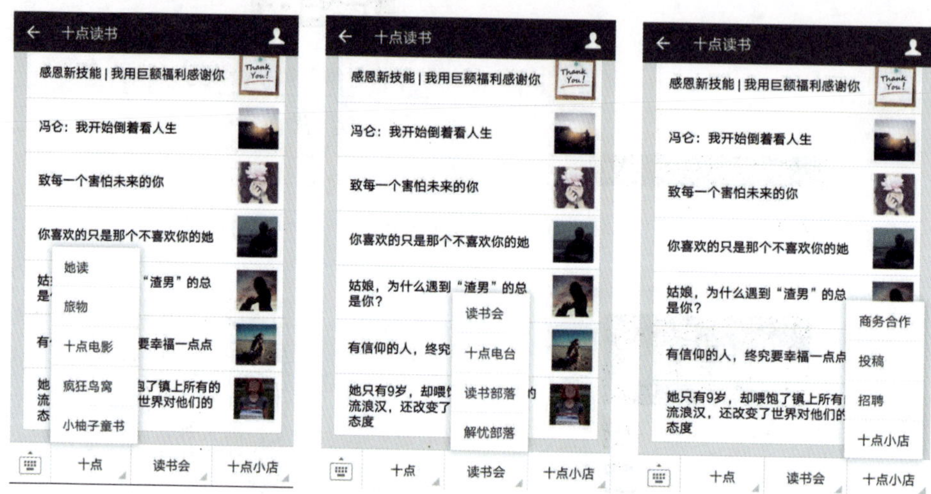

图 2-5　十点读书微信公众号社群中的功能

（1）**十点**：推荐一些有价值的、用户感兴趣的公众号，其中包括她读、旅物、十点电影、疯狂鸟窝、小柚子童书。

（2）**读书会**：针对用户提供的服务，其中包括读书会、十点电台、读书部落、解忧部落。

（3）**十点小店**：关于商务合作、投稿、招聘、十点小店的内容。

十点读书以分享读书心得、推荐好书为主，在微信公众号上聚集了一群共同爱好的粉丝，并以会员的形式征集投稿，以培养社群成员的参与感。

【实施分析】

在社群中，企业需要培养用户的参与感，只有用户的参与感强烈，才能变成社群的忠实用户，企业在社群中有了一定的忠实用户才能走向红利模式。参与感对于社群运营来说，是至关重要的一环，它是超出产品本身的用户需求，不再只专注于实体，更多的是考虑了用户的心理因素，从而触动用户心灵，产生不能言语的感情。

在社群中，企业可以从三个方面创造参与感，如图 2-6 所示。

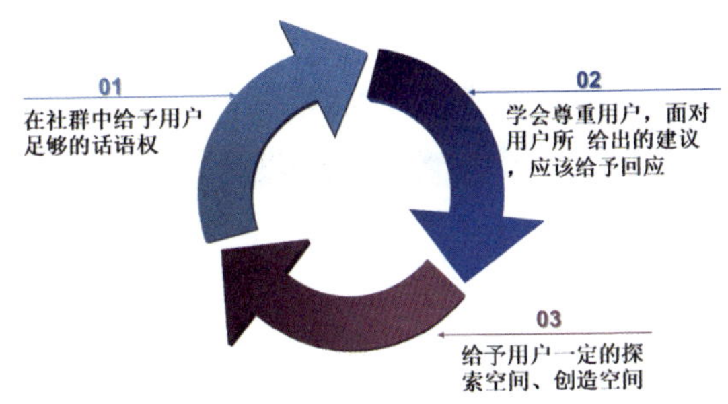

图 2-6 创造参与感

专家提醒

在社群营销与运营中，用户参与感并不是那么难培养，只要用心、贴合用户需求，定能博得用户的喜爱，企业还可以筛选出对企业和用户双方都获益的节点→持续改进→推动忠实用户进行口碑传播→与用户互动，来进行用户参与感的培养。

下面就来分析十点读书微信公众号社群是如何进行用户参与感培养的，如图 2-7 所示。

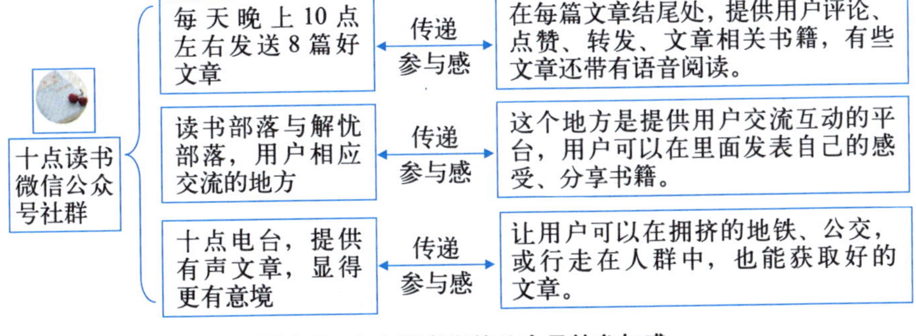

图 2-7 十点读书微信公众号的参与感

【案例 11】书否：免费借阅，送书上门——独特体验

【企业简介】

书否微信公众号是一个力图在全国范围内，提供移动免费借阅与闲置书交易的开放式图书分享平台，只为让阅读更简单、更快乐的一个社群。

【功能解析】

书否微信公众号社群中的功能如图 2-8 所示。

图 2-8　书否微信公众号社群中的功能

（1）借书：用户只要支付相应的押金，填写收货信息，就能坐等收书。

（2）还书：用户只要将书籍邮递到指定地点，书否确认还书之后就会退回之前的押金。

（3）来点我呀：玩转书否，介绍书否的功能；推荐好友，让用户将书否推荐给自己的好友；加入我们，即关于书否的招聘信息。

【实施分析】

随着红利时代的到来，社群也开始往同质化倾斜，因此，企业想要步入社群营销的轨道，就需要找到一些能让用户眼前一亮或者竞争者从来从来没有过的体验，这样用户才愿意在众多社群中选择该企业。

那么，企业该如何让用户在社群中拥有独特的体验呢？如图 2-9 所示。

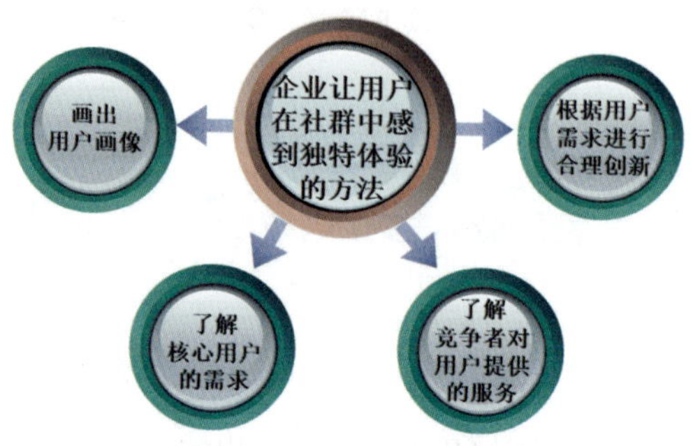

图 2-9　企业让用户在社群中感到独特体验的方法

书否微信公众号于2015年创办，我们之所以要拿出一个“名不见经传”的“新手”来讲社群，那是因为他们懂得建立一个用户体验群，可以从用户之间的交流来获取用户对书否的看法、对书籍方面的偏爱，还有共振点，以便以后社群的开展，如图2-10所示。

图2-10 书否微信群里用户之间的交流

除此之外，书否微信公众号社群还有一大亮点，那就是能够给用户带来独一无二的体验，如图2-11所示。

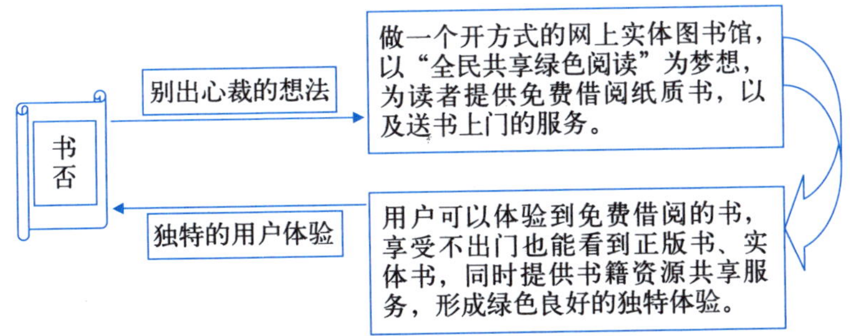

图2-11 书否微信公众号社群上的独特体验

专家提醒

在社群营销与运营过程中，独特体验不仅是产品上的独特，还可以是活动上、内容上、意见反馈上的不同等。

【案例 12】大 V 店：基于妈妈社群下的红利——运营推广注重社群特色

【企业简介】

大V店是MAMA+旗下主打产品，定位为妈妈社群电商，以让妈妈轻松开店、随时随地学习，认识更多优秀妈妈为服务宗旨，是目前国内妈妈创业、学习、社交、购物的首选平台。

【功能解析】

大 V 店社群的核心之处在于大 V 店微信公众号，大 V 店的用户可以通过微信公众号这个端口，进入大 V 店购物、找好的文章、学习知识，同时还可以自己开设店铺，并且还能获得比较全面的开店培训。下面就来了解大 V 店微信公众号社群功能，如图 2-12 所示。

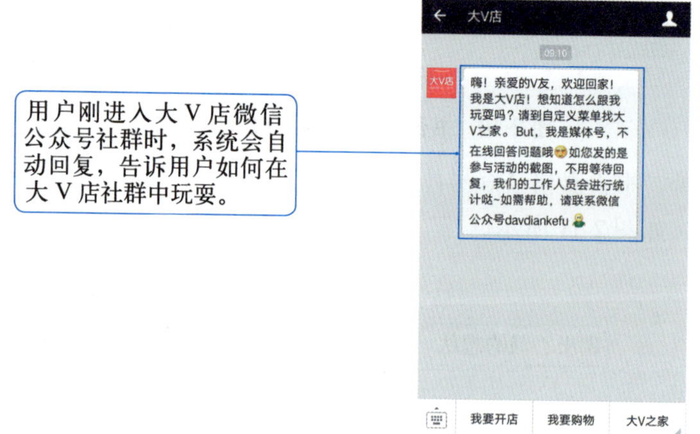

图 2-12　大 V 店微信公众号社群功能

（1）我要开店：让妈妈们轻松开高质量、高品质的店铺。

（2）我要购物：提供妈妈们进行购物的场所，并且还能让妈妈通过“妈妈课堂”看到关于夫妻、育儿、书评等方面好的文章，还会推荐在“妈妈课堂”官方QQ群或微信群里图书名人所进行的演讲文章；“V友会”提供妈妈们参加活动的端口。

（3）大 V 之家：包括商务合作、操作指南、联系客服、店铺管理以及妈妈课堂模块。

【实施分析】

在社群营销与运营中，推广是很重要的一环，只有将社群推广出去了，有名气了，才会广为人知，才会有用户可运营，才会打开营销红利。

一般来说，微信社群必须做到精准与特色，这样才能在有针对性的情况下，增加忠实用户，吸引与挖掘用户停留在社群中。企业可以通过四种方式进行社群的运营推广，如图 2-13 所示。

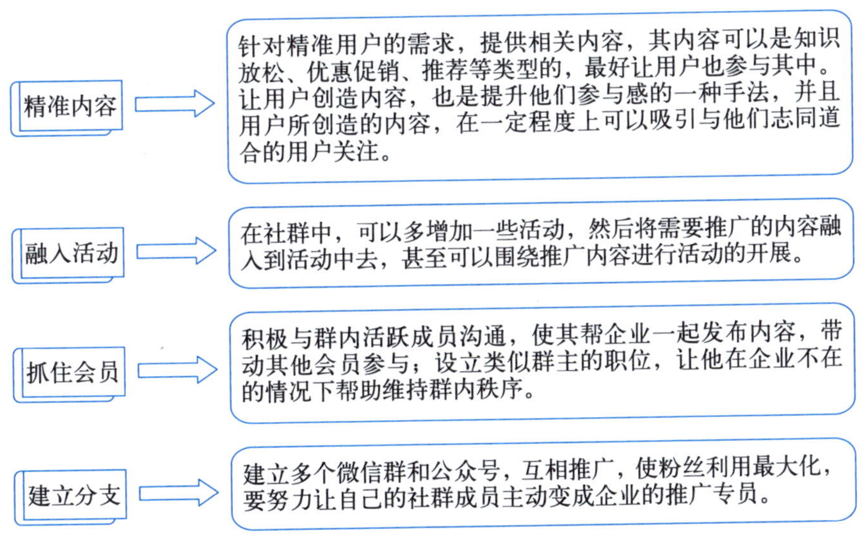

图 2-13　企业进行社群运营推广的四种方式

下面就来分析大 V 店是如何进行社群营销推广的，如图 2-14 所示。

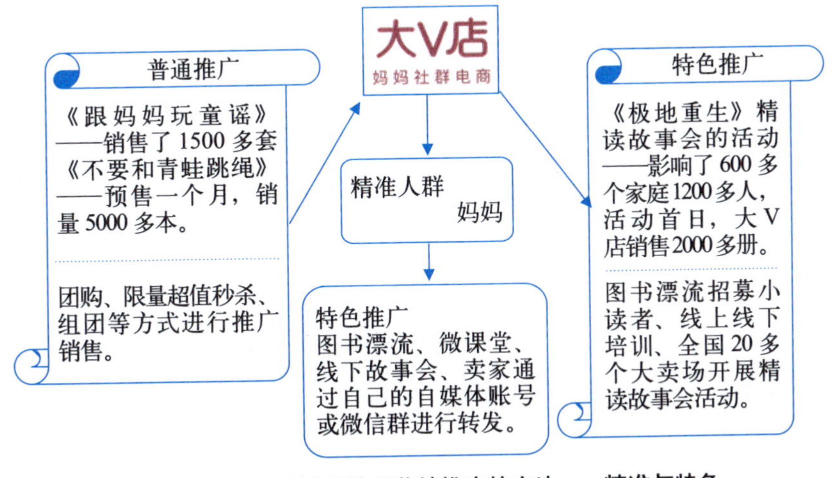

图 2-14　大 V 店进行社群营销推广的方法——精准与特色

专家提醒

大V店还鼓励卖家们培养自己的公众号，从自己擅长、有话语权的某个领域产生优质的内容，以吸引精准用户，培养他的信任感，然后再配合购物的引导。因此，企业在社群营销与运营过程中，需要先学会找到精准用户→发送优质内容→让用户投入到创造的内容中去→培养感情→进行特色推广运营→实现销售。

【案例13】飞芒翻书：实现“心到，眼到，口到”的分享基底——举办活动

【企业简介】

北京飞芒科技有限公司在2015年3月13日完成微信公众号认证——飞芒翻书。飞芒翻书是一个阅读分享号，可让用户在阅读时多一些思考意味，也可聚集一些爱看书的文人雅士一起静下来读读好书。

【功能解析】

飞芒翻书微信公众号社群给用户提供了比较丰富的、关于书籍的功能，如图2-15所示。

当用户第一次进入飞芒翻书微信公众号社群时，飞芒翻书就会立马自我介绍一番，让用户知道自己是做什么的，并使用链接，用户直接点击就能看到之前社群里的信息，并且还提供与书友讨论的通道。

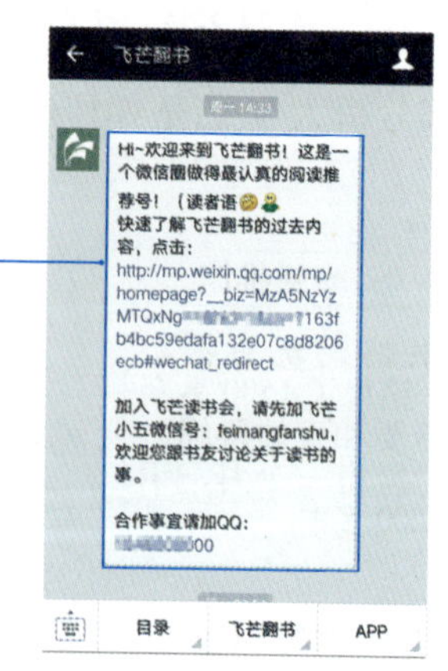

图2-15 飞芒翻书微信公众号社群功能

（1）目录：微网站，向用户提供推荐关于人文、文艺、经管、少儿、生活方面的书籍；往期书单；童书&旧书、文艺&生活、人文&经管，用户可以选择相应的数字查看往期推荐童书、旧书、文艺、生活、人文、经管等方面的书籍详情。

（2）飞芒翻书：读书会，将一群热爱读书的朋友聚集在微信群中，进行交流、活动等；漂流阅读，发起书友之间传递阅读活动；翻书简介，介绍飞芒翻书的由来；童书活动，进行“童书漂流阅读”活动；漂流成果，展示用户漂流读感。

（3）APP：飞芒书房 APP 下载，飞芒书房是一款书籍阅读软件，每天精选一些经典佳作或畅销新书，让用户快速了解最新上市好书，为用户网罗全球好书单，记录用户读书生活，提供个人图书管理。

【实施分析】

在社群营销与运营中，活动对于企业来说是最好的“媒人”。在社群运营中，活动是调动用户参与性的最好利器；而在社群营销中，活动是调动用户购买欲望的出发点，因此活动是社群营销与运营中必不可少的一环。

在社群中，企业可以从三个方面进行活动开展，如图 2-16 所示。

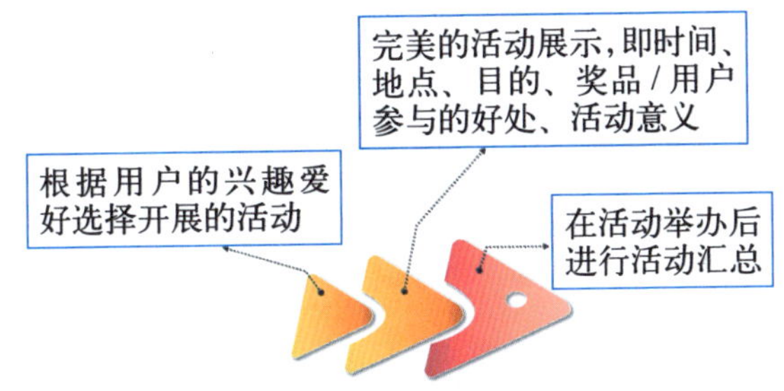

图 2-16　在社群中开展活动的方法

下面就进一步分析飞芒翻书微信公众号在社群是如何举办书籍活动，如图 2-17 所示。

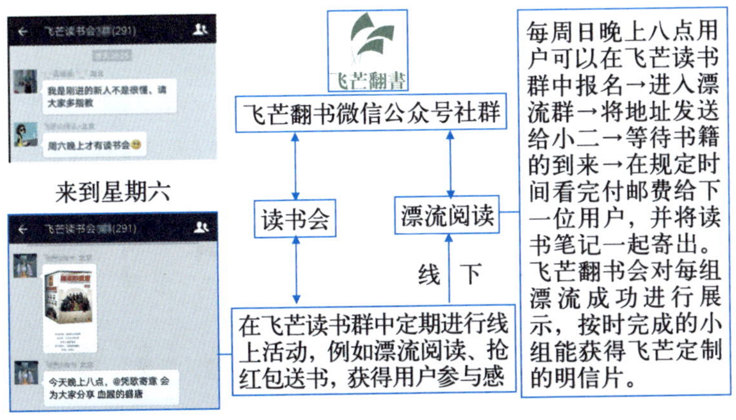

图 2-17　分析飞芒翻书微信公众号社群举办的书籍活动

专家提醒

在社群营销与运营中，活动还需要有一定的奖罚制度，可以让用户感到“正式效应”，同时也让用户有一个良好的参与活动环境，避免发生不好的事情。

2.2 阅读 APP

随着时代的发展，人们已经步入了快节奏的生活方式，于是手机等移动设备所带来的便捷体验，让用户更多地把书房“搬”到了地铁、公交上，将碎片时间合理地利用起来，因此用户对于移动阅读类 APP 存在着相当大的需求。

正是因为这样的需求，才让如今比较红火的社群时代进军移动端，于是书籍行业为了顺应时代，将目光放在了阅读 APP+ 社群上。

【案例 14】书旗小说：满足用户在看书的同时分享心得——随时互动

【企业简介】

书旗免费小说是一款以书旗网海量小说为基础的在线阅读器，集合在线阅读、自动书签、智能搜索、阅读设置等多项人性化功能。

【功能解析】

书旗小说APP的功能，如图2-18所示。

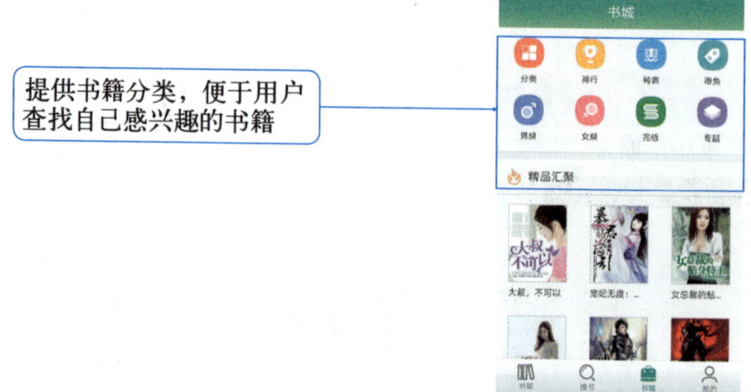

图 2-18　书旗小说 APP 的功能

（1）**书架**：存放用户缓存、下载的书籍。

（2）**搜书**：提供用户寻找自己感兴趣的书籍。

（3）**书城**：提供各式各样的书籍。

（4）**我的**：用户的个人中心。

【实施分析】

在书籍行业的社群营销与运营中，用户随时互动是非常重要的一环，让用户在一边阅读书籍的情况下，还能发表意见、看到其他用户的阅读心得，甚至共同交流，这样的用户体验，是社群营销与运营所需要的。

企业可以从两个方面进行社群互动，如图 2-19 所示。

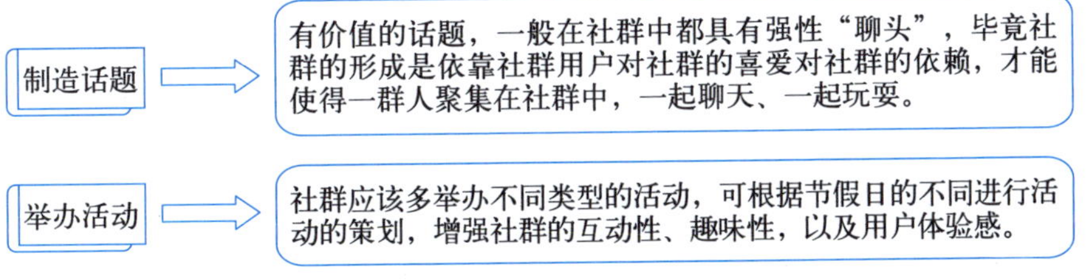

图 2-19　企业进行社群互动的方法

下面就来分析书旗小说 APP 社群是如何进行随时互动的，如图 2-20 所示。

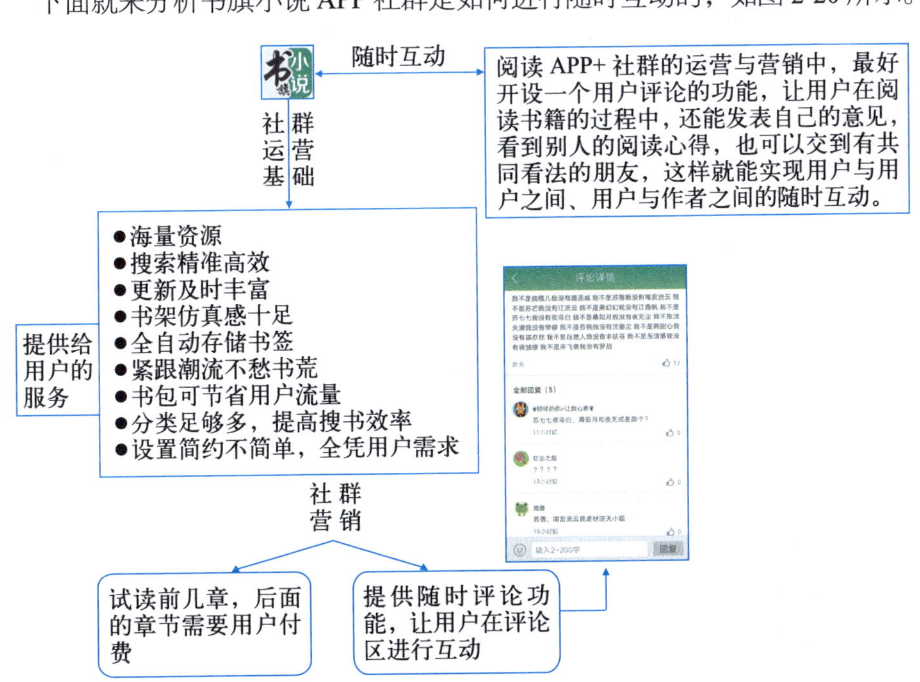

图 2-20　书旗小说 APP 社群的营销与运营

专家提醒

在书籍行业的社群营销与运营中，提供用户之间的随时互动，既能维护运营，调动用户的参与感，又能从中受到鼓舞，享受口碑，形成销售。

【案例 15】扇贝读书：寻找一起学英语的小伙伴——让用户帮助社群裂变

【企业简介】

扇贝读书 APP 是扇贝网旗下产品。扇贝读书可以帮助用户将一本英语书从第一页开始，读到最后一页。

【功能解析】

扇贝读书 APP 的功能如图 2-21 所示。

图 2-21　扇贝读书 APP 的功能

（1）**论坛**：提供用户发布关于学习英语的帖子。

（2）**小组**：让用户找到属于自己的圈子。

（3）**精选**：提供一些学习英语的经典文章给用户阅读。

（4）**打卡**：让用户记录自己在扇贝中学习英语的时间。

（5）**短信**：扇贝系统各用户发布的短信消息。

(6）更多：广播：官方发布关于英语学习的方法。反馈：关于用户常见问题以及用户自己提供反馈信息的地方。贝壳：购买、管理扇贝贝壳，即虚拟币的地方。设置：设置账户信息的地方。扇贝推荐：推荐扇贝的一些周边产品。保险计划：填写报名信息，若坚持完成计划，却没有通过考试，扇贝还会给予1000元的慰问金。扇贝商店：用户可以购买的一些周边产品。

【实施分析】

书籍对于人们来说就是一个扩充知识的宝库，人们纵然喜欢独自安安静静地看书，更希望能找到志同道合的朋友一起欣赏书籍，发表各自的见解，甚至是推动自己将书籍看完。

因此，对于书籍行业的社群营销与运营来说，细分很重要，而细分的前提，是需要用户帮助企业去完成的，即形成社群的分支，裂变而来。

下面就来分析扇贝读书 APP 社群是如何让用户进行裂变的，如图 2-22 所示。

图 2-22　扇贝读书 APP 社群的营销与运营

专家提醒

在书籍行业的社群营销与运营中，让用户帮助社群裂变是一种非常明智的做法，企业既能省去细分用户的烦恼，又能让用户拥有好的体验，拥有自由使用权，不会觉得自己被压制着，而是拥有当家做主的一丝小得意。

【案例 16】简书：一个用户当家做主的 APP ——让用户做自己想做的事情

【企业简介】

简书是一个简洁而美观的阅读类软件，它集合了诗歌、杂文、电影评论、科技新闻等内容，在简书中有数十万作者在坚持产出优质内容，更有数百万读者在用心阅读优质内容。

【功能解析】

简书 APP 的功能如图 2-23 所示。

图 2-23　简书 APP 的功能

（1）文章：给用户提供一些好的文章，并且还进行了分类，例如“七日热门、最新”等。

（2）关注：用户可以查找并关注自己感兴趣的专题，体验精品阅读服务。

（3）简友圈：简友动态，记录自己“点赞”的好文章；我的消息，里面包括评论、简信、喜欢、关注等其他内容。

（4）我的：用户的个人中心。

（5）专题：将文章进行了分类，便于用户快速找到自己感兴趣的文章。

【实施分析】

下面就来分析简读 APP + 社群是如何让用户做自己想做的事情的，如图 2-24 所示。

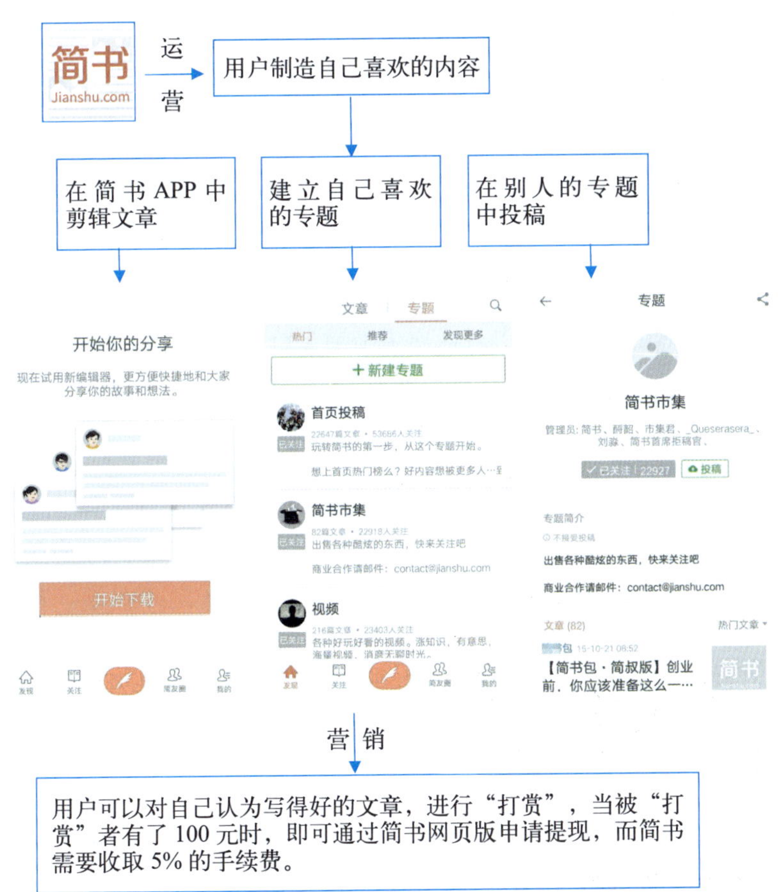

图 2-24　简书 APP 社群的营销与运营

对于书籍，人们总会渴望自己有一天能将自己所想、所做、所考虑的内容写出一本书，拿出来与人们一起分享，这样能让自己有成就感。因此，对于书籍行业社群来说，若是能抓住用户想要成为作者的需求，定是一条新的发展方向，是一条得到用户喜爱的新渠道，更是社群营销与运营中的重要角色。

专家提醒

在书籍行业的社群营销与运营中，用户体验才是硬道理，可是单单给用户一个好的体验还远远不够，还需要让用户自己制造体验，让用户做自己想做的事情，这样书籍行业的社群才会蒸蒸日上。简书 APP 的点睛之笔其实并不在于让用户做自己想做的事情，这只是运营社群的一种方法，其推动社群营销的目的在于，让用户享受红利，让用户在自己喜欢的平台上、基于兴趣而收到志同道合的伙伴的鼓励，让自己获得一点利益，这对用户来说是非常有利的事情。

【案例 17】蜻蜓 FM：精准推送——节省用户成本——因用户而决定内容的去留

【企业简介】

蜻蜓 FM 全面收录中国内地、港澳台地区、海外地区的广播电台，是中国覆盖率比较大的广播电台。他们以打造属于中国人自己的广告应用而不断努力着。蜻蜓 FM 已与数百个电台、DJ 合作，拥有 13 个分类、6 大功能、三大特色，为用户打造有跨度，可以跨时间收听广播的完美体验。

【功能解析】

蜻蜓 FM 的功能如图 2-25 所示。

图 2-25　蜻蜓 FM 的功能

（1）**我的**：进入用户个人中心。

（2）**发现**：提供各种类型的电台，例如电台、小说、音乐、相声等。

（3）**下载**：显示用户下载的内容。

【实施分析】

随着时代的发展，人们的主导意识越来越强，人们希望自己的心声被广大人民群众看好，因此，在书籍社群中也需要重视用户的心声，只有这样用户才会愿意在同质化时代下，选择一个特定的社群。

下面就来分析蜻蜓 FM APP + 社群是如何运营用户心声的，如图 2-26 所示。

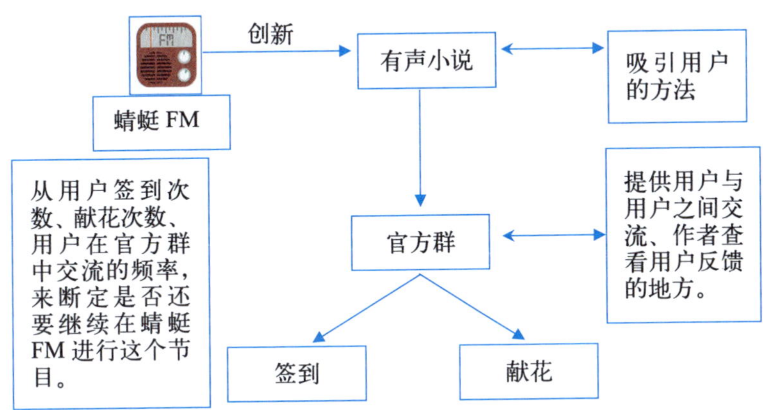

图 2-26　蜻蜓 FM APP 的社群运营情况

专家提醒

在书籍行业的社群营销与运营中，创新就是一种吸引用户的本钱，是书籍获得人气的终端，再加上重视用户心声，根据用户意识来决定内容的发送，都是社群在运营中必须要学到的技能。

第 3 章

医疗社群：让人们自身检查

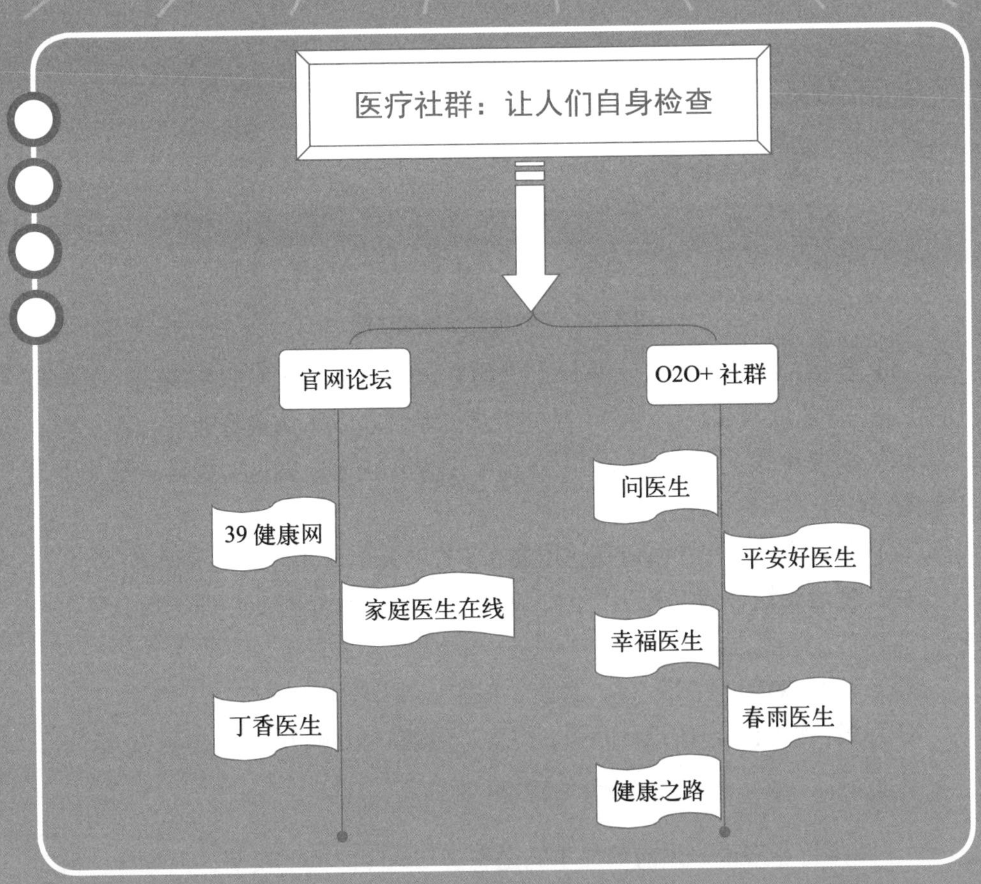

3.1 官网论坛

论坛一直是人们交涉的入口，若是在医疗官网中，还能提供一个论坛让消费者进行交流互动，这样能大大加强用户对医疗网站的依赖性，而这样的论坛也属于社群的一种，即因需要了解医疗方面的内容聚集起来的一个圈子。

【案例 18】39 健康网：内容丰富的大杂烩——让用户在论坛中自由发挥

【企业简介】

39 健康网，于 2000 年 3 月 9 日正式开通，致力于以互联网为平台，整合优质的健康资讯，传播全新的健康理念。2014 年，39 健康网成为中国首家进入资本市场的医疗健康网站。

【功能解析】

39 健康网论坛的功能如图 3-1 所示。

图 3-1　39 健康网论坛的功能

（1）**首页**：提供很多关于医疗方面的知识，还可以让人们在线询问医生自己的状况、还可以找药品、评测产品的文章、新闻、专家访谈等内容。

（2）**病友论坛**：用户可以在用户论坛中发布帖子，提问 / 找寻一些关于自身疾病的问题。

（3）**育儿论坛**：用户可以在这里发布 / 找到关于育儿方面的知识。

（4）**生活论坛**：包括养生保健、减肥畅谈、美食交流、心理论坛、整形交流等内容。

（5）**39 大杂烩**：关于贴图、体育、旅游、娱乐等内容的文章。

（6）**妇科论坛**：包括妇科问答、博客、专题、自测的文章。

【实施分析】

对于医疗行业来说，以前最注重的是患者与医生之间的交流，而如今社群时代的到来，讲究的是在用户与医生之间交流的基础上，还需要进行用户与用户之间的交流互动，这样才能让用户在众多医疗网站上选择一个固定的地方。

医疗行业想要做论坛社群的首要任务就是让用户在论坛社群中自由发挥，给予他们自我发布帖子、评论的权利，这样能让用户找到自由感与归属感，下面就来分析 39 健康网的论坛社群营销与运营，如图 3-2 所示。

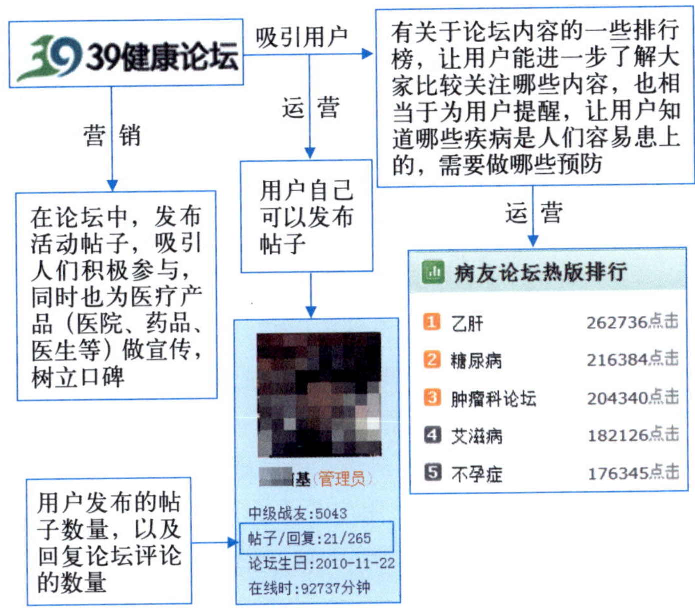

图 3-2　39 健康网的官网论坛社群营销与运营

专家提醒

医疗行业的论坛社群，一定要让用户在里面有自主发言的机会，这样才能让用户不会感到有压力，找到归属感。

【案例 19】家庭医生在线：用活动调动用户积极性——建立活动板块

【企业简介】

广州市家庭医生在线信息有限公司于 2008 年 8 月由中山大学广州中大控股有限公司等投资设立，是一家专门从事互联网健康内容、健康服务和数字出版业务的企业。

家庭医生在线紧密围绕新媒体内容制造商、提供商和健康需求人群服务商的定位开展业务，通过制度创新、内容创新和盈利模式创新等方面的不懈努力，不断为家庭医生在线注入品牌新活力与动力。

【功能解析】

家庭医生在线官网论坛社群中的功能如图 3-3 所示。

图 3-3　家庭医生在线官网论坛社群中的功能

（1）进入论坛：可以让用户直接看到关于妇科圈、乳腺圈、肝病圈、中医圈、内科圈、外科圈、男科圈、育儿圈、糖友圈、减肥瘦身、健康美食、健康爆料的内容。

（2）病友圈：分为妇科、肝病、肿瘤、糖尿病、外科、内科、男科、皮肤、五官、感染、乳腺、影像 12 个圈子，用户可以了解交流相关的内容。

（3）健友圈：分为育儿、保健、情感、美食、减肥、整形、服饰、健康 8 个模块，提供用户交互信息。

（4）中药材大全：由博主每日推荐一些中药材，让用户能通过对中药材的认识，来调养自己的身体，给用户贴心的体验。

【实施分析】

医疗行业论坛社群，不仅让用户拥有一个可以发布医疗方面的信息、问题，或者获取医疗方面的知识，还需要有互动，而这个互动也不仅是用户与用户、用户与医生之间的交流互动，而是需要有活动来调动用户的参与性，只有这样，用户才能在医疗论坛社群中，获取良好的体验，因此，在医疗行业论坛社群中，需要设立一个活动板块，这样才便于用户能快速获取活动信息，并积极参与进去。

下面就进一步了解家庭医生在线论坛社群活动板块的建立，如图 3-4 所示。

图 3-4　家庭医生在线官网论坛社群的活动板块

专家提醒

在医疗行业官网论坛社群中，活动板块的建立是不可或缺的一环，但并不是建立了活动板块就不需要注意什么了，企业还需要将活动标题、活动时间、活动规则、活动奖品等内容完善好，才能让人们觉得是真实的、愿意参与的。

【案例 20】丁香医生：一个组织分明的社群论坛
——组建用户认同感

【企业简介】

丁香医生是医学专业网站丁香园推出的面向所有需要了解和查询健康常识、疾病常见问题、就医推荐人群的一个网站，同时也为慢性病患者提供交流互助平台。

【功能解析】

丁香医生官网论坛社群“丁香园”的功能如图 3-5 所示。

图 3-5　丁香医生官网论坛社群“丁香园”的功能

（1）首页：提供用户发帖子，还展示了热帖、公告栏、微话题、最高悬赏、最热病例、丁香园信息发布区、临床医学讨论区、基础医学和生命科学讨论区、药学讨论区、考试交流区等。

（2）我的丁香客：用户可以在此下载丁香园 APP，以及登录丁香园论坛。

（3）精品栏目：包括微话题，提供一些关于医疗方面的话题内容；微访谈，提供医生的思想；病例挑战，将一些病例拿出来让用户根据病例来说出自己对病例的看法和讲解。

（4）找人：用户可以在这个栏目上找到朋友、认证专家、进入专家主页以及机构主页、还能根据用户在丁香园论坛里的历史足迹，进行“可能感兴趣”内容的推送。

（5）更多：让用户可以快速进入丁香园网站、丁香通、人才、会员、博客、搜索、医生、无线、导航、丁香普、文献求助、医药数据库的内容。

【实施分析】

下面就来了解丁香医生论坛社群“丁香园”，是如何建立用户的认同感的，如图 3-6 所示。

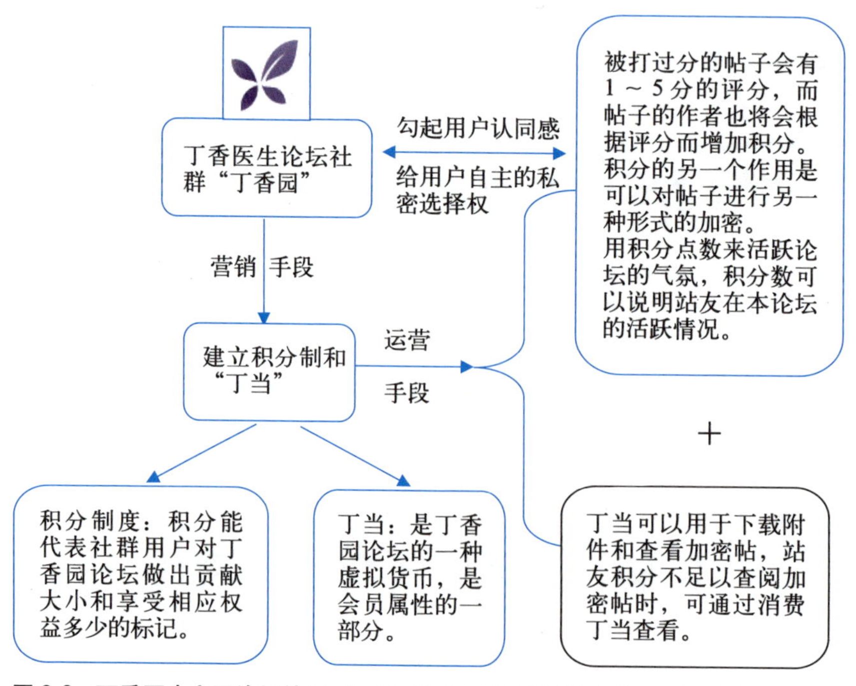

图 3-6　丁香医生官网论坛社群“丁香园”运营与营销的方法——组建用户认同感

如今是一个互联网＋大数据的时代，很多信息人们会以数据的形式在互联网中流窜，信息越来越公开化，让很多人都会感到没有安全感。

因此医疗行业在进行论坛社群时需要建立用户的认同感，只有用户对一个社群有了足够的认同感，才会愿意长时间在社群中停留，而认同感的体现，就在于用户隐私性强，用户可以主控自己的信息，让那些先留下来的内容，不被人们所看见，却又真实存在于互联网上。

专家提醒

丁香园论坛之所以总用户的数量截至2015年12月2日，已经达到了4815743位，那是因为它摸准了用户留在一个社群的判定是在于“认同感”，满足用户有“独自的私密性”，从而建立起用户对丁香园论坛的认同感。

因此，医疗行业在论坛社群运营与营销这一块，不能盲目地进行，还是需要先了解用户需求，从用户需求出发，与时代特点相结合，从而推出相对应的服务，这样才能被用户所喜爱。

3.2 O2O+社群

随着O2O营销的发展，用户的看重，因此，有着天然空间距离优势的社群则成为更好的入口。随着人们就医难、看病难的情况出现，人们越来越渴望不出家门、不问医生就能诊治好自己的一些小问题，因此，医疗行业O2O+社群的营销模式是愈来愈明显。

【案例21】问医生：在线预约的体验端口——LBS不可少

【企业简介】

问医生是寻医问药网为了更贴心地帮助广大患者而推出的一款健康咨询类手机应用软件，用户可以通过自助查询和指定专家问诊的方式解决疾病烦恼，让用户足不出户就能看医生，随时随地都可以得到专业的医疗建议。

【功能解析】

问医生的功能如图 3-7 所示。

图 3-7　问医生的功能

（1）首页：在线提问，用户可以在APP上向医生提问；预约挂号，用户可以直接在APP上预约线下门诊号；推荐专家，向用户推荐一些病症的专家，如儿科、妇产科的专家；电话医生、家庭医生、专家在线，都是需要用户进行付费才能享受对应的依赖服务。

（2）自查：用户可以通过 APP 自己查询到关于症状、常见科室疾病、常见药品、附近药店、附近医院的信息。

（3）资讯：提供一些健康资讯。

（4）我的：用户的个人信息中心。

【实施分析】

医疗行业单单在移动互联网端上进行 O2O（线上线下）营销模式是不够的，还需要将社群模式融入一起，才能产生化学反应，形成一个新的气象。

下面就来分析问医生 O2O + 社群是如何进行营销和运营的，如图 3-8 所示。

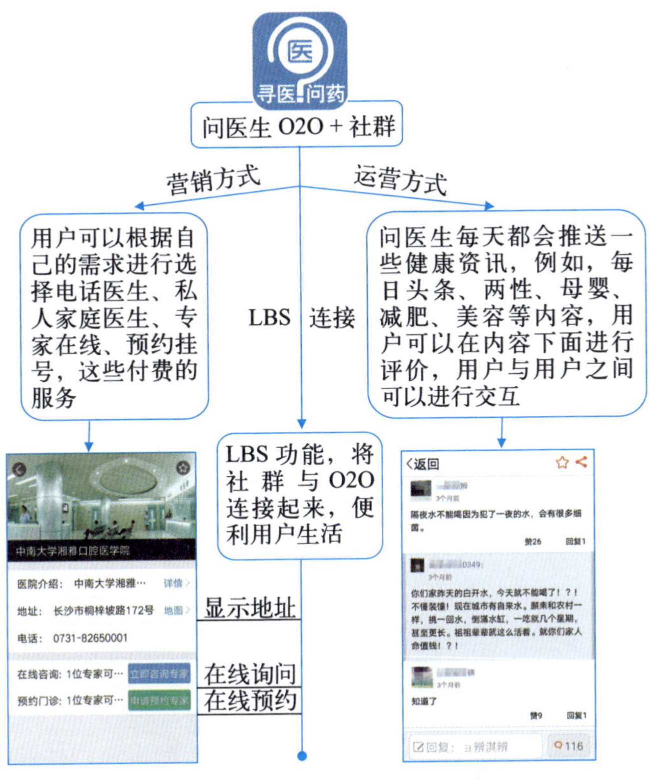

图 3-8　问医生 O2O+ 社群的营销与运营

专家提醒

在医疗行业，想要实现 O2O+ 社群就必须有 LBS 功能，这样才是真正的 O2O+ 社群模式，才是基于用户交互，线上线下的衔接桥梁，真正将生活融入互联网中，便利人们的生活，提高用户的体验，满足用户的需求。

【案例 22】平安好医生：拥有一个独立的医药商城——将用户留在自己手中

【企业简介】

平安好医生 O2O+ 社群中自聘全职医生 1000 人，签约三甲名医 5000 人，兼职医生 50000 人，无须请假排长队，专业医生实时问诊，优惠药品免费送达，预约门诊在线挂号，是 5000 万家庭正在使用的健康小保姆。

【功能解析】

平安好医生的功能如图 3-9 所示。

图 3-9　平安好医生的功能

（1）首页：吃着吃着：用户向专家进行留言提问；热门活动：帮助用户赚取健康点，一般都是一些游戏等功能。

（2）问诊：用户可以填写就诊信息等待几分钟就会智能匹配医生一一解答。

（3）消息：平安好医生有时会向用户推送一些健康小贴士，以及服务消息

（4）医药商城：常用药品轻松在线购买，全国免费包邮，上海、北京等地区 2 小时内送达

（5）健康圈：用户在健康圈子里可以找到自己想了解的群、话题，自己也可以在圈子里发帖、加朋友、关注专家或圈子红人。

【实施分析】

医疗行业的 O2O+ 社群营销与运营的层面，不能仅停留在配备社群圈子和线上线下的模式，还需要想办法将用户留在自己的手中，这样才能有效地将 O2O+ 社群营销与运营成功地提上日程，使得医疗行业产生红利。

下面就进一步分析平安好医生 O2O+ 社群是如何将用户留在自己的手中的，如图 3-10 所示。

图 3-10　平安好医生 O2O+ 社群运营与营销的方法——用户留在自己手中

专家提醒

在医疗 O2O+ 社群的营销与运营中，留下用户是重中之重的关键，企业只有解决了这个问题，才能在 O2O+ 社群中培养出不少的忠实企业，这样的一个 O2O+ 社群就不怕没有红利了。

【案例 23】幸福医生：瘦身健美更加吸引人——细分人群

【企业简介】

幸福医生以“自助健康”为目的，来实现“让用户健康一生和幸福一生”的理念。它提供有效科学的健康方案，让用户形成良好的健康习惯；在用户患病时，帮助用户解决病患恢复健康。

【功能解析】

幸福医生的功能如图 3-11 所示。

图 3-11　幸福医生的功能

（1）**首页**：界面上能记录用户的当前体重、目标体重、BMI 指数；关于瘦身健美的计划：包括妙招、运动、减肥、饮食方面的内容；妇科专家指导：包括专家在线答疑、用户免费咨询。

（2）**看医生**：用户可以通过搜索引擎咨询类似的案例；还包括查找医生、扫一扫、心理咨询、优惠体检、医院药店、名医推荐的功能。

（3）**健康应用**：包括用户的健康档案、自测工具箱、自诊自疗、体检异常解读、评价医生、购买药品、健康咨询、用药提醒、喝水提醒、预约挂号、评价药品的功能。

（4）**幸福社区**：包括幼儿专区、妇科专区、整形美容、两性专区、运动保健以及高血压专区等板块。

（5）**我的**：包括收藏管理、我的订单、我的消息、病历存档、设置与帮助、推荐朋友等功能。

【实施分析】

下面就来分析幸福医生 O2O+ 社群的营销与运营，如图 3-12 所示。

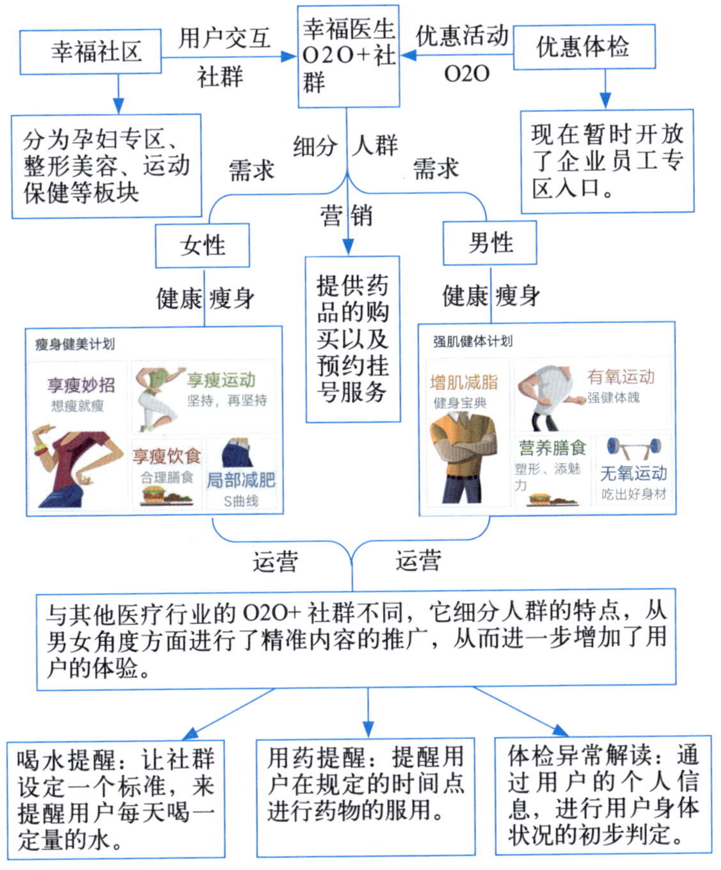

图 3-12　幸福医生 O2O+ 社群运营与营销

对于医疗行业来说，O2O+ 社群是随着时代的变化发展起来的，医疗行业不再是单一地为用户提供治病的功能了，而是在提供治病方法的同时，让用户学会“自我免疫”，根据用户需求提供一些服务。

专家提醒

在医疗 O2O+ 社群的营销与运营中，可以将目标人群分类，针对他们所展现出来的特点和期望，推送相应的服务，即是 O2O+ 社群中运营的一环，同时也是为社群营销做铺垫。

【案例 24】春雨医生：让用户成为自己的个人医生——用户自主服务

【企业简介】

春雨医生创立于 2011 年 7 月，历经 4 年的时间，春雨帮助数千万用户解决身体不适的问题 9500 万个，春雨有 9200 万名激活用户，拥有 41 万名公立二甲医院以上的专业医生，春雨平均每分钟回答问题 229 个，任何问题，可在 3 分钟内得到免费的回复。

【功能解析】

春雨医生的功能如图 3-13 所示。

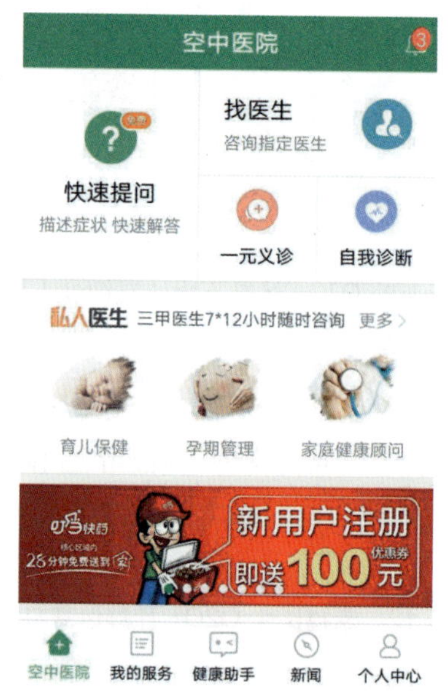

图 3-13　春雨医生的功能

（1）**空中医院**：用户在线便捷查找医生，医生自由定价，提供多方位服务。

（2）**我的服务**：记录用户的提问。

（3）**健康助手**：用户设定健康目标记录。

（4）**新闻**：关于育儿、女性、情感等方面的文章，还有一个社群交流通道，用户可以在里面进行交互。

（5）**个人中心**：包括用户的健康档案、优惠券、账户余额、我的社区等信息。

【实施分析】

对于医疗行业来说，O2O+社群是将用户的需求从线下重点搬到线上，让用户足不出户就能知道自己的病情和诊治方法，让用户自己在移动端上进行自主服务的交涉。医疗O2O+社群，若能实现用户自主性服务，那必然是需要从病症自查、在线咨询医生，以及用户之间的交互，才能得以实现。

下面就来看看春雨医生O2O+社群，是如何将用户自主性服务发挥得淋漓尽致，如图3-14所示。

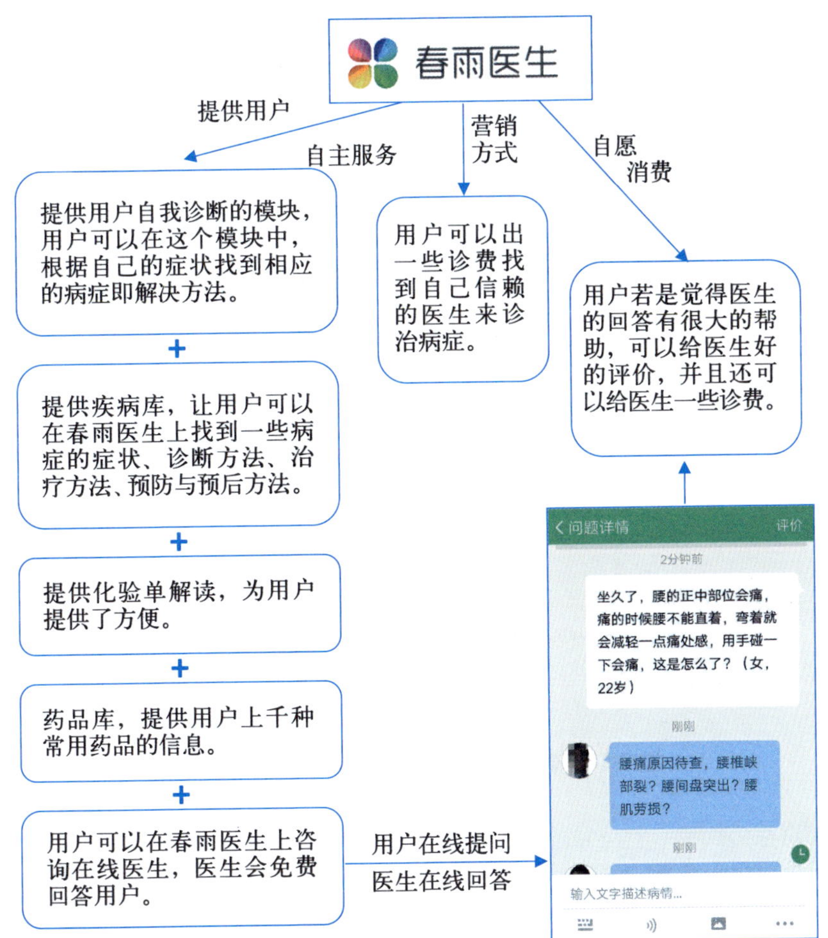

图3-14　春雨医生O2O+社群运营与营销的方法——用户自主服务

专家提醒

在医疗O2O+社群的营销与运营中，用户自主服务对其影响力非常大，当用户发现某个东西能让自己解决以往的问题，就会感到特别高兴，会一直停留在这个地方，一旦这个地方所提供的自主服务不能解决用户问题时，用户也会愿意花钱在这个地方向资深医生询问，由此，用户自主服务的好坏能决定用户对产品的依赖和信任。

在春雨医生中除了用户与医生之间的交互之外，还提供了一个“社区”栏目，让用户与用户之间也能产生交互之感，让春雨用户除了能找到自己的病因与诊断方法，还能让用户在春雨中享受社交的乐趣，交到志同道合的朋友，如图3-15所示。

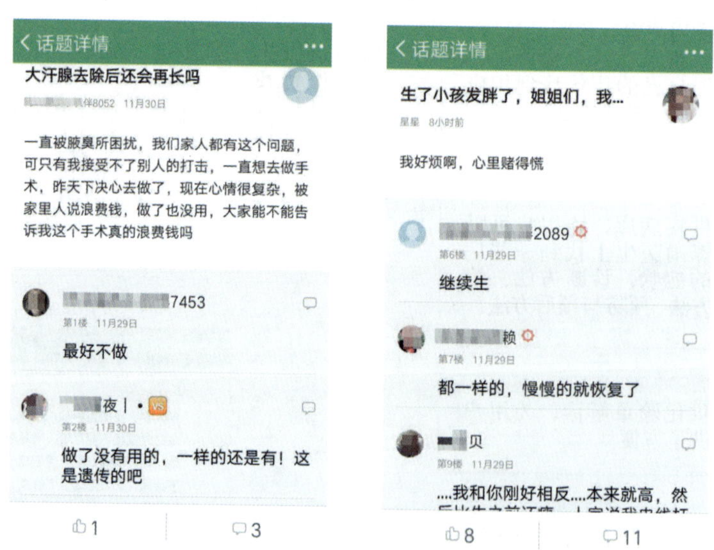

图3-15 春雨医生O2O+社群用户之间的互动

【案例25】健康之路：身心健康更快乐——建立独有的圈子

【企业简介】

健康之路，为用户提供预约挂号、健康咨询、健康管理、慢病管理、健康档案、健康宣传、医患沟通、病友交流等服务，已经实现全国上万家医疗机构全面合作，覆盖80%的三甲医院，数十万医务人员服务过亿万患者，是一个比较受欢迎的健康管理服务平台。

【功能解析】

健康之路的功能如图3-16所示。

图3-16　健康之路的功能

（1）**圈子**：用户交互的地方。

（2）**健康中国**：提供相应的健康信息。

（3）**问医生**：通过用户病症提供适合用户的医生。

（4）**添加应用**：提供我是医生、健康管理、满意度调查的功能。

（5）**预约挂号**：用户足不出户即可约医生，覆盖全国1000多家重点医院。

【实施分析】

对于医疗行业来说，其实O2O+社群方面的特性从移动互联网到来时就已经显现了，只是在社群时代还没有来临前，人们都没有意识到O2O+社群的营销模式而已。

O2O人们不难 理解，就是提供线上线下服务，例如，预约挂号、LBS服务等，而社群就是一群人在一个地方进行交流互动。

下面就来了解健康之路O2O+社群中独有的圈子，如图3-17所示。

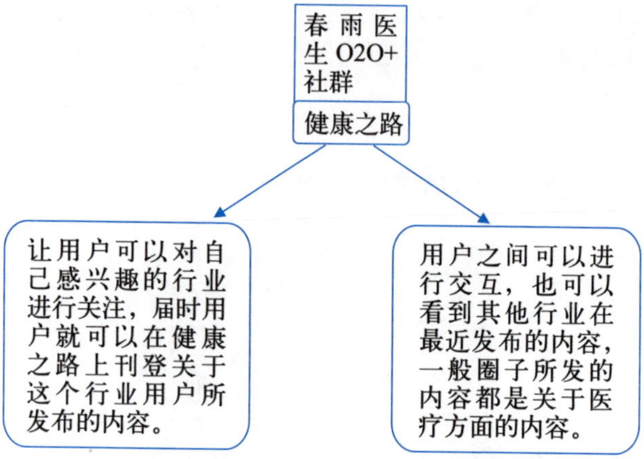

图3-17 健康之路生O2O+建立独有的圈子

专家提醒

在医疗O2O+社群的营销与运营中，一个独立的圈子能让人们进入一个询问病症的场景中，提高了用户在社群中的体验，让用户像每天去微信朋友圈刷内容一样，产生习惯，这样社群在营销与运营方面就不会有太多的困难。

第 4 章

瘦身社群：找到一起激励的朋友

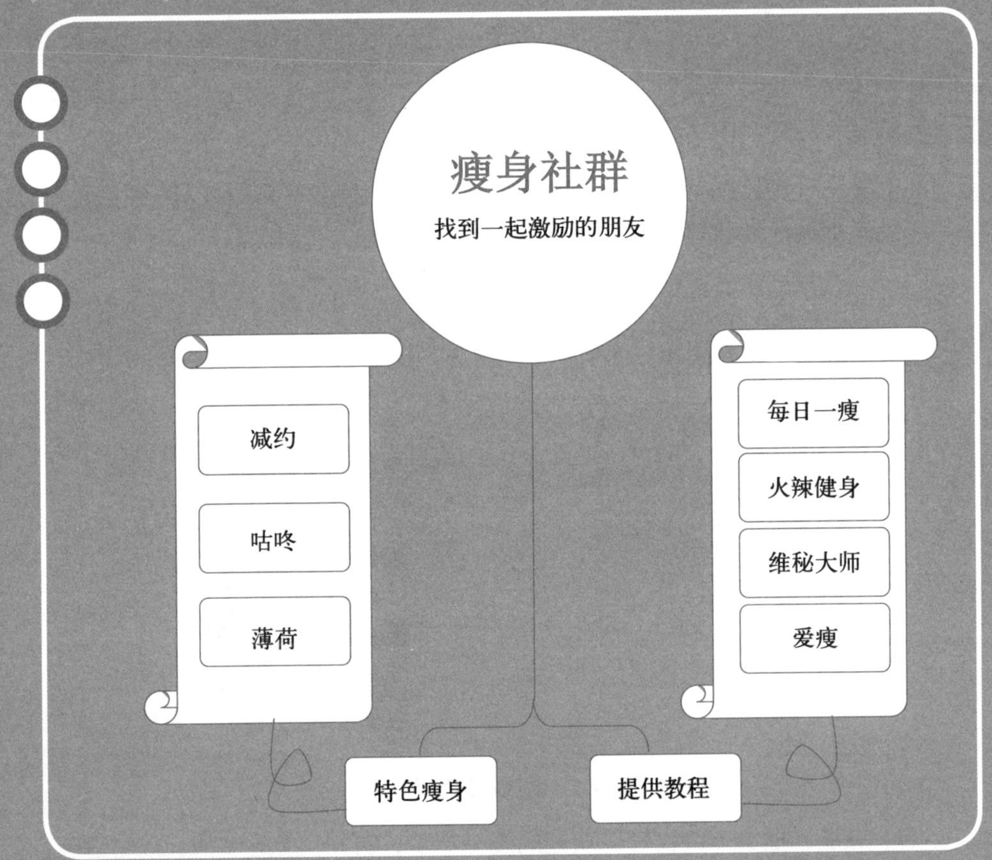

4.1 特色瘦身

随着时代的发展，人们的日子越过越好，人们越来越开始专注自己身体的状况，病症方面属于医疗范畴，人们用肉眼看得到的就是自己的身材，于是乎，人们也越来越在意自己的身材。

如今出现了这样一种情况，就是胖的人想要“瘦成一道闪电”，瘦的人想要有一副“天生衣架子”的身材，可见瘦身行业的发展潜力可谓是生机勃勃。

于是乎，相继出来很多款具有同质化的瘦身产品，行业竞争力大，瘦身企业陷入了难以脱颖而出的境地。

随着社群时代的到来，瘦身行业纷纷挤入，慢慢地不少瘦身企业发现就算给用户一个交互的服务，也只能让用户短时间地停留，后来，瘦身企业发现，只有提供比较有特色的瘦身服务，才能让用户在众多的瘦身产品中一心只为一种。

【案例 26】减约：刮起一起蜕变的微风——让用户相互鼓励

【企业简介】

北京减脂时代科技有限公司，首次建立以减肥减脂为目标的社群，在减约中，用户可以根据兴趣及不同的减肥减脂方式，创建或加入各种各样的减肥减脂团。

【功能解析】

减约社群的功能如图 4-1 所示。

提供一些热门的瘦身团板块，用户可以根据自己感兴趣的程度，随意选择一个，点击进入，即可看到关于那个板块中的瘦身团。

图 4-1　减约社群的功能

（1）**减脂**：提供一些比较受欢迎的瘦身圈子，例如，瘦成女神、减出健康、达人驾到、身材锻造等，在圈子里还会分出团，用户可以根据自己的需求加入合适的团或圈子，加入会有一些任务，用户可以根据任务进行有效的瘦身工作。

（2）撒欢：用户发布动态的专区，在这里用户可以自己发布关于瘦身的内容、瘦身所遇到的问题等，还可以在别人的动态下面，进行评论，若相聊甚欢，还可以成为朋友。

（3）动静：用户可以看到自己所加入的瘦身团中，所发布的新任务，便于用户查看在减约中的信息。

（4）自我：记录用户的体重、动态、受到的关注、粉丝的数量，还有显示用户已经加入的团组。

【实施分析】

对于瘦身社群来说，能让用户坚持做瘦身运动就算是一个成功的社群了，因为，人们瘦下去的重要因素在于坚持，而很多人都没有做到，人是需要督促的，需要有人一起做伴的，这样瘦身的效果才会明显。

瘦身行业不妨让用户“扎堆”瘦身，让用户之间建立起牵绊，相互鼓励，这样才会让他们有动力，才会让他们有一个坚持瘦身的理由。

下面就来了解减约社群是如何让用户之间相互鼓励的，如图 4-2 所示。

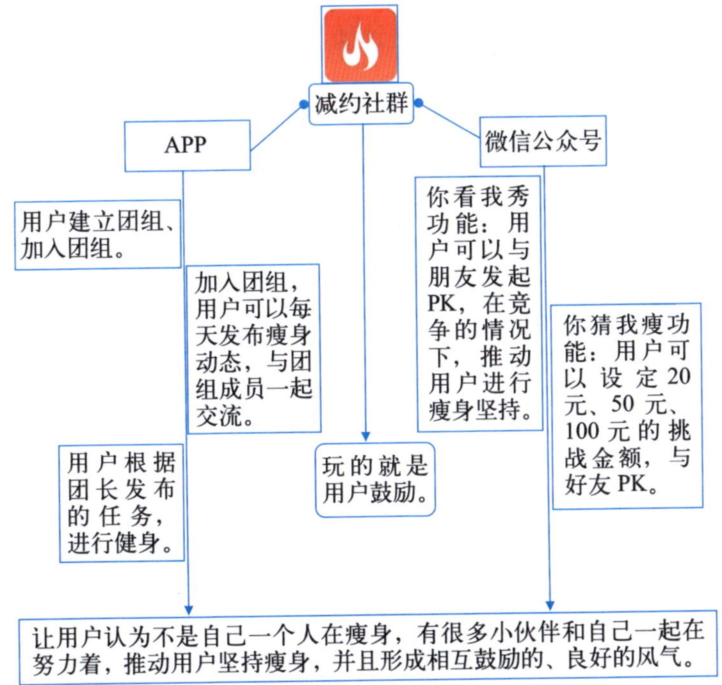

图 4-2 减约社群用户相互鼓励

在减约APP中，有一个“京西夜跑团”，里面的用户在没有进入“京西夜跑团”之前，都是相互不认识的，由于他们都喜欢跑步、在意身材、追求健康、积极生活、乐于分享着，他们除了在减约APP“京西夜跑团”中发布自己明天的健身情况，还会在线下举行活动，相约一起跑步，如图4-3所示。

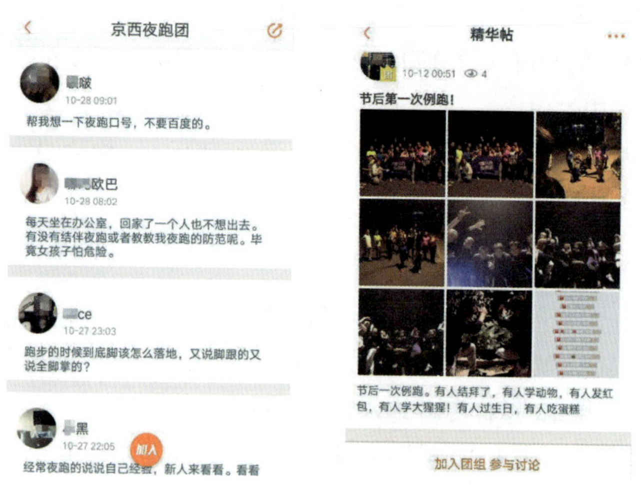

图4-3　减约让用户相互鼓励

团长还会发布一些任务并通过私信功能提醒和鼓励大家坚持完成，有时是让团员们DIY一顿健康营养餐，有时是让团员做小动物的模样，抑或是几公里的户外慢跑等活动。

“京西夜跑团”的团长，为鼓励团里的小伙伴更有动力地减肥瘦身，还在“减约”微信公众号里，发起“你猜我瘦”和“你看我秀”两款线上小活动，组织他们来场减肥PK，增添用户体验。

就这样，进行线上线下的交流活动，让“京西夜跑团”拥有了500名团员，这500名团员几乎每天都会逗留在减约上，这样减约就会留下不少的用户流量。

专家提醒

总的来说，瘦身行业的社群可以通过各种好玩的互动方式，增进了用户之间的感情，让用户受到鼓舞，让他们深深感受到自己不是一个人在“战斗”，用户必然会愿意留在瘦身行业社群中。

【案例27】咕咚：让运动变得有价值
——记录运动轨迹

【企业简介】

咕咚是一款GPS运动激励软件，它能追踪用户运动路线，实时监测运动数据，提升运动能力，还可以让数百万运动爱好者一起约跑，推动用户运动的激情，还可以PK其他运动高手，得卡币、获奖章，让用户因运动感到荣耀。

【功能解析】

咕咚社群功能如图4-4所示。

点击即可输入用户昵称找到自己的朋友，并且还可以通过手机通讯录、微博、微信、QQ来导入朋友，还有基于LBS定位，推荐同城的好友。

点击即可发布动态，可以是图文并茂，可以是纯文字，也可以是纯图片，还可以选择定位发布。

图4-4　咕咚社群功能

（1）运动圈： 在这里可以看到用户、附近的用户、关于图片的一些动态。

（2）发现： 包括发帖子的咕咚吧、用户群体社交的运动团、提供需要付费的运动场地、咕咚举办的活动、关于运动周边产品购买商城、运动换礼的入口等功能。

（3）运动： 点击“运动”即可开始进入跑步记录，并在虚拟地图上显示运动轨迹。

（4）消息： 咕咚向用户发送的消息以及用户加入的运动团内部消息。

（5）我的： 记录用户运动轨迹、成就、好友排名、关注人数、粉丝人数、运动团个数，提供咕咚周边产品。

【实施分析】

随着虚拟地图的发展，一种记录运动轨迹的功能相继推行出来，大受人们的喜爱，这种运动轨迹是在虚拟地图上将用户或走、或跑、或骑等方式所经过的路程给连接起来，形成一张轨迹图，如图 4-5 所示。

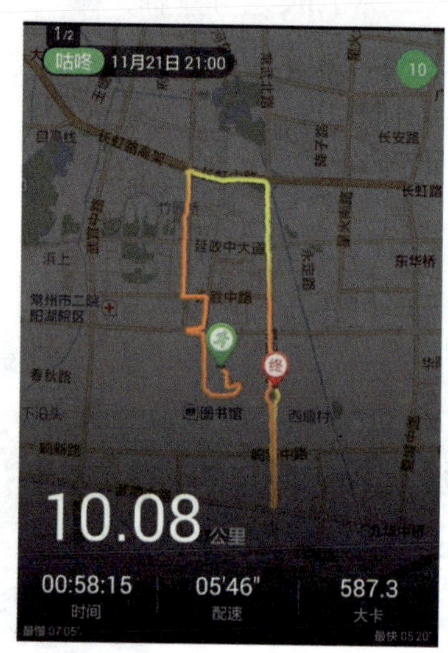

图 4-5　运动轨迹图

这样的轨迹图，就是真正地将场景搬到了用户手机上，便于用户记录生活，让用户具有成就感。

恰恰这样的轨迹图，也是瘦身者所需要的，这样的轨迹图具有一种“慰藉”的功能，让人们能从移动端场景下清晰明了地看到自己所做的努力，能勾起人们的成就感，从侧面隐隐约约给人们一股坚持的力量，让人们打消放弃瘦身的期望。

这样的一个功能对于瘦身行业来说，无疑是一个商机，是抓住用户的一个机会，可是如今轨迹图的出现，还不是很普遍，但在国外还是常见的，主要是这种功能源自于国外。

这种轨迹图，还需要配备周边配件才能运行，所有相对来说，运用起来还是不方便的，在体验上不是特别的让人满意。

因此在社群时代下，咕咚将轨迹图融入社群运营中，让用户只要有一部手机，打开 GPS 即可将自己的运动轨迹记录完整，大大地突破用户的瘦身体验。

下面就进一步了解咕咚是如何进行社群营销与运营的，如图 4-6 所示。

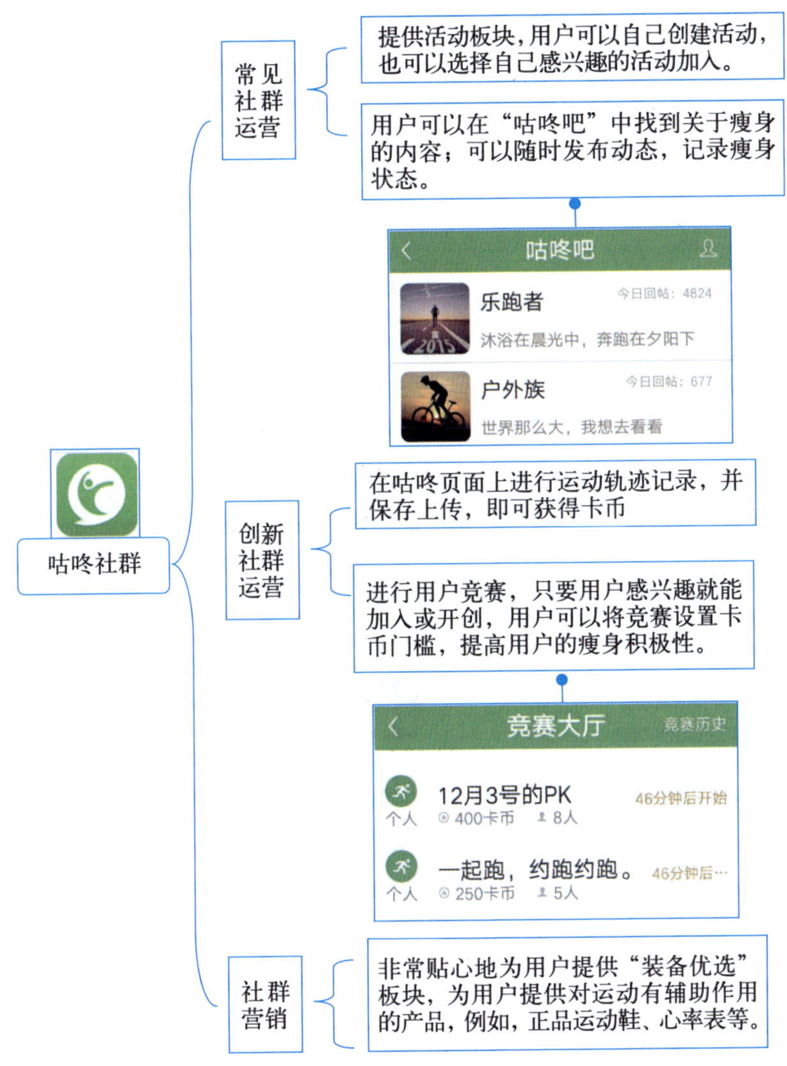

图 4-6　咕咚社群营销与运营分析

专家提醒

在瘦身社群中，特色不可避免，若是没有特色是很难在众多瘦身社群中脱颖而出，也很难将社群维护下去，并且特色既可做运营的小帮手又能做营销的推动力。

【案例28】薄荷：为用户制订健康计划——抓住核心制造归属感

【企业简介】

薄荷是薄荷科技旗下的产品，已帮助4000万用户甩肉300000000斤，6次被App Store首页推荐，入选苹果编辑最爱应用。

【功能解析】

薄荷社群的功能如图4-7所示。

图4-7　薄荷社群的功能

（1）首页：帮助用户制订“早餐计划”和“运动计划”，并且每天提供一些不一样的关于瘦身的文章。

（2）伙伴：朋友圈，用户可以在这里查看薄荷朋友的动态以及查找朋友和进入自己的主页；精选动态，在这里可以看到比较受关注的动态内容；今日热点，媒体薄荷都会推出一个热点话题，与用户进行互动；成功故事，用户可以将自己减肥成功的故事传到薄荷上给予其他用户一些鼓励；我赌我会瘦，用户可以在里面参加激励用户坚持瘦身的活动；还提供一些话题，用户可以选择感兴趣的话题，在里面发布动态。

（3）工具：记录用户每天体内所摄入的千卡量；用户可以每天记录自己的体重、腰围、胸围等；还能帮助用户记录生理期、预测生理期、排卵期、排卵日；提供食物搜索，让用户了解自己吃的食物所含的千卡量。

（4）商店：提供瘦身周边产品。

【实施分析】

对于瘦身行业来说，社群其实并不难运营，只要抓住用户坚持瘦身的核心即可，围绕这个核心进行服务的开展，定能让用户找到归属感。

可是该如何以行业核心为基础，来开展用户归属感的制造呢？瘦身行业将坚持把瘦身放在中心点，站在消费者的角度来扩散思维，可以从活动、瘦身教程、瘦身文章等方面入手，让用户充满正能量，推动他们坚持瘦身。

下面就来分析薄荷社群的营销与运营，如图 4-8 所示。

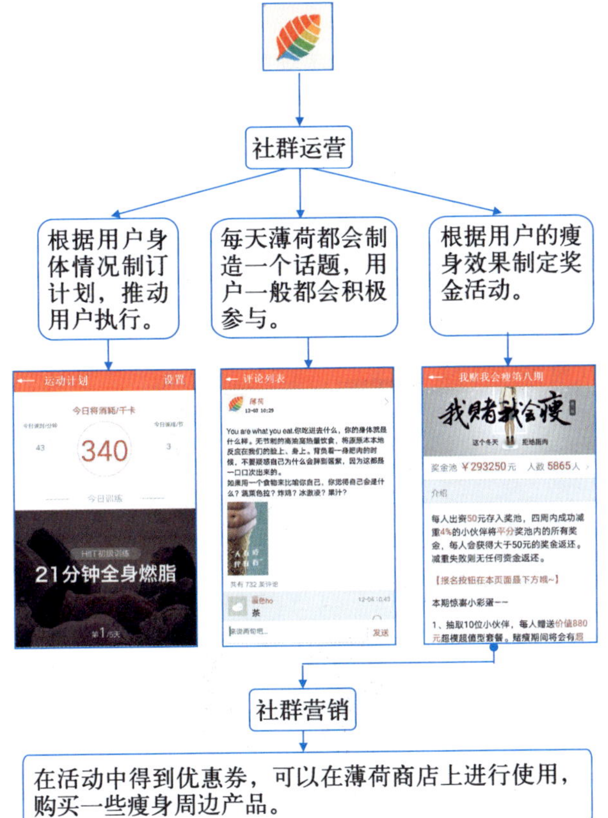

图 4-8　薄荷社群营销与运营

专家提醒

在瘦身社群中，需要抓住核心制造归属感，而这个核心就是用户的痛点，即用户难以做到的，又渴望做到的事情。瘦身行业可以根据这样的现象，来进行用户服务的开展，直击用户痛点，让用户难以割舍。

4.2 提供教程

对于瘦身社群来说，除了提供给用户交流的平台之外，还需要提供一些有效的瘦身方法，给用户指引一条“明路”，这样才能让用户有更好的体验。

【案例 29】每日一瘦：瘦身教程让人走向苗条——让用户制造内容

【企业简介】

每日一瘦，每天为用户推荐有效的美体瘦身教学动画，包括健康美体、塑身操、瘦身操、瘦腿、瘦臀、瘦腹、瘦腰、瘦手臂、瘦脸等各种美体瘦身操。不论是居家还是在外，都可以随时练习，让用户随时随地练起来，完美塑造身体每一寸。

【功能解析】

每日一瘦社群的功能如图 4-9 所示。

用户可以根据自己的需求，选择需要瘦身的标签。例如，瘦腿，即会显示关于瘦腿的教程。

在这里，可以将自己瘦身情况打表出来，让每日一瘦里的用户了解自己的情况。

图 4-9　每日一瘦社群的功能

（1）首页：精选：会向用户推荐比较受欢迎的教程和用户所发的动态；瘦身秀：用户可以在每日一瘦中发布自己的瘦身招聘；教程：用户在这里可以找到动态的瘦身教程。

（2）聊天：用户可以在这里找到与自己聊天的朋友和群，它将群分为 6 个板块，即每日一美发、每日一美妆、每日一美甲、每日一美胸、每日一瘦、每日一美腿，用户可以在板块下建立群，也可以加入群，进行用户与用户之间的交互。

（3）爱购：用户可以在里面购买关于瘦身、美发、美搭、美妆、美甲、美胸、美腿方面的瘦身产品，还提供每日一瘦中的虚拟币“美米”兑换物品。

（4）发现：用户管理中心，用户可以在发现功能里，发布照片、签到、赚美米、用户的关注、设置，礼品兑换、管理地址等功能。

【实施分析】

对于瘦身社群来说，让用户有制造内容的“工作”，是运营社群和吸引用户的好办法，只有这样，用户才不会觉得无聊，能唤起人们的责任心，只要一想到其他用户可能会因自己提供的瘦身教程而瘦下去，人们就会有一股成就感，推动用户去实行。

下面就来分析每日一瘦社群的营销与运营，如图 4-10 所示。

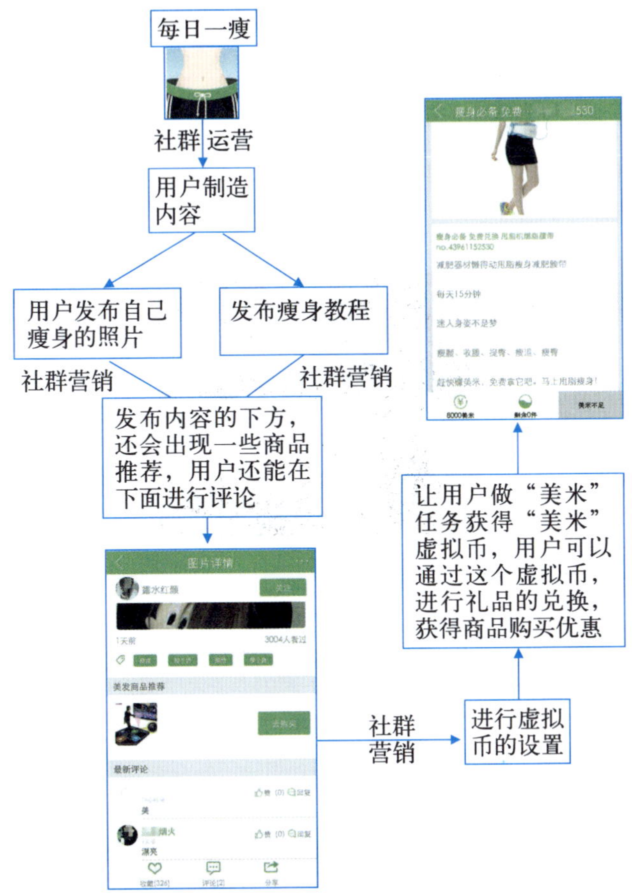

图 4-10　每日一瘦社群运营与营销

专家提醒

对于瘦身社群来说，能让用户发布内容，就是一种非常聪明的做法，让用户成为社群运营的一分子，提高用户的参与性，能大大地提高社群的活跃度。

【案例 30】火辣健身：扎堆的健身教练带动健身浪潮——随时询问

【企业简介】

火辣健身是由一个热爱运动的团队倾情打造，根据用户的诉求和运动基础，帮助用户制订科学合理的运动计划，与用户一起分享运动带来的健康、魅力、活力与快乐。

【功能解析】

火辣健身社群的功能如图 4-11 所示。

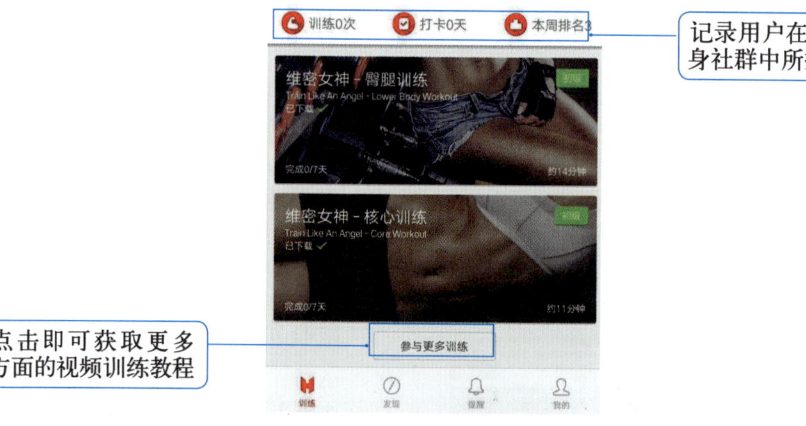

图 4-11 火辣健身社群的功能

【实施分析】

对于瘦身社群来说，不只是用户与用户之间交流的平台，还可以让用户与教练之间产生交流，毕竟教练对于瘦身方面是专业的，用户更倾向于询问专业人士，来为自己找到一个合适的瘦身方法。

（1）训练：用户可以根据自己的需求，选择一些视频健身训练。

（2）发现：用户可以在这里找到自己关注的、社群推荐的、最新的关于健身的内容。

（3）提醒：显示用户在火辣健身社群中所提的问题、自己赞的消息、关注自己的用户以及自己评论别人内容的消息。

（4）我的：用户个人中心，可以看到用户在火辣健身中的活力值、关注列表、粉丝个数以及用户记录健身的动态。

下面就来分析火辣健身社群的营销与运营，如图 4-12 所示。

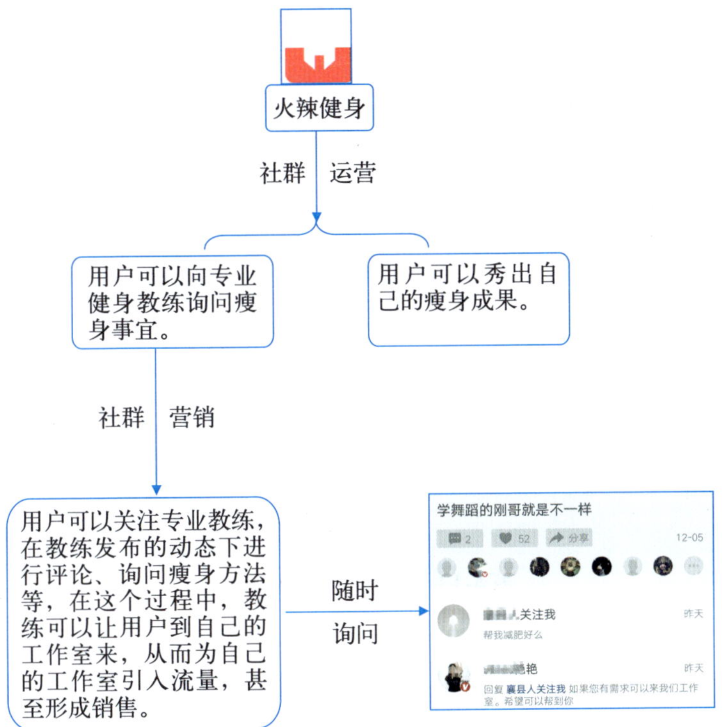

图 4-12　火辣健身社群的营销与运营

专家提醒

在瘦身社群中，用户必然是想受到随时询问专业教练的服务，而企业若是做到这一点，让用户随时随地地与专业人员交流，就能大大地加大用户对瘦身社群的黏性。

【案例 31】维秘大师：微博上的自媒体
——凸显内容的价值

【企业简介】

维秘大师是在微博上，以超模训练和人体美学为基础，为中国女性量身设计的原创训练体系，创造性地建立了“易瘦体态”训练。

【功能解析】

维秘大师社群的功能如图 4-13 所示。

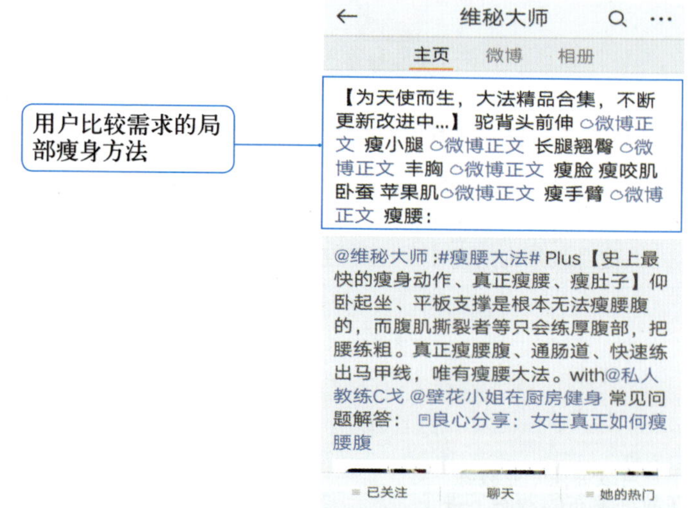

图 4-13 维秘大师社群的功能

（1）主页：用户可以随时在维秘大师的主页上看到维秘大师发布的所有动态，并且大多都是关于瘦身的方法，例如，瘦腿、瘦脸、瘦咬肌、卧蚕、苹果肌，瘦手臂、瘦腰等。

（2）聊天：用户可以随时私信维秘大师，与其进行交互。

（3）她的热门：用户可以点击“她的热门”查看维秘大师的热门内容、话题、微博。

【实施分析】

对于瘦身社群来说，单单是提供用户有价值的内容是不够的，最主要的是要让用户知道内容的价值性，这样才能将社群运营做好，而只有做好运营才能将社群营销进行下去。

下面就来分析维秘大师社群的营销与运营，如图 4-14 所示。

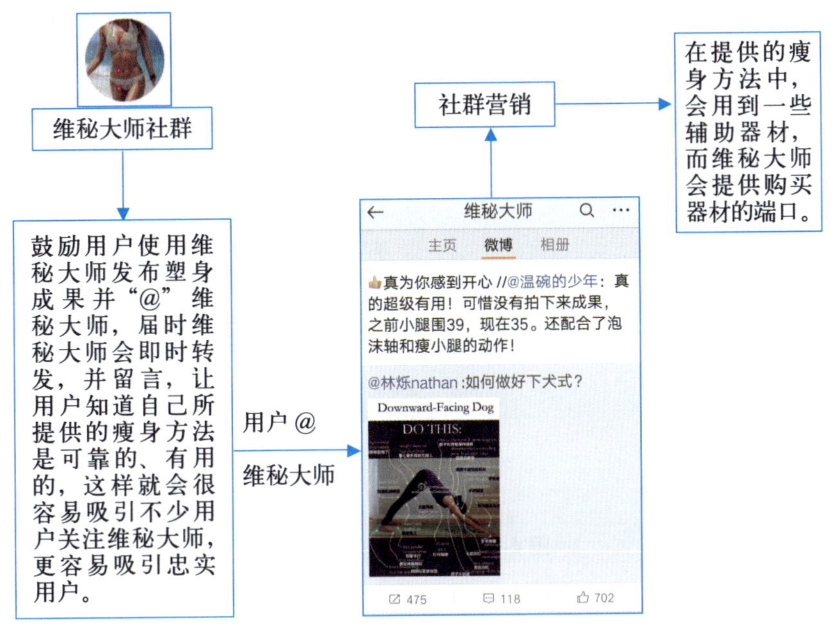

图 4-14 维秘大师社群的营销与运营

专家提醒

在瘦身社群中，若想要用户自觉将自己的瘦身成果拿出来分享，需要给予鼓励，例如举办活动，发送奖品，推动用户积极参与。

【案例 32】爱瘦：让用户轻松减肥——让用户进行裂变

【企业简介】

爱瘦是由北京爱瘦科技有限公司开发的，一款为减肥者打造的独特软件，以为减肥者提供帮助为目的，通过个性化的方案，优质的服务，让减肥更加轻松。

【功能解析】

爱瘦社群的功能如图 4-15 所示。

爱瘦发布的公告栏，一般会发送一些活动信息、用户的减肥成功经验等。

图 4-15　爱瘦社群的功能

（1）首页：在首页给用户提供一些功能：减肥方案，即时分享用户肥胖的原因，并制订专属方案；每日用户可以在首页记录体重和热量；每日精选食谱、打卡、乐摇摇，提供用户瘦身的任务等功能。

（2）动态：在动态板块中，用户可以看到一些热门的话题、用户所关注的、最新的动态等内容，并且用户自己还可发布动态。

（3）小组：用户可以加入一个自己感兴趣的小组，在小组里，用户可以互相鼓励瘦身、进行签到来展示自己瘦身的毅力，可以参与小组所办的活动、查看小组内的减重榜，了解在小组内谁比较努力，看到其他人在努力地瘦身，用户定然会鼓起干劲坚持瘦身。

（4）发现：在发现中，用户可以看到一些比较热门的、精华的、新鲜的帖子，并且用户还能自己发布帖子，来引起其他用户的注意与交互。

（5）我的：用户个人中心，用户可以看到自己所发布的动态、关注的用户、自己的粉丝、加入的小组、自己发的帖子、自己收藏的动态与帖子。

【实施分析】

对于社群来说，裂变是不可避免的一环，只有产生裂变才能拥有更多忠实用户，并且真正发挥作用的裂变是需要用户参与的。

因此，瘦身社群需要鼓励用户主动进行裂变，只有这样，瘦身社群才能长久进行下去，下面就来分析爱瘦社群的运营，如图 4-16 所示。

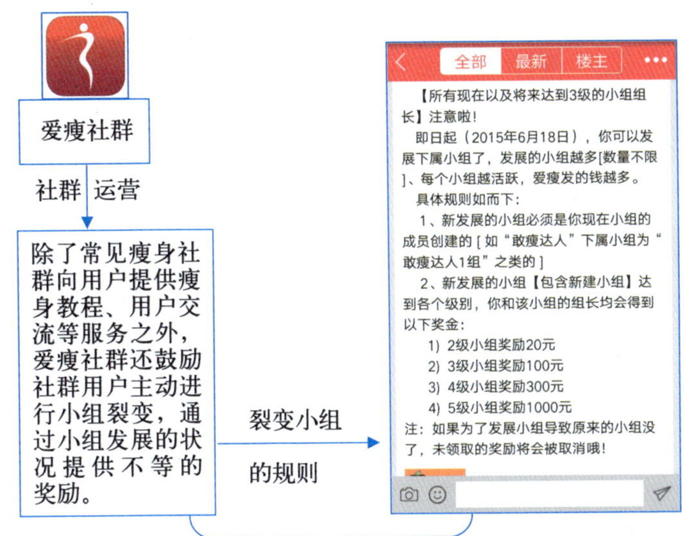

图 4-16　爱瘦社群的运营

专家提醒

在瘦身社群中，裂变是用户想要的，这样用户就会感觉自己拥有自主性，让用户产生一定的成就感，并且以奖励制度来推动用户进行裂变，能形成不错的诱惑力，催生裂变成为社群中的一环。

第 5 章

餐饮社群：让“吃货”不再孤单

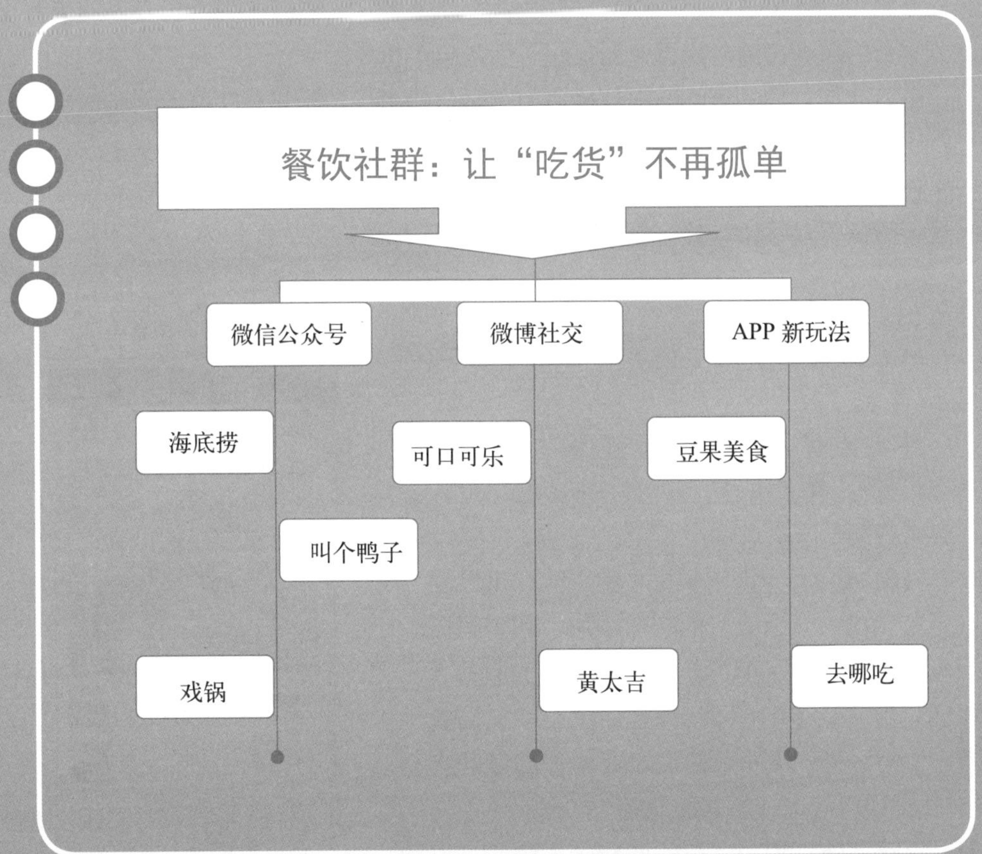

5.1 微信公众号

对于社群来说，微信公众号就是一个非常好的载体。先不说微信是一个流量入口，微信公众号是如今人们获取信息的一个重要途径，并且人们之所以会关注企业的公众号，基本上是出于对公众号感兴趣或者是需要，一般企业能在微信公众号上比较容易找到目标户群。

【案例 33】海底捞：与创新联合在一起——让游戏活跃社群

【企业简介】

海底捞成立于 1994 年，是一家以经营川味火锅为主、融汇各地火锅特色为一体的大型跨省直营餐饮品牌火锅店，全称是四川海底捞餐饮股份有限公司。海底捞是较早试水 O2O 营销的餐饮连锁服务企业之一，凭借在微博、点评网等互联网平台的口碑，海底捞迅速聚集起了大量忠实粉丝。

随着社群时代的来临，海底捞看中了微信的市场，于是将社群放到微信中，进行比较有效果的微信社群营销。

在做微信社群营销之后，海底捞更是把极致服务从线下提升到了移动端线上平台，微信公众号粉丝数更是每日增长 4000 多人。

【功能解析】

海底捞微信公众号社群的功能如图 5-1 所示。

（1）点餐：用户点击“点餐”，即可选择在线订餐、在线排号、订外卖、进入在线商城、在线查看菜单。

（2）我的：用户点击“我的”，可以获取到海底捞微信公众号的客服中心，用户可以回应相应的数字，即可获得用户需要的服务，即回复数字1，用户可以进行意见反馈；回复数字2，用户可以进行订单的查询；回复数字3，用户即可获取人工客服服务。

除此之外，用户还能跳转到个人中心，可

一个月向用户推送两次关于海底捞的消息

图 5-1　海底捞微信公众号社群的功能

以看到会员须知、订单信息、进行会员牌号、优惠券的查询、查看积分、联系海底捞、查看自己的朋友、自己所发的说说等信息。

（3）发现：用户点击“发现”，即可选择 HI 门店，即显示用户所在地区的海底捞店面地址、HI 地盘 (即用户的话题广场，提供用户交互的地方)；HI 游戏，即用户可以在里面玩一下小游戏；HI 应用，即里面包含了几个维护用户体验的小应用，如 HI 愿望，用户能扔 HI 币许愿，也能捞币帮助其他人实现愿望，积极参与，将会在许愿池中捞到奖品；摇摇乐能提供用户玩真心话大冒险的游戏；美图打印，用户可以凭借消费码免费打印照片、HI 农场、DIY 印象等更多功能。

【实施分析】

人们对于餐饮社群的要求其实是非常高的。毕竟生活水平在提高，用户对餐饮的要求也随之上升。因此，用户除了希望食物好吃，还希望能获取不一样的用户体验，这样才能将用户留在餐饮社群中。

下面就来分析海底捞微信公众号运用了怎样的创新来活跃社群，从而进行社群的营销与运营，如图 5-2 所示。

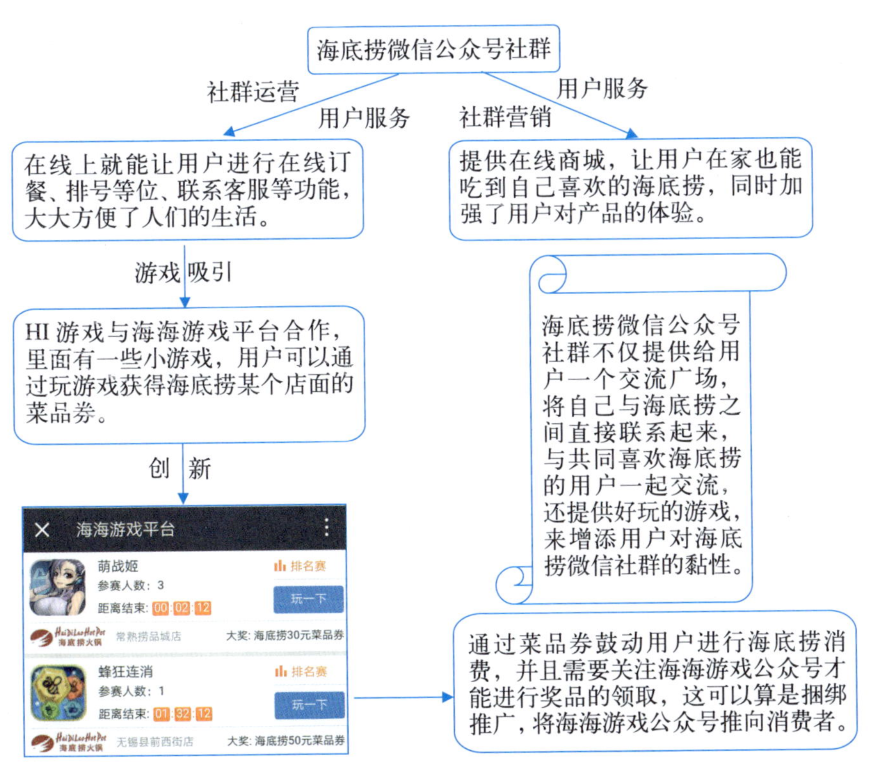

图 5-2　海底捞微信公众社群营销与运营

专家提醒

对于餐饮社群来说，用游戏来留住用户，是非常可取的方法，并且让用户有一个企盼进行游戏和玩乐，例如，海底捞进行的菜品券，这样就能大大调动用户玩游戏的积极性以及用户去海底捞消费的心理。

【案例 34】叫个鸭子：正处在活跃活动期的社群——自主传播

【企业简介】

"叫个鸭子"成立于 2014 年，它是由数名从事互联网及媒体行业，热爱传统美食的 85 后、90 后发起创建的，主要以自制秘方烹制的鸭子为主打产品，及鸭子周边的美食，目前已覆盖全北京，也是因为这群 85 后、90 后对吃很讲究，才会造就独一无二的烤鸭。

【功能解析】

叫个鸭子微信公众号社群的功能如图 5-3 所示。

（1）叫鸭指南：用户可以在这里知道品牌介绍、鸭子菜单、配送范围、最新活动、门店信息、就鸭上电视等。

（2）我要叫鸭：关于用户购买叫个鸭子的操作，例如菜单、用户订单、叫鸭公告等。

（3）鸭有话说：点击"鸭有话说"，即可进入售前 / 售后，鸭活动、加入叫个鸭子、鸭窝社区，用户可以在鸭窝社区中发言，与叫个鸭子互动、与其他用户互动，甚至还可以加盟到叫个鸭子中。

图 5-3 叫个鸭子微信公众号社群中的功能

【实施分析】

在社群时代下的餐饮，必须具有自主传播能力，才能够获得红利，下面就来分析叫个鸭子是如何进行自主传播的，如下所示。

从“名”开始	一个有趣的产品名称、品牌名称、微信公众号的名称，都非常具有自主传播能力。叫个鸭子就是这样，很多人都会有一股莫名想笑的感觉，并且也持久，有不具有同质化的特性因此备受人们的喜爱。
以“制”铺垫	制造一个好的话题，比其他的营销手法的推广效果要好得多。例如，叫个鸭子曾推出“草莓味的鸭子”的话题，让人们分享、参与讨论，而这个“草莓味的鸭子”只不过是一个噱头，是产品自主传播的一部分。
以“鹏”传播	叫个鸭子最开始是以微信个人账号在微信朋友圈中传播的，这样的传播是进行的“熟人经济”，这样的经济才能快速进行“病毒式”传播。
用“鸭”掌控	“鸭”是叫个鸭子的品牌产品。叫个鸭子将“鸭”元素体现得淋漓尽致，让人们不得不记住叫个鸭子的核心产品“鸭”。例如，在微信公众号中，用户社群就叫作“鸭社区”、叫个鸭子的活动就叫“鸭活动”，用户购买鸭子的渠道，就叫“我要叫鸭”，就连送餐小哥也有叫“鸭王”的，真是只要跟叫个鸭子挂钩的东西，都会与“鸭”联系在一起。这样的做法，无疑是将品牌全方位做出极强的心理暗示，促使品牌走入人们的心里认同中。
以“析”造就	“叫个鸭子”90%的顾客是青年女性，她们具有“年轻”、“喜欢新鲜事物”、“乐于分享”等共同特征。叫个鸭子通过整合和挖掘这群女性的特质与兴趣爱好，有针对性地开展了粉丝社群经济。
以“享”告终	叫个鸭子在之前曾发起一个叫“鸭寨夫人选美”的活动，让用户用产品玩自拍，并分享出去，就连到叫个鸭子去应聘的人都不放过，不论是否录用，“叫个鸭子”都会送他一张叫鸭代金券，这样的做法能从用户口中将品牌形象传播出去。因此，所谓的“享”，不仅是让用户去进行口传，还需要企业将自己好的东西分享给用户，让用户和企业都尝到甜头，才能强化自主传播能力。
以“聚”为乐	叫鸭子在微信公众号上有一个“鸭社区”，喜欢叫个鸭子的用户，可以一起聚集在这里，随意交流，形成社群。

专家提醒

在社群营销与运营中，只要能产生自主传播能力，那就证明社群的运营得到了很好的维护，营销也得到了不错的发展。

【案例 35】戏锅：前戏做足了才有底蕴——活动预热

【企业简介】

戏锅，专注于小火锅，源于一群人对生活与理想的倾心投入。内测了八个月，汇聚四方建议，对菜品进行了一次又一次的调整，直到将品牌做到满意为止。

“戏”意蕴传承与尊重，寓意玩味与时尚，融汇当下消费理念，提升用餐体验，引领全新饮食文化；“锅”是指一锅相容的载量，不限形式，不拘烦琐，就这样造就出了“戏锅”。

【功能解析】

戏锅微信公众号社群的功能如图5-4所示。

图 5-4　戏锅微信公众号社群的功能

（1）看戏：点击“看戏”，即可以了解其品牌的缘起、新品推荐、餐厅环境、超值午餐等的信息。

（2）有戏：点击“有戏”，即可免费 WiFi 的获取、预约定位、品牌开业时的现场、微信支付通道。

（3）调戏：点击“调戏”，既可以一键导航，让用户利用百度地图，找到戏锅的店面。留言板，用户可以将自己想说的话、对戏锅的建议、对戏锅的疑问、对戏锅的反馈，全部写在留言板中，戏锅会一一回复，用户也可以回答留言板上的问题；戏锅还在微信公众号上发布了招聘信息；戏锅还提供了休闲小游戏，来提高用户的体验，主要用途是在用户进行等位时，提供游戏服务。

【实施分析】

对于刚起步的餐饮社群来说，用活动来预热品牌，是一个不错的做法，这样能让用户把活动中的极致体验，衍生到品牌中，提高品牌的知名度，加强用户与品牌的黏性。在这种情况下所得到的社群用户，必然是“铁杆”。

对于餐饮社群来说，用户具有善变、不确定性等特点，因此，餐饮社群需要让用户找他们的同类，让他们觉得在社群具有“有趣、有料、有玩”的感受，这样才能让用户变为忠实者。

下面就来了解戏锅如何为社群营销与运作做好活动预热，如图 5-5 所示。

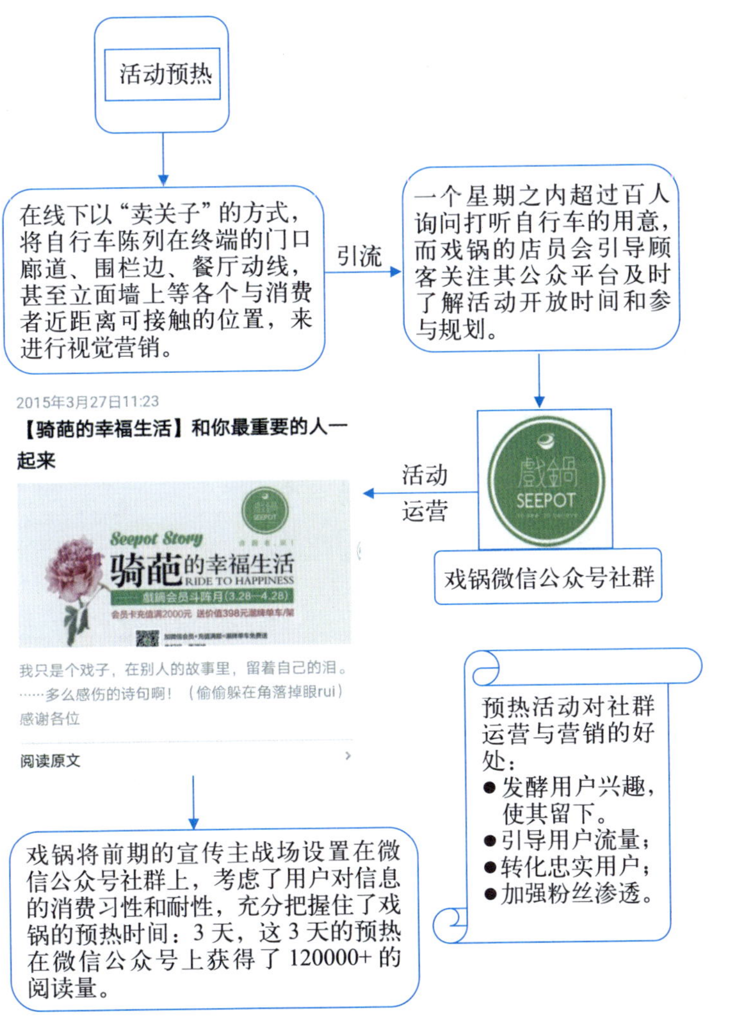

图 5-5　戏锅社群营销与运营之活动预热

专家提醒

在医疗O2O+社群的营销与运营中，用户自主服务对它们的影响力非常之大，当用户发现某个东西能让用户自己解决以往的问题，就会感到特别高兴，会一直停留在这个地方，一旦这个地方所提供的自主服务不能解决用户问题时，用户也会愿意花钱在这个地方向资深医生询问。因此，用户自主服务的好坏能决定用户对产品的依赖和信任程度。

5.2 微博社交

随着社群时代的发展，微博这个流量端口也备受企业的喜爱，基于这样的理由，有很多企业纷纷进入微博+社群的营销途径，试图从中获得红利。

【案例36】可口可乐：连接用户心中所爱——学会借势

【企业简介】

可口可乐起源于1886年美国佐治亚州亚特兰大城一家药品店。1892年，艾萨凯德勒设立可口可乐公司，总部位于美国亚特兰大。全球每天有17亿人次的消费者在畅饮可口可乐公司的产品，大约每秒钟售出19400瓶饮料。

【功能解析】

可口可乐微博社群的功能如图5-6所示。

（1）客服：用户可以点击“客服”，直接与可口可乐对话，可以反馈信息、提出建议、单纯聊天等。

（2）他的热门：用户可以快速知道自己所喜欢的企业，发生的，备受欢迎的活动内容及热门话题。

博文：可口可乐几乎每天都会发微博，更新内容，与用户进行交流。

可口可乐
主页 微博 相册
可口可乐
12-6 来自 微博 weibo.com
一字一句你的注解，都是青春的样子，梦想世界，陪你快乐ING。#五月天阿信生日快乐#
霸道总裁
超级吃货
温柔诗人
主唱大人
1526 281 974
已关注 客服 他的热门

图5-6 可口可乐微博社群的功能

【实施分析】

对于餐饮社群来说，内容其实是很重要的一部分。不过很多餐饮企业认为社群中的内容，无非就是企业活动、产品信息等甚至于企业或产品的内容，其实不然，企业需要确定自己的目标人群，根据目标人群喜欢的内容来进行借势投放。

可口可乐看中了微博的平台，分析出在微博上，以粉丝为人群划分的情况比较明显，由此，可口可乐就经常以明星为主，设计出与明星挂钩的、关乎可口可乐的广告，如图 5-7 所示。

下面就来进一步分析可口可乐在微博上所做的社群营销，如图 5-8 所示。

图 5-7　与明星挂钩的广告

明星黄晓明曾发了一条图文并茂的微博，在图片上有一瓶印有“大咖——黄晓明”的可口可乐，黄晓明还自黑说“大咖？和我有关吗？不是应该土鳖吗？”——其评论数达到了 1001 以上、点赞有 1043 以上，763 条转发量。

定制瓶活动

可口可乐通过微博平台和意见领袖、明星相结合，引爆了这次可口可乐瓶子的“换装”活动，很快吸引住了第一批想要购买“定制瓶”的粉丝。

可口可乐送一些明星一只萌萌的北极熊玩偶，明星们都会发一条微博，说可口可乐送玩偶给他们的事情，这样变相地为可口可乐做了推广，例如，明星张亮、李云迪、林俊杰、李晨、孙艺州等。

林俊杰所发的微博

图 5-8　可口可乐社群营销之借势

专家提醒

对于餐饮社群来说，在微博上运用借势营销是不错的营销道路，在运营的过程中，可以举办一些活动，这样更能提高用户的参与感。

【案例 37】黄太吉：与用户拉近距离——制造亲切感

【企业简介】

黄太吉于 2012 年创立的中式快餐食品公司，总部位于中国北京。黄太吉的煎饼店以不大的店面，在微博上广泛传播，创造了近 500 万元的年销售额，得到了风投给出的 4000 万元的估值。

【功能解析】

黄太吉微博社群的功能如图 5-9 所示。

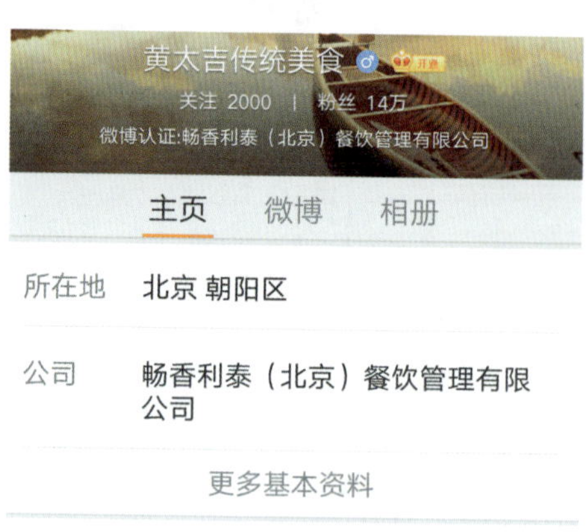

图 5-9 黄太吉微博社群的功能

(1) **主页**：用户可以看到黄太吉的基本信息，例如，所在地、公司等；还可以看到其所发的热门内容。

(2) **微博**：用户可以看到黄太吉发的所有微博。

(3) **相册**：用户可以看到黄太吉所发的、存的所有照片。

【实施分析】

对于餐饮社群来说，特别是自媒体社群，其企业老板需要带头，亲力亲为，将自己与社群用户之间的关系，弄得明朗一些，以朋友的身份进行交互，这样才能给用户亲切感，让用户有良好的体验。

下面就来分析黄太吉微博社群的营销与运营，如图 5-10 所示。

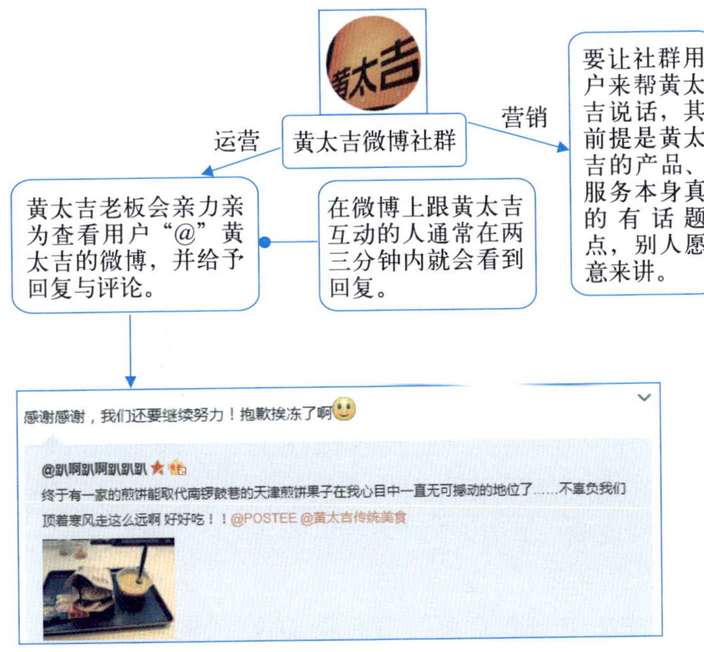

图 5-10　黄太吉社群的营销与运营

专家提醒

在餐饮社群中，企业老板就是企业的形象代言人，所以，老板的正面形象应该“可触摸，可聊天”的，让用户感到亲切的，这样能够给用户一种温暖的气氛，触动用户的心理。

5.3 APP 新玩法

餐饮 APP 社群同质化特别严重，无非就是提供用户基于餐饮的交流平台、提供一些美食的做法等常见功能，没有新鲜玩法。下面就来了解 APP 社群新玩法。

【案例 38】豆果美食：基于食谱下的电商模式——实现社群 + 电商

【企业简介】

豆果美食是一个发现、分享、交流美食的互动平台，以在线厨艺交流、美食分享为主，让用户在学习、分享美食的基础上还能交到好友。

【功能解析】

豆果美食的功能如图 5-11 所示。

图 5-11　豆果美食的功能

（1）首页：用户可以在首页上找到一些关于时令食材的做菜方法、视频菜谱、好友动态、优食汇、用户热门动态、用户发布的美食秀等信息。

（2）圈圈：用户可以在这个板块参与 11 个圈子的讨论，即“无美食不成活”“一入烘焙深似海”“良食”“瘦成一道闪电”“有娃后的新生活”“无国界美食与旅行”“豆果摄影社”“优食汇服务站”“生活中的小记录”“Family Day 同城聚会”“帮豆果进步”等，在这些圈子中，用户可以在里面查看自己感兴趣的帖子，以及自己可以发布一些关于美食的想要分享出去的帖子。

（3）优食汇：用户可以在这里购买一些想吃的美食、想做的美食的食材。

【实施分析】

对于餐饮社群来说，面临的一大问题就是同质化，餐饮社群只要解决了同质化这个难题，自然就会有用户主动进入社群，拥护社群。

豆果美食就将同质化这一问题，“华丽”地剔出了自己的社群，它开始进行以全面打通食谱、社群、电商 APP 为目标，来满足真正热爱生活，热爱美食、热爱烹饪群体的需求，将产品做到全面细致化。

豆果美食以在食谱的基础上增加社群 + 电商的功能，在增强了用户群体社交功能的同时，以与其他美食 APP 不同的用户体验，进一步优化了“优食汇”的电商平台，在同质化的美食行业中脱颖而出。

下面就来分析豆果美食社群的营销与运营，如图 5-12 所示。

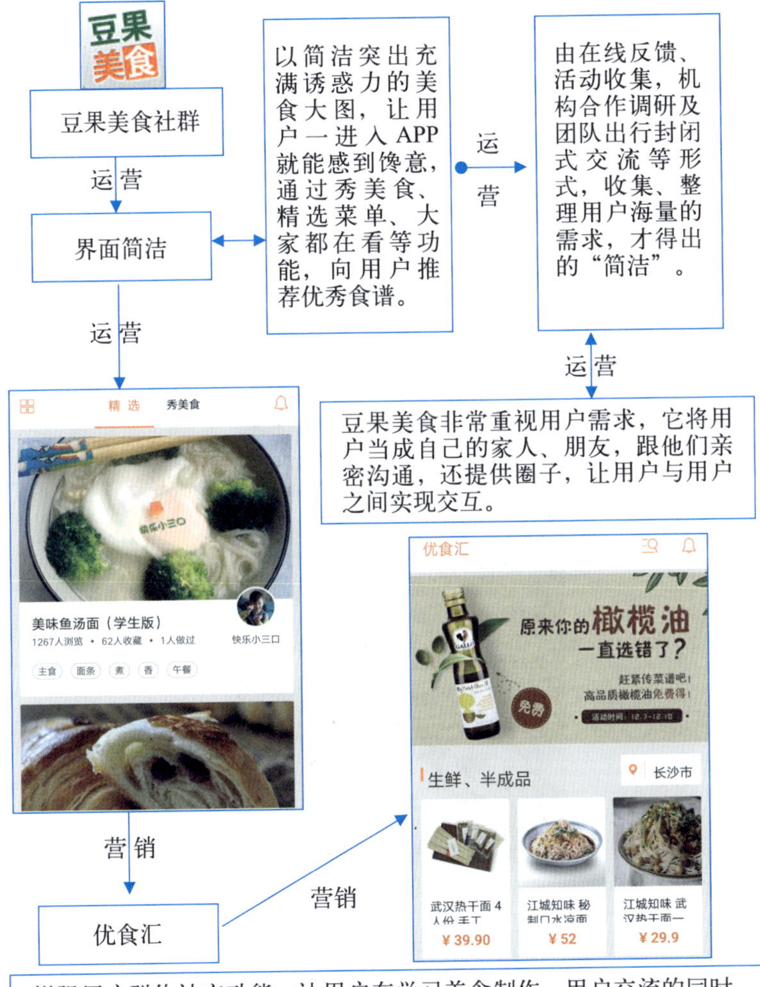

图 5-12　豆果美食社群的营销与运营

专家提醒

在餐饮社群中，社群 + 电商是一条营销新途径，也增加了用户的体验度，让用户与社群产生很强的黏性。

【案例 39】去哪吃：实现“约饭”的好帮手——进行场景营销

【企业简介】

去哪吃由好豆网开发并运营，它基于不同地理位置的约饭交友的 APP，让用户发现身边好吃的美食，结识附近好玩的朋友。

【功能解析】

去哪吃社群的功能如图 5-13 所示。

图 5-13　去哪吃社群的功能

（1）发现：在“发现”里，用户可以找到好友圈、看到关于美食餐厅的精选文章、参加免费试吃的活动、寻找全部吃友以及附近的吃友。

（2）“加号”：用户点击“加号”可以发布约饭信息，寻找一起吃饭的朋友。

（3）消息：在“消息”里，用户可以收到系统信息以及朋友的私信。

（4）我的：用户可以对去哪吃进行设置、签到、查看自己所关注的人、自己的粉丝、自己的豆币、自己分享的内容、自己收藏的餐馆，以及对去哪吃的意见反馈。

【实施分析】

去哪吃社群，抓住人们的孤单因素，利用场景，让用户不再孤单，来吸引用户的注意力，下面就来进一步分析去哪吃社群的营销与运营，如图 5-14 所示。

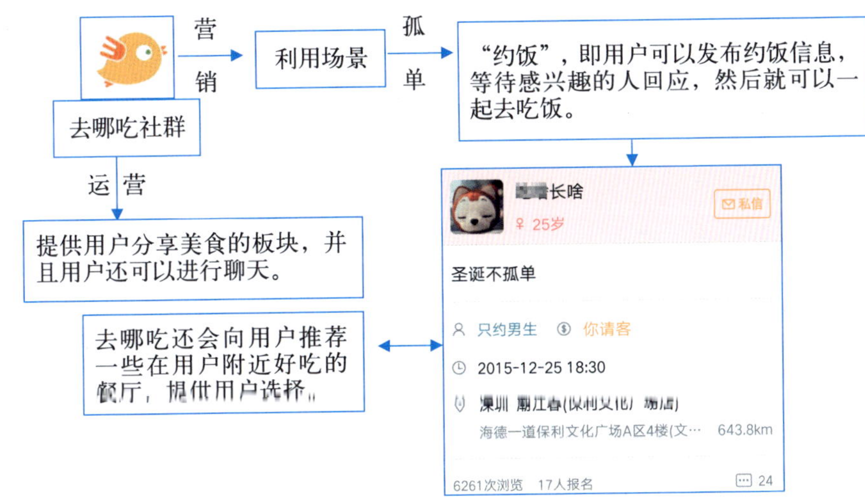

图 5-14　去哪吃社群的营销与运营

专家提醒

在餐饮社群中，企业可以利用场景来进行社群营销，站在社群用户的角度想，找到他们的痛点，并进行相应的服务，即可直击用户痛点，让用户有了维护社群的理由。

第 6 章

购物社群：新花样下的人员聚合

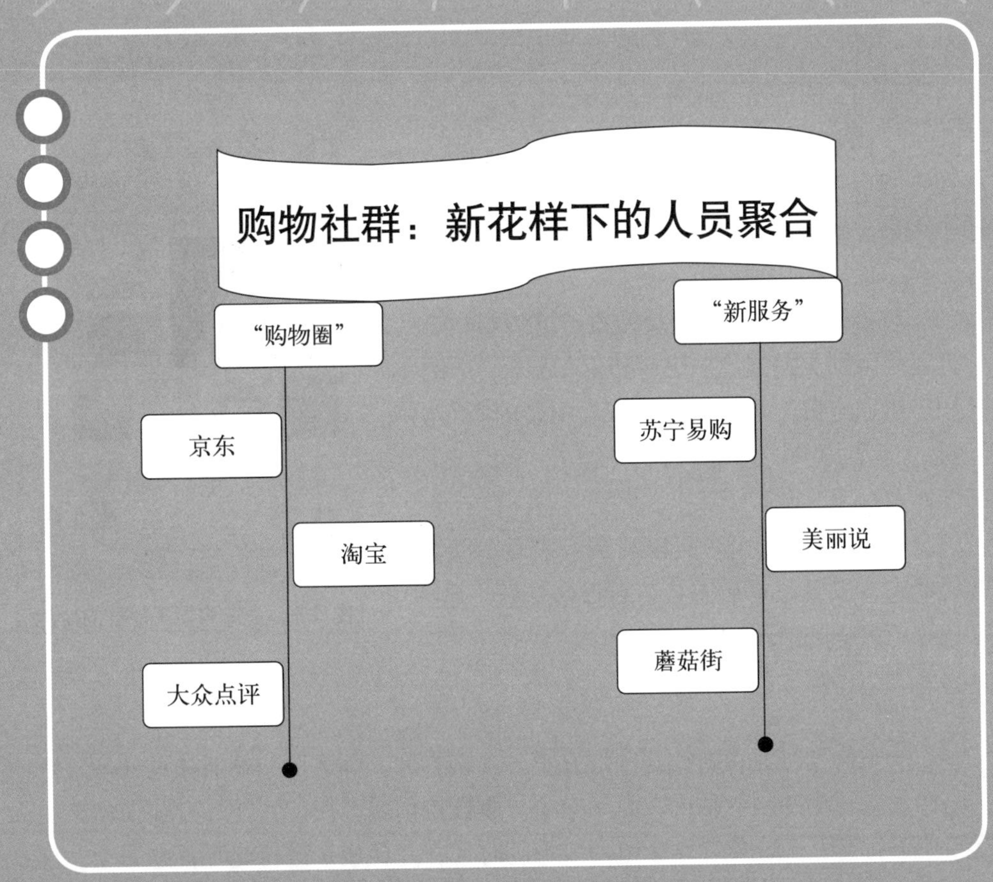

6.1 “购物圈”

随着时代的发展，人们对电子商务的发展越来越期待，普通的网上购物已经不能满足人们的需求，其中人们最明显的诉求就是想要在网购的过程中不那么孤单，能有朋友在身旁给出购买意见、聊天等，由此，企业需要将社群变成一个“购物圈”。

【案例 40】京东：寄托在微信中的购物社群——建立购物圈

【企业简介】

京东是一家自营式电商企业，2015 年第一季度在中国自营式 B2C 电商市场的占有率为 56.3%。目前，京东在微信这个流量端口上，建立了购物社群，实现用户通过其他用户的分享而进行产品的购买。

【功能解析】

京东购物圈社群的功能如图 6-1 所示。

（1）购物：用户可以在京东购物社群中，直接连接到京东商城，然后进行产品的购买，它分为两个类别，即品牌和特价，让用户既能找到自己所需的商品，也能找到打折商品。

（2）搜索：用户可以直接搜索自己想要的商品，并且还分门别类提供用户快速搜索产品服务，例如，家用电器、电脑办公、女装内衣、男装内衣、男女鞋靴、运动户外、母婴玩具、珠宝手表、家居家纺等。

（3）购物圈：用户可以看到社群用户发布的购物动态，以及好友动态。还有很多话题，用户可以选择感兴趣的话题，参与讨论。

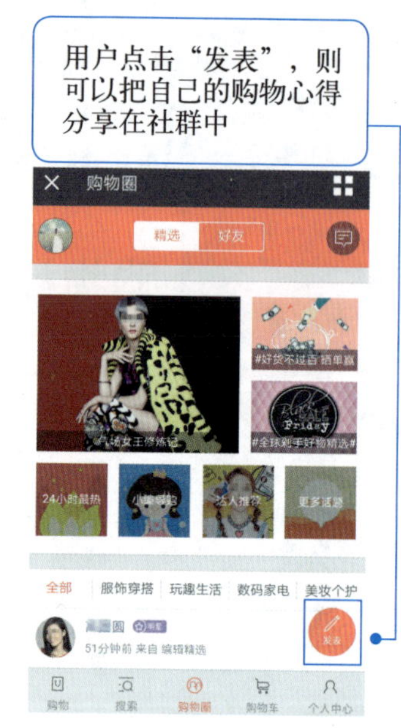

图 6-1　京东购物圈社群的功能

【实施分析】

若一个购物行业，在社群中建立了一个购物圈，那么用户就能通过分享某件产品而形成一个共同的话题，有了一个可聊性的话题，用户才能具有较强黏性在社群中进行交互。在如今这个电商成群的时代，能让用户进行交互就是一个非常不错的新玩法，能让用户在体验上有好感，如图 6-2 所示。

图 6-2　购物圈中用户的交互

下面就来进一步分析京东购物圈社群的营销与运营，如图 6-3 所示。

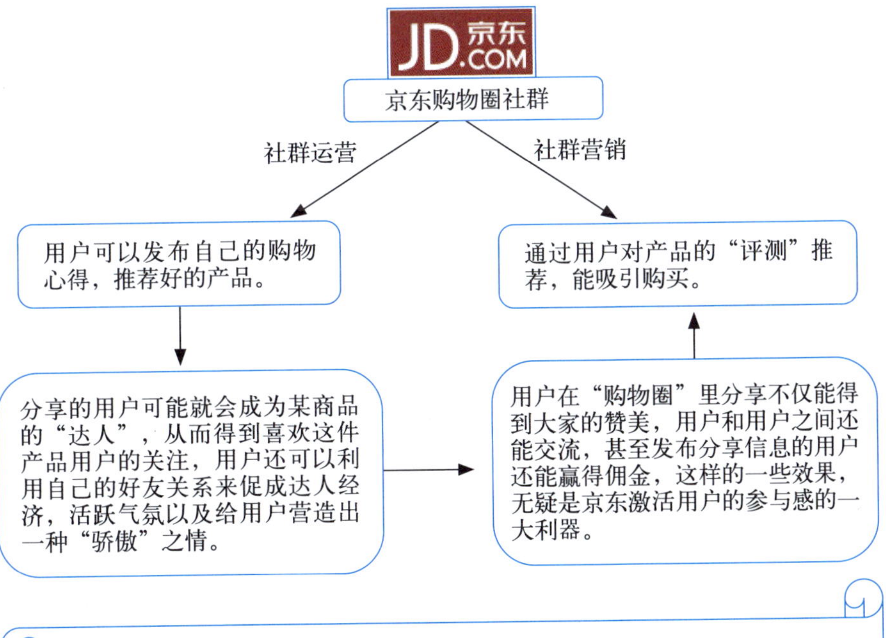

图 6-3　京东社群营销与运营

专家提醒

在购物社群中，建设一个购物圈既能提高用户之间的黏性，又能满足用户的分享诉求，激活用户的参与感，促进多频次消费。

【案例 41】淘宝：别具一格的变形成长——创新

【企业简介】

淘宝网是一个网购零售平台，拥有近 5 亿的注册用户数，每天有 6000 多万的固定访客。随着互联网时代的发展，淘宝也从最开始的 C2C 电商模式，变成了集合 C2C、团购、拍卖、众筹等多种电子商务模式在内的综合性零售商圈。

【功能解析】

淘宝社群的功能如图 6-4 所示。

图 6-4 淘宝社群的功能

（1）**首页**：提供很多商品分类，让用户进行商品的自主选择及购买。

（2）**微淘**：以用户为中心，用户可以看到自己所关注的店铺账号、感兴趣的领域，从而获取信息和服务，并且用户与所关注的账号之间还能产生互动。

（3）**社区**：在社区中，为用户提供了162个圈子，用户可以在圈子里创建话题，形成用户与用户之间的交互。

【实施分析】

对于购物社群来说，创新是让社群离“衰败期”远去的重要途径，只有这样，用户才会保持稀有的新鲜感，有了新鲜感，用户才会一直在社群中保持激情，成为社群的忠实拥护者。

下面就来进一步分析淘宝社群是如何玩转创新的，如图 6-5 所示。

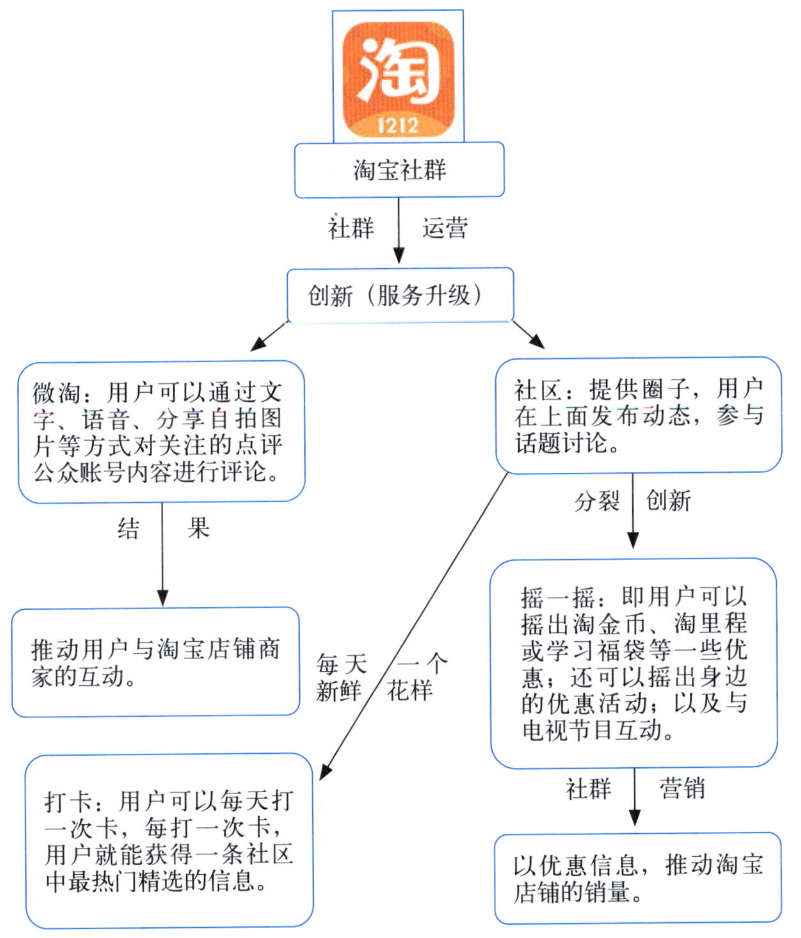

图 6-5　淘宝社群营销与运营之创新

专家提醒

在购物社群中，创新有很多种方式，例如，不一样的活动、不一样的内容投送、不一样的交流环境等，只要让用户感到有新鲜感即可。

【案例42】大众点评：在发现板块下的兴趣图谱——勾起兴趣

【企业简介】

大众点评网于2003年4月成立于上海，为用户提供商户信息、消费点评及消费优惠等信息服务，同时亦提供团购、餐厅预订、外卖及电子会员卡等O2O交易服务，在2015年大众点评与美团网宣布合并。

【功能解析】

大众点评社群的功能如图6-6所示。

（1）首页：各种分类的团购，例如，关于美食、电影、休闲娱乐、外卖等。

（2）闪惠团购：一个打折支付的服务，抛出用户最爱的低价团购券模式，主打店内付款。消费者在线下消费后，可以直接按照商家的优惠进行打折支付。

（3）发现：好友去哪：在发现里用户可以绑定微信查看好友在大众点评去过哪些“吃喝玩乐”的地方；

图趣：一个专门以用户分享图片为主的动态板块；

社区论坛：用户可以选择关注自己感兴趣的帖子，在帖子下面进行评论、与用户交流，用户自己也可以写帖子；

排行榜：大众点评会根据用户的LBS定位，推荐当地一些比较受欢迎的餐馆、影片等。

（4）我的：用户的个人中心，用户可以查看自己的订单、钱包、积分、点评、团购券、最近浏览的记录，设置大众点评等服务。

图6-6 大众点评社群的功能

【实施分析】

在购物社群中，不管是“建立一个购物圈”、还是“进行创新服务”，都是为了勾起用户的兴趣，只要用户对社群中的内容、活动、产品感兴趣的话，那么销售就不难了，重点在于企业该如何运营一个能勾起用户感兴趣的社群。

其实，企业可以给用户一些选择，先了解用户对哪些东西比较关心，例如，年轻女性喜欢拍照，并分享给别人，则企业可以给用户一个能分享照片的平台；若用户喜欢美食，则可以制造一个让用户发布美食、寻找美食的地方。

下面就来了解大众点评社群的营销与运营，如图 6-7 所示。

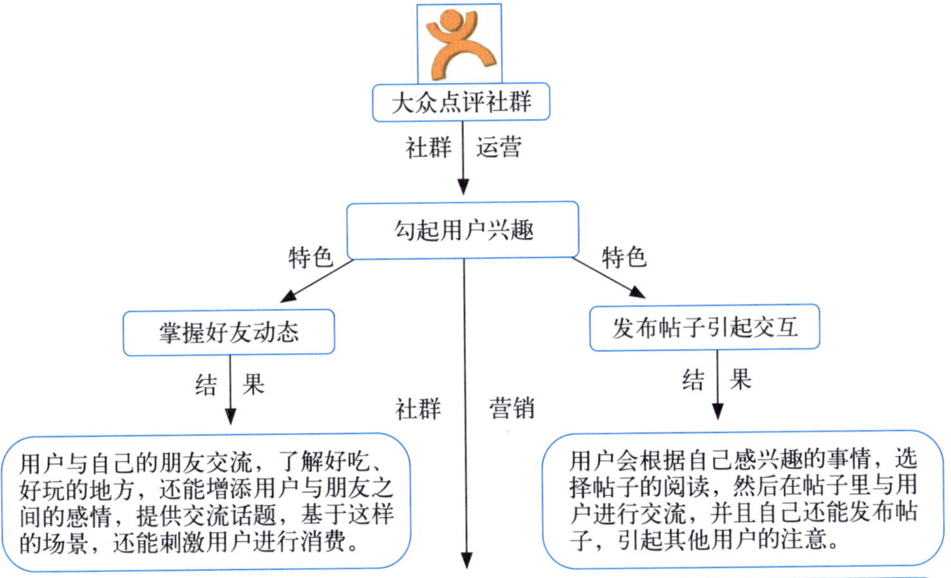

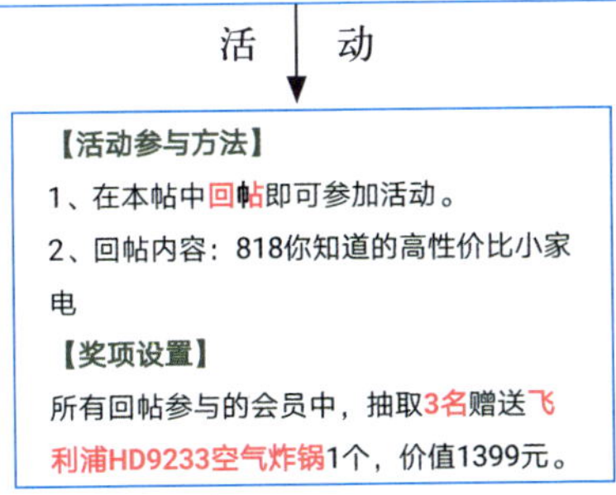

图 6-7 大众点评社群营销与运营之勾起兴趣

专家提醒

在购物社群中，企业要想办法勾起用户的兴趣，这样用户才愿意在同质化特别严重的购物行业下，选择一个愿意长驻的社群。

6.2 “新服务”

随着时代的发展，人们不仅仅就很普通地在社群中聊天，他们还想要一些新花样，这样才能让用户保持新鲜感，由此，企业需要在服务、美感、营销上考虑调整。

【案例 43】苏宁易购：“高温”中的社群升温——极致服务

【企业简介】

苏宁易购，是苏宁电器旗下新一代 B2C 网上购物平台，现已覆盖传统家电、3C 电器、日用百货等品类。随着 6 年的发展，在 2015 年苏宁易购已经成为 O2O 商业的典型代表。

【功能解析】

苏宁易购社群的功能如图 6-8 所示。

（1）**首页**：将商品详细划分出来，让用户能快速找到自己想要购买的产品。

（2）**嗨购**：用户可以看到自己感兴趣的店家，最新动态、优惠优品等信息。

（3）**圈圈**：提供一些“发烧”活动，用户还可以在圈圈里进行信息的交互。

（4）**购物车**：用户可以在购物车上查看自己需要付款的产品，并实行付款或删除。

（5）**我的**：用户可以查看自己的订单详情、自己在苏宁易购的资产、会员福利、自己参与的活动、售后服务、在线咨询、用户反馈。

扫一扫：用户可以扫描产品的条形码，若苏宁易购有此款产品，则可直接购买

图 6-8　苏宁易购社群的功能

【实施分析】

对于购物社群来说，单单只吸引用户的注意力是不够的，一定要提供良好的服务，只有服务好，才能进一步增强用户对社群的喜爱，到时用户才会更加拥护社群，主动为用户做口碑。

对于苏宁易购来说，“做加法”是转型的一大

营销办法，从用户体验出发，让服务分解了分流的旧商业模式，实现以用户服务为中心，让线上渠道与线下渠道相互融合，独有的物流体系，而这样的模式，也是与其他购物行业所区分的因素。

下面，就进一步分析苏宁易购社群营销与运营，如图 6-9 所示。

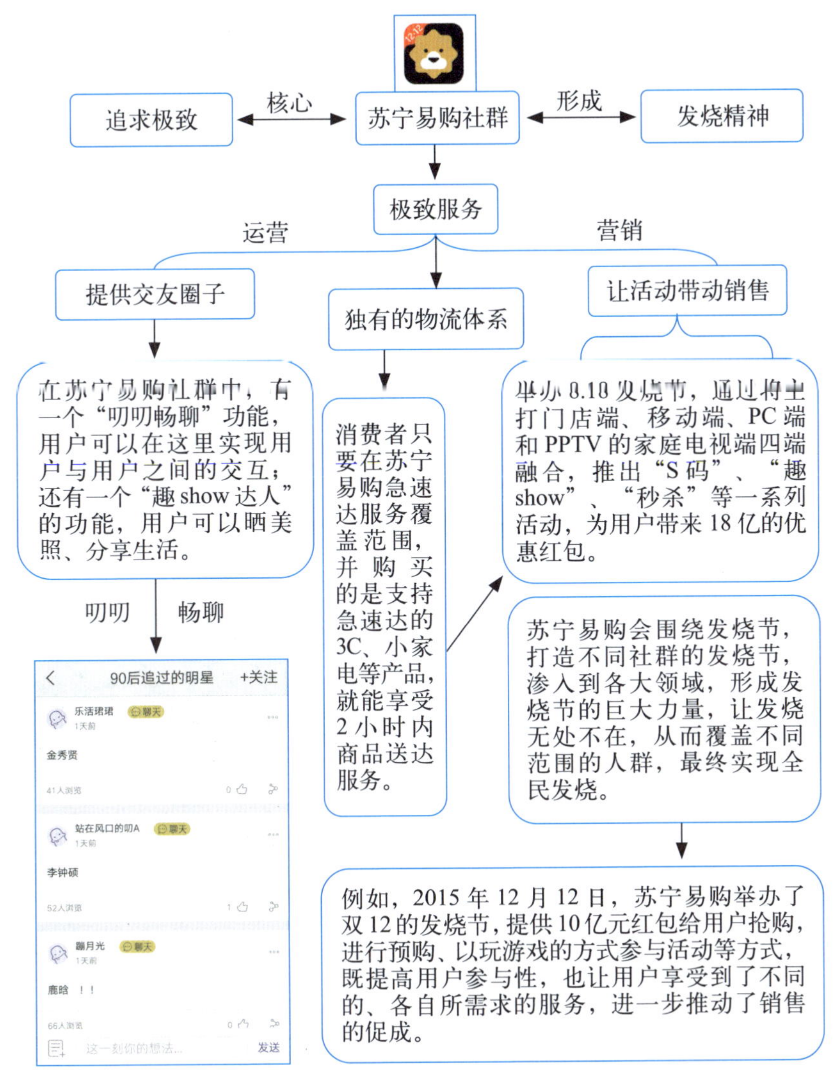

图 6-9　苏宁易购社群营销与运营

专家提醒

对于购物社群来说，极致服务其实并不难实现，只要围绕用户购物的体验感来进行社群运营与营销的升级即可。

【案例44】美丽说：构成以女性特点为主的消费闭环——视觉共享

【企业简介】

美丽说是一个以女性为主的电子商务平台，致力于为年轻时尚爱美的女性用户提供最流行的时尚购物体验，拥有超过1亿的女性注册用户，用户年龄基本上集中在18 ~ 35岁。

【功能解析】

美丽说社群的功能如图6-10所示。

（1）首页：推荐一些好看的衣服、红人的店铺、每日特惠、每日新款、正在流行的服饰、推荐品牌、搭配方案等，还实现签到有礼的端口。

（2）分类：针对女性，将商品分化得比较细，例如，上衣、裙子、裤子等分类，还提供折扣区、一周精选、分类热款。

（3）群：用户可以创建群，转发自己喜欢的美丽说站内商品或上传高品质图片到自己的群中，进行分享、交互。

（4）全球购：用户可以在这里购买到来自全球的产品，其中包括美妆、护肤、包包。

（5）我：用户的个人中心，可以查看自己的钱包余额、优惠券、自己的订单详情、喜欢的宝贝、关注的商家、浏览记录。根据用户的浏览记录推荐商品，还可对商家提出店铺管理建议。

图6-10　美丽说社群的功能

【实施分析】

不管时代如何发展，女性都会占据在购物行业的风口浪尖处，也许女性总是会有"买买买"的口号流淌在心中，所以就形成了"购物狂"的事态，因此，购物行业的重点需要将目光放在女性的身上。

女性大部分具有需要视觉效果、占有欲强、爱分享等特点，她们喜欢美的事物，在视觉上一定要让她们舒适、眼前一亮才能够夺得她们的目光；她们对喜欢的商品会想办法坚持买下来，占有它，哪怕以后不怎么用，只要她们有一刻喜欢那个商品，她们就不会考虑以后是否常用，毅然决然地买下；她们是“分享好青年”，喜欢在互联网社交媒体上与朋友进行互动，在朋友圈上的刷新，秀脸、秀厨艺、秀身材、秀情绪、秀消费战利品等，以分享的姿态告诉他人自己的动态。

因此，购物社群需要牢牢抓住女性的特点，强化“视觉共享”的营销理念，即让人们基于比较喜爱有美感的图片，通过对图片的亮点描述，进行人与人之间共享，从而推动消费的形成，下面就来分析美丽说社群的营销与运营，如图 6-11 所示。

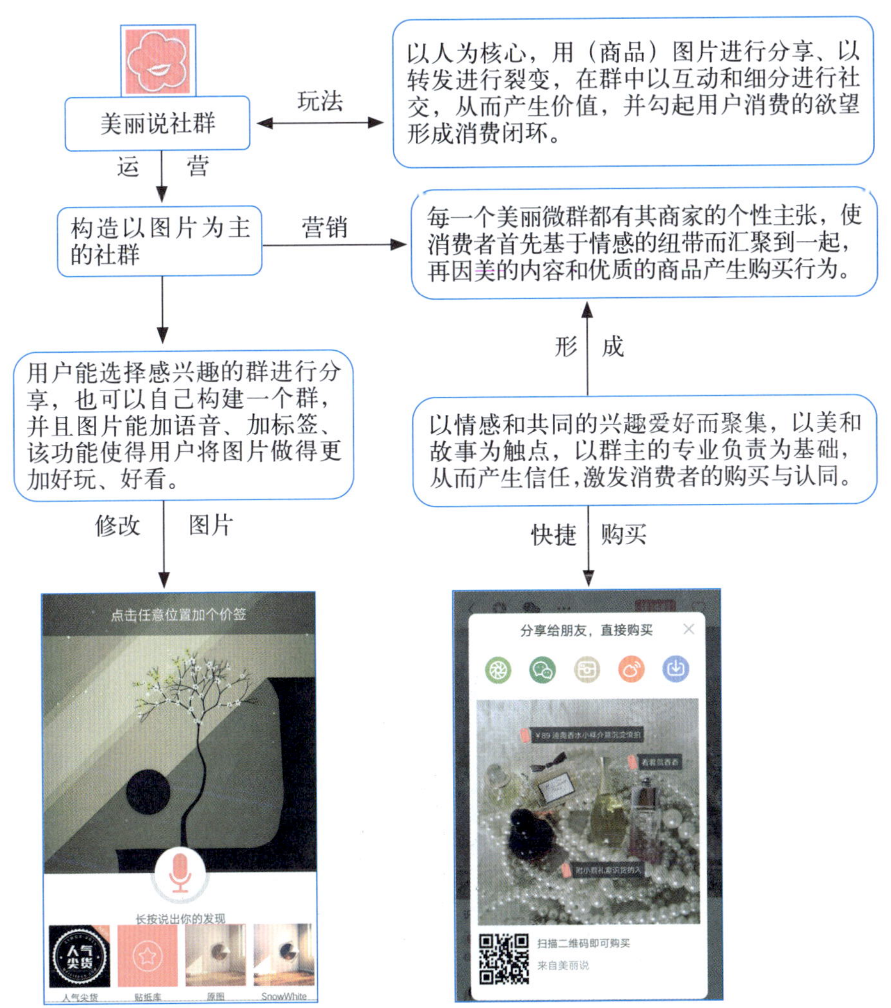

图 6-11　美丽说社群的营销与运营

专家提醒

在购物社群中，以“视觉共享”来为营销做铺垫，是比较合适的做法，通过图片实现“人→人→物→人”的信息传递闭环，即用一张照片就可以分享、社交、购买，来实现交易节点的构建。

【案例45】蘑菇街：构建“求”而不是“推”的氛围——动态营销

【企业简介】

蘑菇街是一个新型的女性买家社群，是杭州卷瓜网旗下的一个专注于提供发现美与时尚、分享购物乐趣，结交志趣相投好友自由交流的平台。拥有一亿多爱美的女性，在蘑菇街上找到自己喜爱的商品，数千时尚买手达人在这里交流购物心得，分享自己的消费体验。

【功能解析】

蘑菇街社群的功能如图6-12所示。

图6-12　蘑菇街社群的功能

（1）逛逛逛：提供用户自制内容的平台，其中包括私搭、星榜、晒货、好吃、旅行、男票等内容。

（2）买买买：提供用户购买商品的端口，还提供限时快抢、团购大促、超值 9.9、品牌特卖等优惠活动。

（3）聊聊聊：用户可以直接与商家聊天，还能获得订单信息，以及提供了一个社区，用户可以选择或创建一个频道，进行交互。

（4）我我我：用户可以查询到自己的订单、找到自己喜欢的商品或图片、还提供钱包、优惠券、理财等能让用户赚钱的功能；相册、打卡、记账等能帮助用户记录生活的功能；大姨吗、星座、美食能成为用户生活小秘书的功能。

【实施分析】

对于购物社群来说，要选择不同的途径进行营销，让社群形成一定的特色，这样才能更快地引入用户，对于购物社群来说，不像其他一些行业一样，只需要忠实用户，重“质”即可，购物社群是越多用户越好，“质”与“量”是并存的。

购物社群很适合动态营销，所谓的动态营销，几乎以用户发布内容为主，基于内容其他用户给予评论，在动态内容下进行交互，而不像其他社群一样，只是在一个群里大家一起交互，所谓动态是将圈子更加细分了，细分到个人，由个人的魅力而散发的自主聚集，这样的用户对于在购物社群中商家来说，是非常重要的，对于购物平台来说，是留住消费者的新做法。

购物社群中，动态营销是让用户去找商家的锦囊妙计，例如，商家发布一些好看的模特场景图，并配上一些符合场景的文字，届时，可能会有一些用户喜欢，并在动态下说非常喜欢图，甚至会有用户在下方问模特身上的衣服在哪里买之类的留言，这就是典型的用户主动找商家。

这样的一种营销模式，对于商家来说，节省了寻找用户的成本，增添了忠实用户的精确度，何乐而不为？

下面就来分析蘑菇街社群营销与运营，如图 6-13 所示。

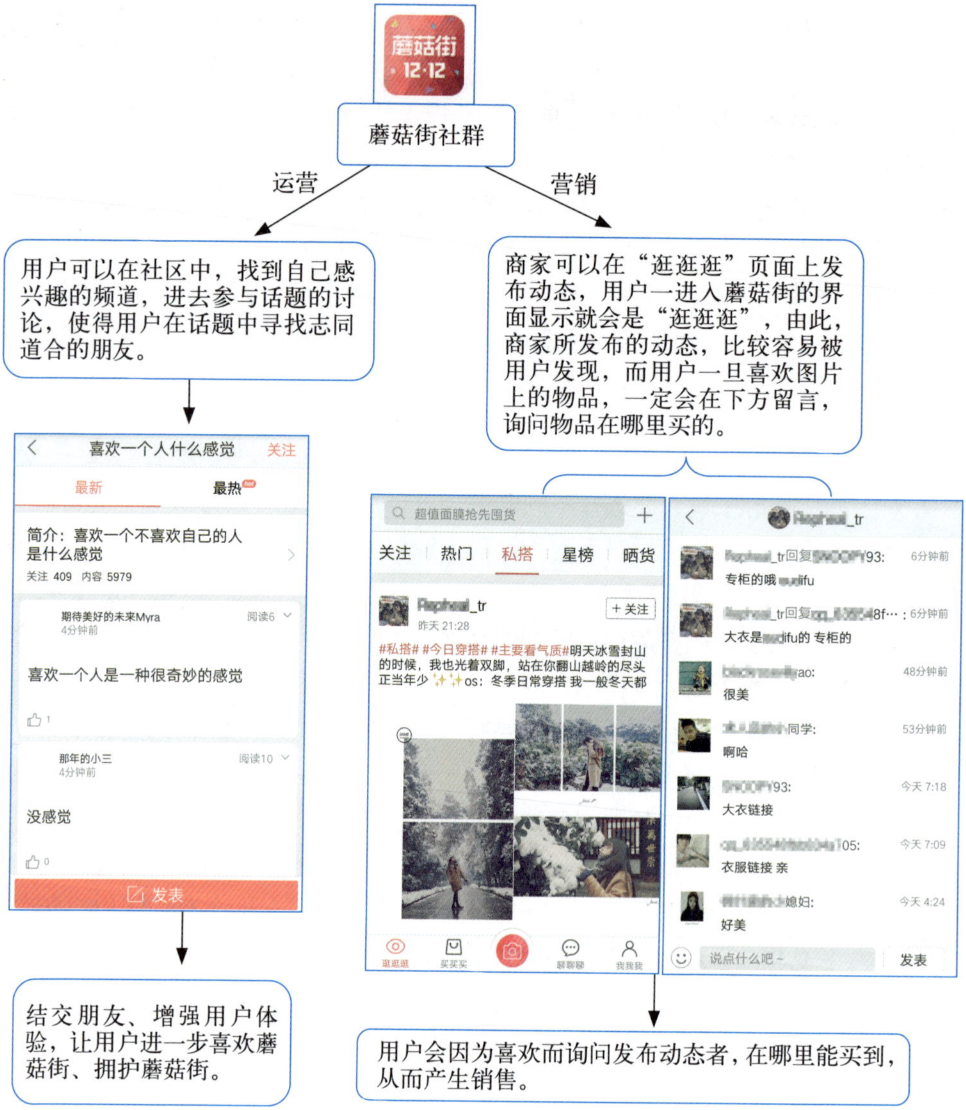

蘑菇街社群

运营

用户可以在社区中，找到自己感兴趣的频道，进去参与话题的讨论，使得用户在话题中寻找志同道合的朋友。

结交朋友、增强用户体验，让用户进一步喜欢蘑菇街、拥护蘑菇街。

营销

商家可以在“逛逛逛”页面上发布动态，用户一进入蘑菇街的界面显示就会是“逛逛逛”，由此，商家所发布的动态，比较容易被用户发现，而用户一旦喜欢图片上的物品，一定会在下方留言，询问物品在哪里买的。

用户会因为喜欢而询问发布动态者，在哪里能买到，从而产生销售。

图 6-13 蘑菇街社群的营销与运营

专家提醒

在购物社群中，动态销售企业应该选择的一大营销方法，就是既能让企业获得忠实用户，又能让企业愿意在购物平台里进行销售工作。对于购物平台来说，这就大大地提高了用户的黏度。

第 7 章

旅游社群：在旅游中遇到那个“他们”

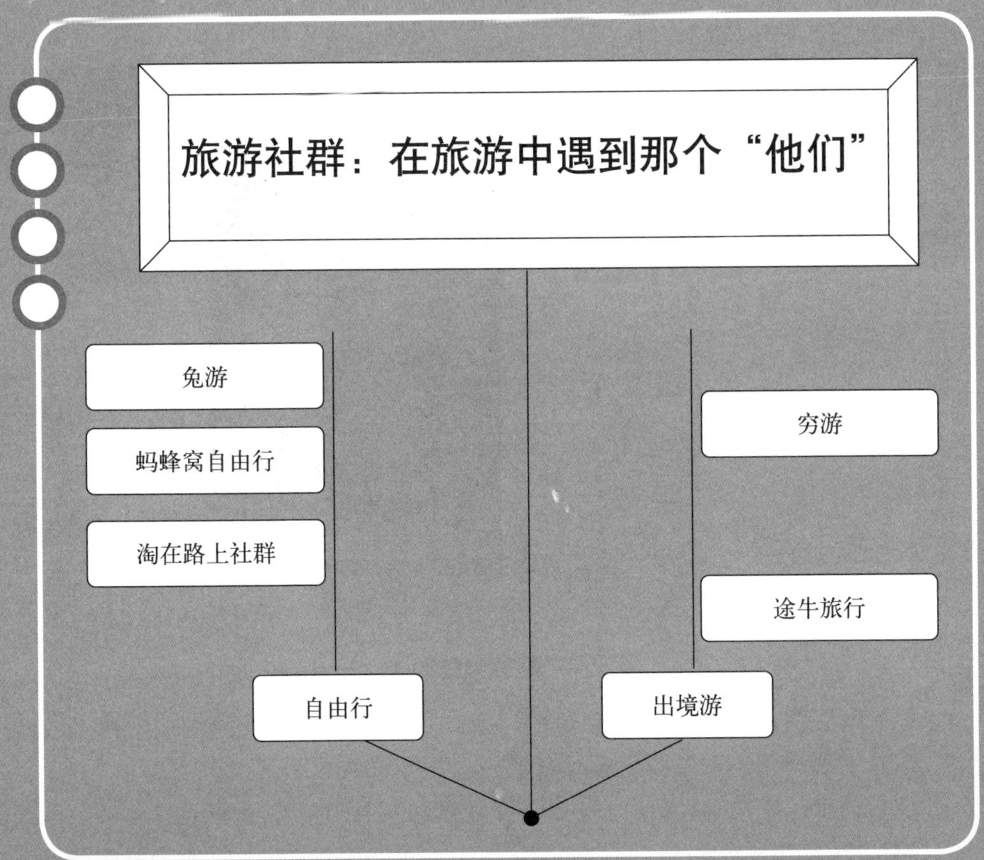

7.1 自由行

随着时代的发展，人们渴望自由自在的生活，对旅游更是希望能进行自由行，这样比较随意，没有跟团的局限性。由此，不少旅游社群看中了自由行的市场，开拓了社群自由行的道路。

【案例 46】兔游：一个实打实的工具型社群——解决痛点

【企业简介】

兔游经过 8 个月的准备，于 2015 年 6 月 1 日正式上线，以让用户出行不用做攻略，随时随地能获取周边的景点介绍、吃住交通、聚会玩乐、演出推荐为宗旨，提供给用户一个靠谱的智能导游，让人们在自由行的道路上少一些麻烦。

【功能解析】

兔游社群的功能如图 7-1 所示。

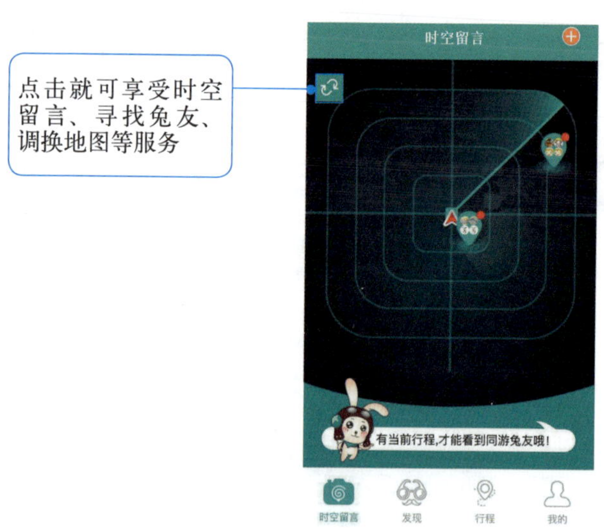

图 7-1　兔游社群的功能

（1）**时空留言**：用户可以选择朋友进行留言，分享身边的感动和精彩。

（2）**发现**：用户可以找到附近的用户所发的时空留言。

（3）**行程**：用户可以自己制定行程，邀朋友一同实行。

（4）**我的**：用户可以天天签到，获得金币，并可以用一定量的金币兑换物品。

【实施分析】

对旅游社群来说，解决痛点是比较重要的一环，而这个痛点必须针对目标客户群，这样社群才能运营下去。下面就来进一步分析兔游在社群的运营过程中是如何解决用户痛点的，如图 7-2 所示。

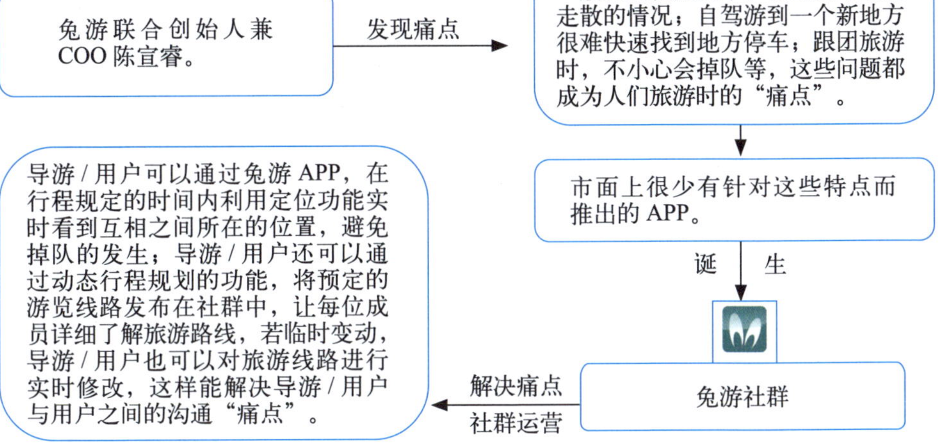

图 7-2　兔游运营之解决痛点

专家提醒

在旅游社群中，若是有办法能解决用户的“痛点”，那么社群在运营的过程中，必然会受到用户的拥护，使得用户愿意一直在这个社群中逗留。一般来说，企业需要从以下两个方面来寻找用户“痛点”：

- *站在用户的角度想问题，体验社群、体验产品，并思考在体验的过程中，出现了哪些问题、哪些地方会让人感觉不舒服，将这些问题汇集起来，并一一解决。*
- *提供用户反馈、测评等功能，让用户参与到产品检测中去，在这个过程中可以充分分析用户习惯。*

【案例 47】蚂蜂窝自由行：加强建设社群经济 ——确定社群走向

【企业简介】

蚂蜂窝自由行，是蚂蜂窝旅行网旗下的 APP 软件，以自由行为核心，提供全球至少1000个旅游目的地的旅游攻略、旅游问答、旅游点评等资讯，以及酒店、交通、当地游等自由行产品及服务。

【功能解析】

蚂蜂窝自由行社群的功能如图7-3所示。

(1) **发现**：用户可以找到旅游攻略、订旅店、进入自由行商城、看用户写的游记、看用户发的照片、问达人问题。

(2) **当地**：可以为用户定位，推荐当地的景点、美食、娱乐、购物、游记，以及可以向达人提问，用户还可以看到附近的用户所发布的动态。

(3) **我的**：用户个人中心，在这里可以记录用户去过的国家、城市；提供打卡，用户每日都能打一次卡，每打一次卡用户就能获得一个“蜂蜜”（虚拟币），而“蜂蜜”的作用是可以兑换一定的产品；用户还能看到自己所下载的游记、攻略等。

用户可以直接搜索自己想要去的目的地、攻略、景点、酒店等内容

图7-3 蚂蜂窝自由行社群的功能

【实施分析】

对于旅游社群来说，一定要确定好社群的走向，不然产品再好也难以吸引忠实的用户，获得一定的红利。

一般常见的旅游社群走向分为两种，如图7-4所示。

图7-4 旅游社群的走向

下面就来进一步分析蚂蜂窝自由行社群的营销与运营，如图7-5所示。

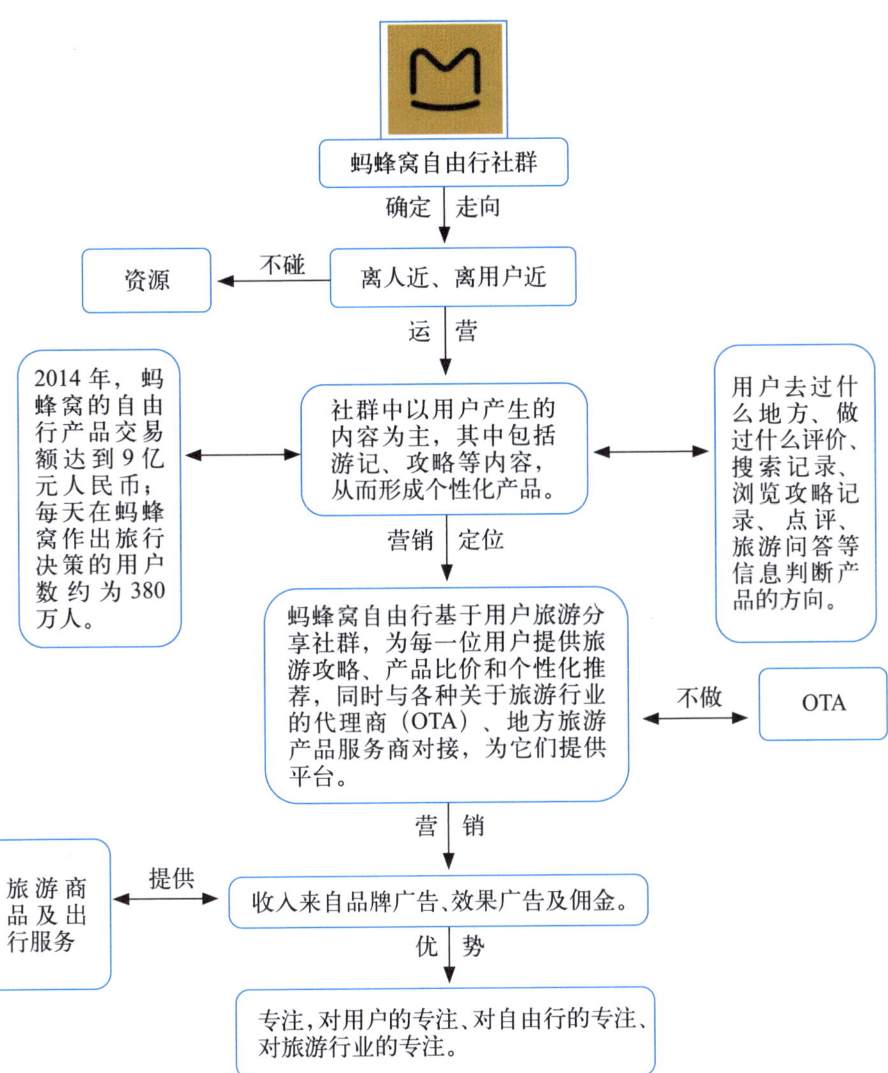

图 7-5　蚂蜂窝自由行社群营销与运营

专家提醒

对旅游社群来说，确定社群走向是非常重要的，不要一心二用，要做就做得“专注”，只有“专注”了才能等于“极致”，而“极致”是用户与企业所期望的，对于用户来说，极致的产品与服务，能让他们找到归属感、参与感，而对于企业来说，极致的产品与服务，是获得红利的最有力的导火线。

【案例 48】淘在路上社区：以目的地产品为主——做“垂直”

【企业简介】

淘在路上社区是一款以用户写游记、查攻略为主的旅游社群 APP，由“在路上”制作团队出品，与淘在路上 APP 一起为自由行提供完整的闭环服务。

【功能解析】

淘在路上社区 APP 社群的功能如图 7-6 所示。

图 7-6　淘在路上社区 APP 社群的功能

（1）**攻略**：用户可以看到最新的旅游攻略，以及区分开的几个旅游攻略板块，例如，亚洲、欧洲、美洲等板块。

（2）**最热照片**：用户可以看到一些好看的、受人们喜爱的旅游照片。

（3）**讨论区**：用户能够在平台上针对某些照片进行评论交流，也可以探讨拍照技巧。

【实施分析】

对于旅游社群来说，想要远离同质化，就可以从“垂直”出发，即直接指向目的地的自由行旅行。

下面就来分析淘在路上社区 APP 社群的营销与运营，如图 7-7 所示。

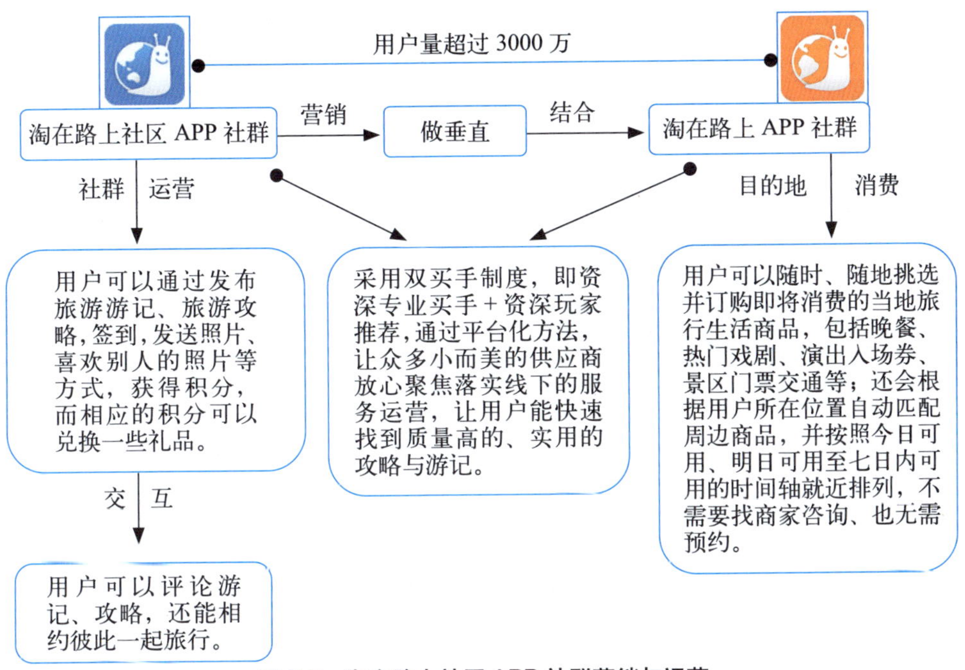

图 7-7　淘在路上社区 APP 社群营销与运营

专家提醒

在旅游社群中，做一个“垂直”的社群，一定要让用户参与进去，这样才能大大地留住用户。

7.2 出境游

对于人们来说，出境游是既渴望又害怕的事情，人们渴望出境看看其他国家的美，又害怕“人生地不熟”，怕遇到问题手足无措，毫无办法解决。因此，出境游的旅游社群定然是人们所需求的。

【案例 49】穷游：海外旅游信息“收割机”——搭建用户联系服务

【企业简介】

2014 年，穷游网已经成长为国内比较具有影响力的出境游社群，有超过

4000 万社区用户和 3000 多万移动端 APP 用户。

【功能解析】

穷游社群的功能如图 7-8 所示。

图 7-8　穷游社群的功能

（1）推荐：在该板块中，用户可以享受以下服务。

看锦囊，用户可以看到关于亚洲、欧洲、北美洲、南美洲、大洋洲、非洲、南极洲等地方非常详细的旅游攻略。

抢折扣，用户可以搜索自己想要去的地方，根据用户搜索的地方而提供相关折扣信息。

订酒店，用户可以选择目的地社群酒店的入住日期与离开日期来查找合适的酒店。

旅途中，用户可以进行 GPS 定位或自己输入旅游所在地，进入那个地方的模块，可以找到攻略、景点、美食、购物与活动，并且还能进入该地的聊天室，让用户在旅游的地方，找到朋友，可以相约结伴。

（2）目的地：向用户提供关于亚洲、大洋洲、南极洲、欧洲、非洲、南美洲、北美洲中的热门城市。

（3）社区：用户可以选择自己感兴趣的主题，进行与其他用户之间的交互，并且还可以向其他旅游达人提问，寻找结伴旅游的同伴。

【实施分析】

对于旅游社群来说，搭建一个用户与用户之间相互联系的平台，比企业单纯提供攻略，要受欢迎得多，用户所希望的是：在找旅游攻略的过程中，能与其他用户进行交流，甚至找到一起去旅游的伙伴。

下面就来分析穷游社群的运营方法，如图 7-9 所示。

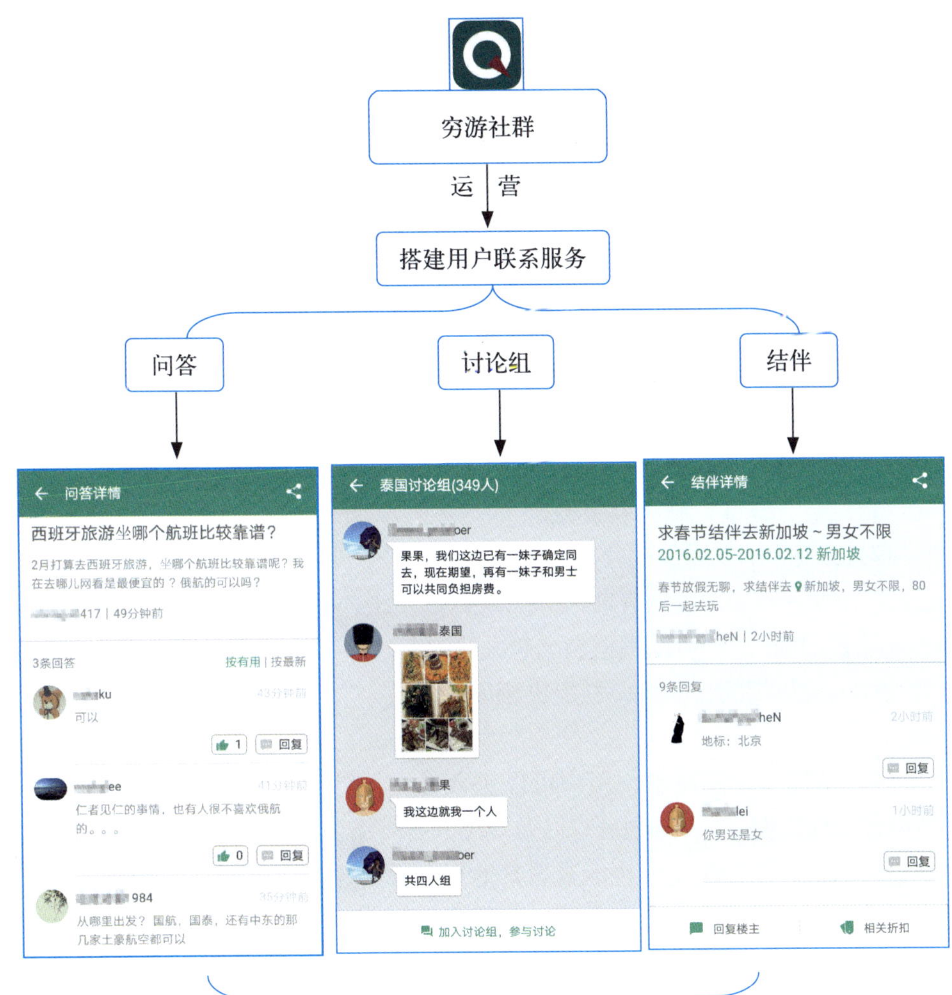

图 7-9 穷游社群运营

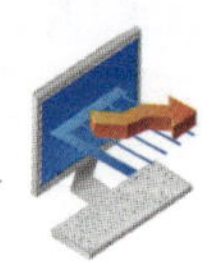

专家提醒

对于旅游社群来说，搭建用户联系服务，能让用户有良好的体验，找到志同道合的朋友，能快速获取关于出境游需要注意的事项等信息，实现高质量的信息交互。

【案例50】途牛旅游：构成以女性特点为主的消费闭环——搭配营销

【企业简介】

途牛旅游向用户提供了7万余种旅游产品，其中包括跟团、自助、自驾、邮轮、酒店、签证、景区门票以及公司旅游等，已成功服务累计超过400万人次出游。

【功能解析】

途牛旅游社群的功能如图7-10所示。

图7-10　途牛旅游社群的功能

（1）**首页**：用户可以根据自己的需求，选择对应的旅游模式及服务，例如，跟团游、自助游、邮轮、自驾游、签证、酒店等服务。

（2）**分类**：非常精细的分类，用户可以根据自己的需求快速找到对应的信息。

（3）**目的地**：用户可以根据自己想去的国家，查看当地比较热门的目的地，并提供相应的旅游折扣。

（4）**发现**：在发现中，用户可以进入社区寻找同伴结伴旅游、进行旅图分享以及攻略问答；用户还可以自己撰写游记，也能查看其他用户所发布的游记；还提供了一个出游榜，便于用户选择一个适合自己去的旅游地点；旅游百科，为用户提供一些出行攻略。

（5）**我的**：用户可以看到一些优惠活动，修改个人资料，查看会员特权，找到自己的优惠券，查询自己的订单，还可以联系客服：其中包括打电话与客服联系、在线联系客服、进入途牛旅游服务号，以及进入相关的群组在线与有共同需求的用户交流等。

【实施分析】

在旅游社群中，其实可以进行搭配营销，这样能让用户更容易接受企业所提供的营销产品。例如，在一篇游记的下方或者是开头，就放置关于游记目的地的相关旅游折扣，这样的搭配，更具有场景，更能触动用户的心弦。

下面就来分析途牛旅游社群的营销与运营，如图 7-11 所示。

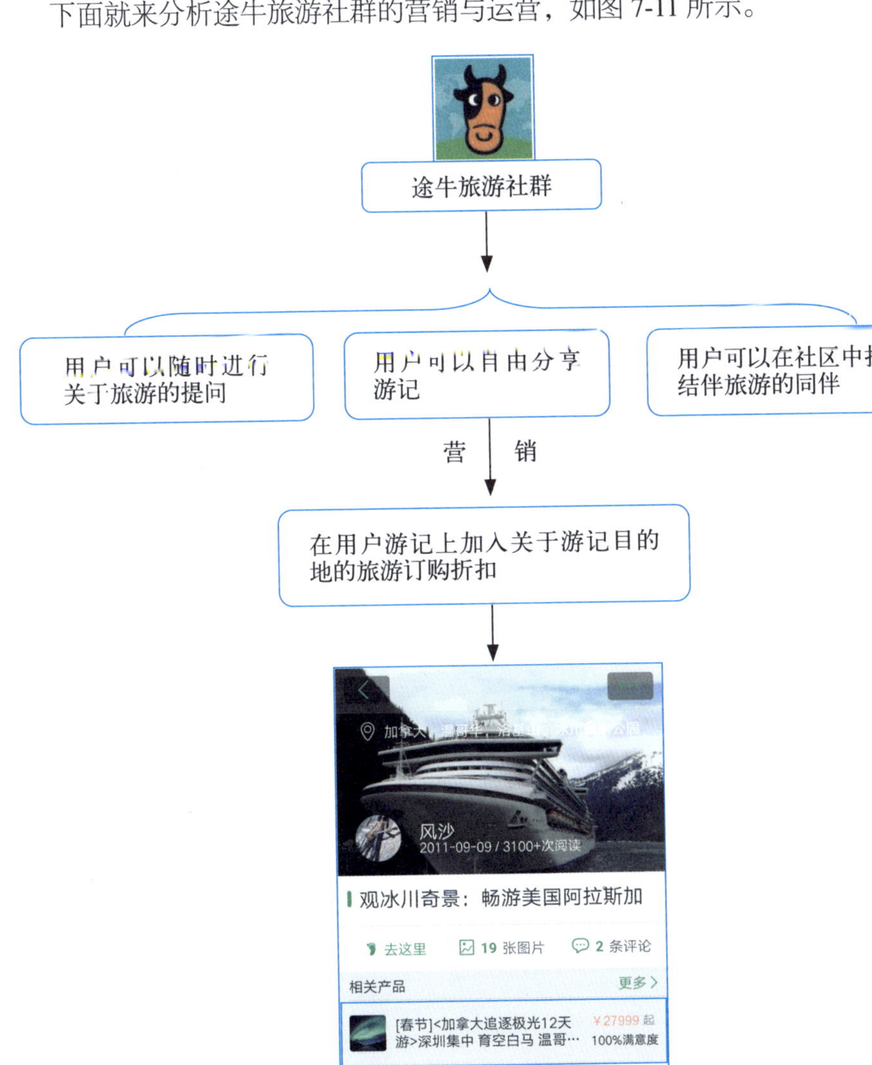

图 7-11　途牛旅游社群营销与运营

专家提醒

在旅游社群中，搭配营销其实是非常常见的一种营销方式，企业只需要在适当的攻略上、游记上进行“关联销售”，即可为营销产品形成一定的宣传力度。

第 8 章

影视社群：与传统不一样的玩法

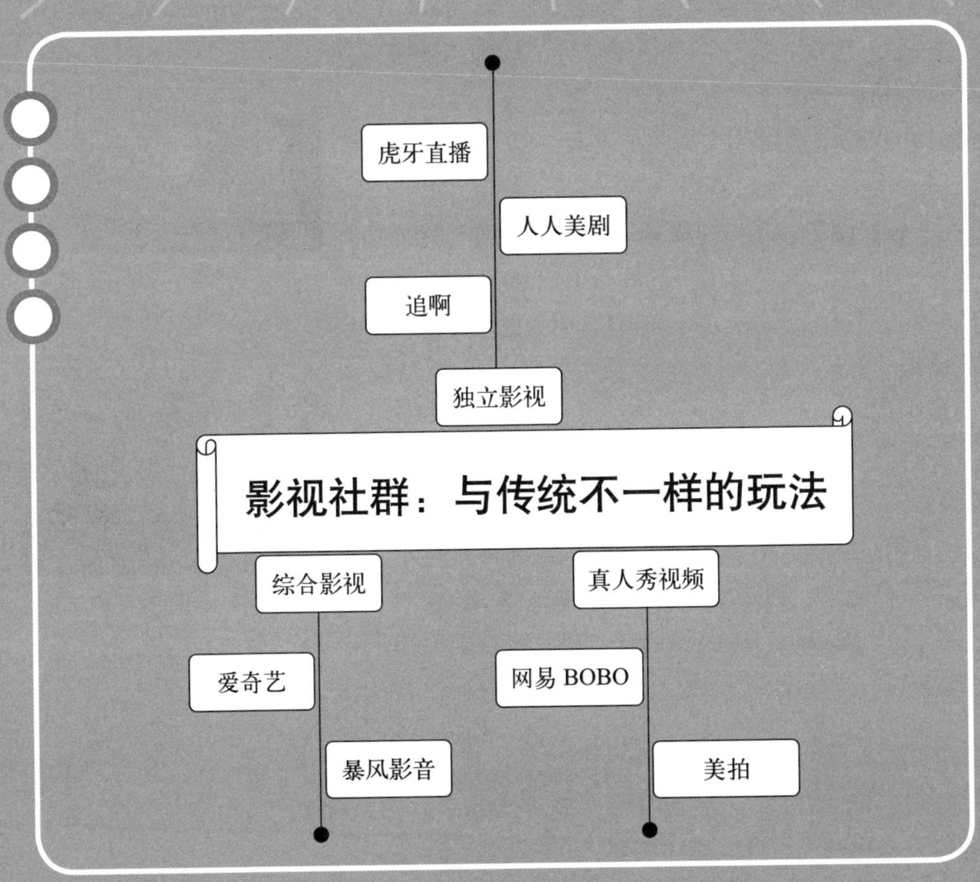

8.1 独立影视

随着影视业的发展，人们越来越希望有一个独立的平台，能让他们只看到自己喜欢的影视，而不是大片影视综合在一起，这样更能精确用户之间的交流。

【案例 51】追啊：一个韩剧的搜索天堂——差异化产品

【企业简介】

追啊是一款关于韩剧的社群 APP，它能为韩星粉丝提供比较快、比较新的韩剧、韩星情报。

【功能解析】

追啊社群的功能如图 8-1 所示。

（1）追啊：用户可以根据评分、热度、最新、关注数量来获取受欢迎的韩剧；还可以下载韩剧资源、用户可以进行图文直播，实现一边看直播一边交流，提供在线观看端口。

（2）圈子：用户可以选择自己感兴趣的圈子，在圈子里进行用户与用户之间交互，相互进行信息的传达，其中圈子分为 8 个板块，例如，韩剧、直击盛典、韩星、韩综、周边、资源分享、用户反馈、内地影视。

（3）我的热剧：用户可以看到自己所收藏的韩剧。

（4）消息：用户在这里能得到追啊官方通知、话题消息通知、剧评消息通知、热剧更新通知。

（5）我：用户可以看到自己在追啊看剧时长，自己的头衔，自己的话题，自己的收藏，自己的播放记录，自己的缓存。

图 8-1 追啊社群的功能

【实施分析】

对影视社群来说，差异化产品是夺得用户目光的利器，一般来说，在社群中运作差异化产品可以从以下两点入手，如图 8-2 所示。

了解市场，看一看哪些用户所需求的内容已经被其他社群给使用过了。
深入挖掘用户的需求，进一步以需求制造出不一样的产品。

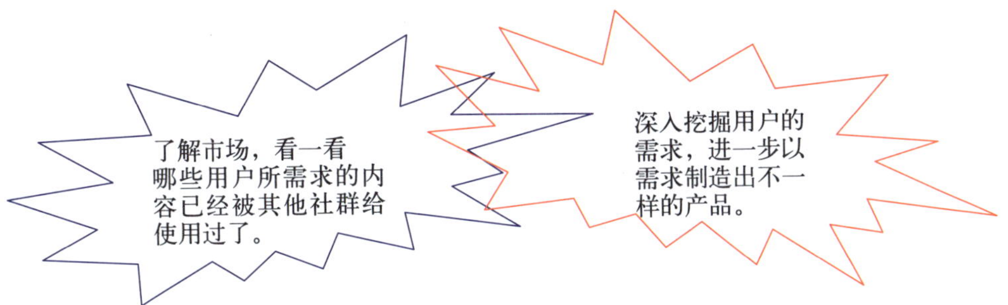

图 8-2　做差异化产品的方法

下面就来分析追啊社群的运营方法，如图 8-3 所示。

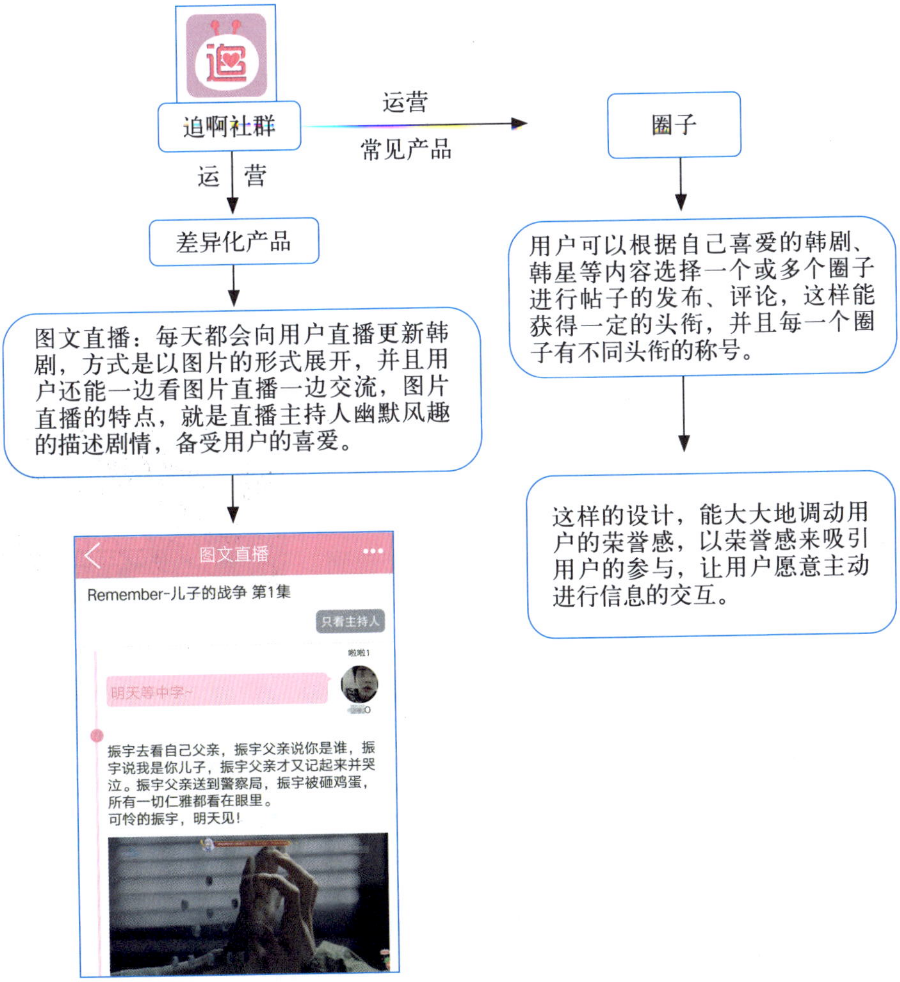

追啊社群
运营
常见产品
圈子
运　营
差异化产品
图文直播：每天都会向用户直播更新韩剧，方式是以图片的形式展开，并且用户还能一边看图片直播一边交流，图片直播的特点，就是直播主持人幽默风趣的描述剧情，备受用户的喜爱。
用户可以根据自己喜爱的韩剧、韩星等内容选择一个或多个圈子进行帖子的发布、评论，这样能获得一定的头衔，并且每一个圈子有不同头衔的称号。
这样的设计，能大大地调动用户的荣誉感，以荣誉感来吸引用户的参与，让用户愿意主动进行信息的交互。
图文直播
Remember-儿子的战争 第1集
只看主持人
明天等中字~
振宇去看自己父亲，振宇父亲说你是谁，振宇说我是你儿子，振宇父亲才又记起来并哭泣。振宇父亲送到警察局，振宇被砸鸡蛋，所有一切仁雅都看在眼里。
可怜的振宇，明天见！

图 8-3　追啊社群运营之差异化产品

专家提醒

在影视社群中，只提供用户一个交互环境是远远不够的，还需要提供差异化的产品，这样才能吸引到用户的目光，并且差异化的产品，只有得到了用户的认可，用户就再也离不开它了，毕竟其他社群是找不到这样的产品体验的。

【案例 52】人人美剧：并不单单是一个看美剧的乐园 ——确定核心产品

【企业简介】

人人美剧 APP 是人人影视官方下的移动客户端，它能满足各种美剧粉丝的个性化需求，其中超过 1500 部热门美剧信息，涵盖喜剧、爱情、动作、科幻、悬疑、脱口秀、情景剧、冒险、音乐剧等 30 多种类别。

【功能解析】

人人美剧社群的功能如图 8-4 所示。

（1）资讯：用户可以进入话题讨论，也可以自己写话题；可以参与美剧评价，也可以通过排期表快速看到或发表自己感兴趣美剧的帖子，用户还可以得到一定的福利。

（2）美剧圈：用户可以看到一些受欢迎的用户所发表的有关动态，用户也能在“广场”上看到自己所关注用户所发表的有关动态。

（3）追剧：用户可以进行搜索，搜索自己想要看的美剧，并且还会向用户推荐最近更新的、本周最热的、原创的、娱乐的、纪录片、公开课等类型的美剧。

（3）社区：用户可以选择自己感兴趣的社群进行交流，其中将美剧分为了 8 种类别，例如，喜剧、动作、科幻、魔幻、恐怖、剧情、罪案、冒险、悬疑，还提供“每日一题”，来调动用户的参与热情。

图 8-4 人人美剧社群的功能

（4）我的：用户可以看到自己所发布的帖子、收藏的帖子、自己的“银币”

（人人美剧的虚拟币）。用户还可以进行签到，查看自己的通知、自己所收藏的视频、所下载的视频、查看自己的等级、查看自己可以完成的任务、设置人人美剧系统方面的提问，例如，是否让人人美剧推送精彩消息、是否清空缓存等。

【实施分析】

对于视频社群来说，确定产品是企业运营社群的重中之重，试想一下，若一个社群没有一个产品能吸引用户，那么这个社群定然是不会被看好的。

下面就来进一步分析人人美剧社群的运营方法，如图 8-5 所示。

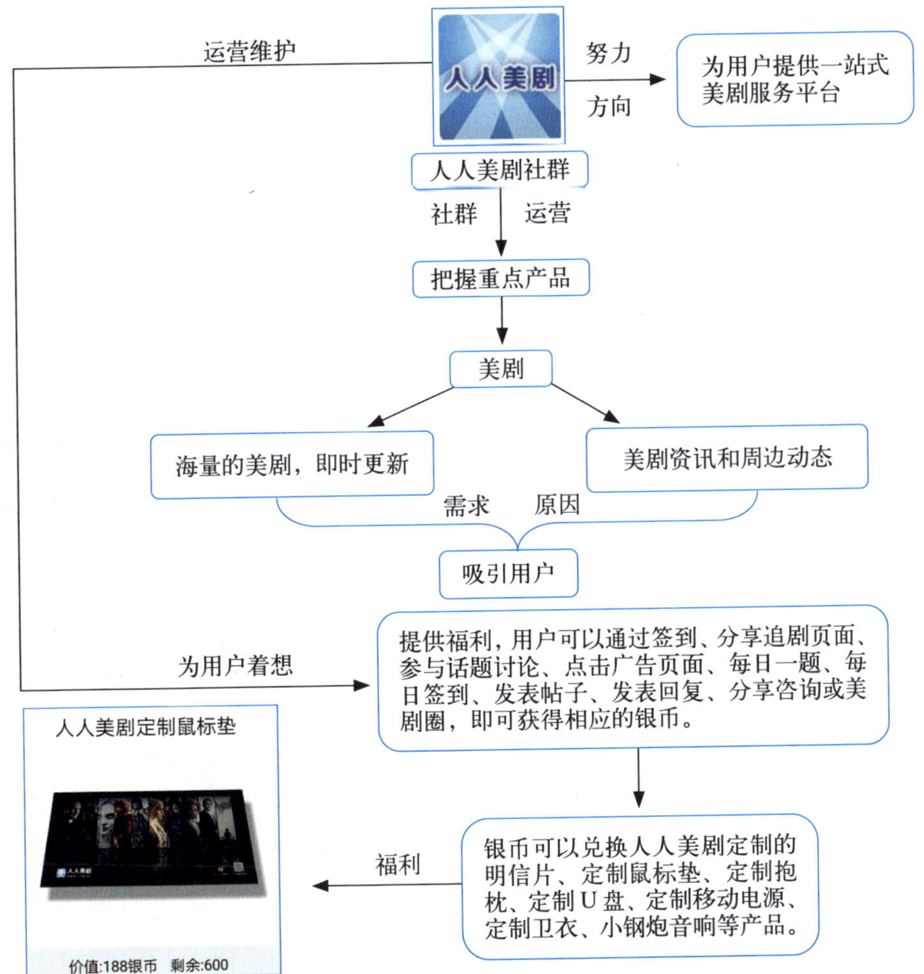

图 8-5　人人美剧社群运营之确定核心产品

专家提醒

其实对于影视行业来说，确定一个产品是否为核心产品是比较容易的，但是如何进行社群维护是会让企业头痛的事情。因此，企业在确定好一个核心产品时，需要找到一个维护社群用户的好办法，例如，用福利、用户制造内容、进行活动等方法来调动用户的参与热情，以便留住用户。

【案例 53】虎牙直播：游戏直播视频下的交互——弹幕交互

【企业简介】

2014 年 11 月 24 日，YY 直播正式更名虎牙直播。更名后虎牙直播转向 Web 端和移动端发展，以游戏直播为主。

【功能解析】

虎牙直播社群的功能如图 8-6 所示。

（1）直播：在“直播”板块上，用户可以看到关于英雄联盟、穿越火线、地下城与勇士、魔兽 DOT、侠盗猎车手 5 等游戏直播视频。

（2）娱乐：提供一些真人秀的视频，例如，御宅、秀场、一起看等板块。

（3）发现：在“发现”板块中，会提供粉丝圈，让用户可以查看一些主播的动态以及自己也能发布动态。

（4）我的：用户可以查看自己的订阅板块、用户的观看记录、自己开播的视频、提供扫一扫让用户专注主播以及参与主播所举办的活动。

提供的资讯，一般经常发表一些关于某个美剧的片段或人物分析

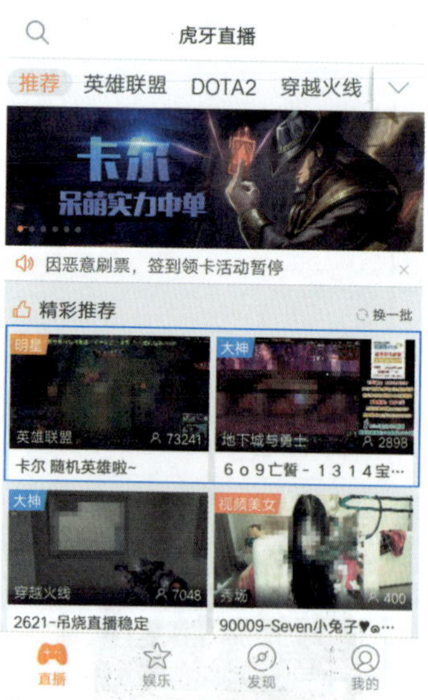

图 8-6　虎牙直播社群的功能

【实施分析】

随着影视行业的快速发展，各大影视企业都纷纷想出新招，让用户对影视业保持新鲜度，于是出现了弹幕，慢慢地弹幕交友成为人们看视频时必备良药。

下面就来分析虎牙直播社群的营销与运营，如图 8-7 所示。

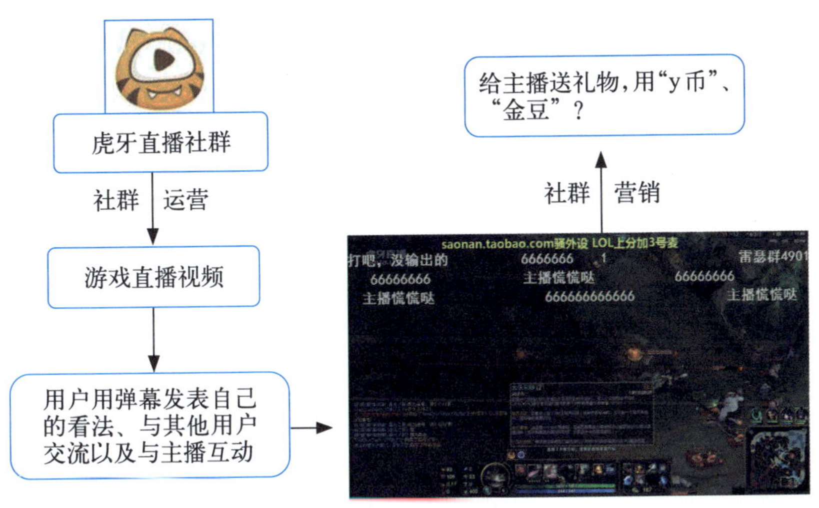

图 8-7　虎牙直播社群营销与运营

虎牙直播社群除了用视频弹幕做运营之外，还提供了粉丝圈，让用户随时随地能看到自己喜欢的主播、自己关注的主播所发布的状态，并与之进行交互，用户自己也能发布动态，分享在游戏方面的见解，如图 8-8 所示。

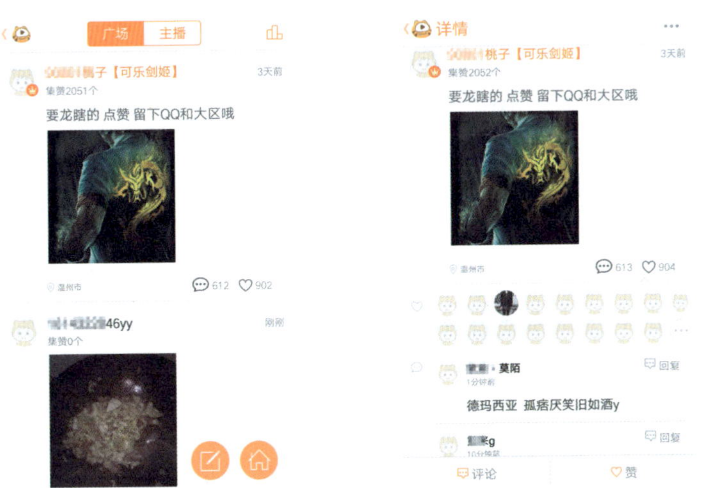

图 8-8　虎牙直播粉丝圈之社群运营方法

在视频社群中，用户与主播之间的互动，是能增加用户对视频平台的“习惯登录”，即让用户有一个喜爱的主播 = 让用户有了牵绊 = 让用户习惯登录视频平台，而弹幕是如今用户与主播之间交流的必备功能，因此，对于视频社群来说，弹幕是必不可少的一环。

专家提醒

弹幕是指，在视频播放的途中，用户可以随意发布评论，并且评论会显示在视频上。一般来说，弹幕可以给用户一种“适时互动”的感觉，当用户是在看视频重播时，也能看到不在同一时间段其他用户所发布的评论，因此，虽然不同弹幕的发送时间有所区别，但在相同时刻发送的弹幕基本上也具有相同的主题，在参与评论时就会有与其他观众同时评论的错觉。

8.2 综合影视

对于那些兴趣爱好广泛的人群来说，综合视频社群更能让他们为之一动，这类人群比较喜欢在一个平台就能满足他们对视频的大部分要求。

【案例 54】爱奇艺：带着视频冲击营销——全面的服务

【企业简介】

爱奇艺，原名奇艺。2010 年 4 月 22 日，奇艺正式上线，2011 年 11 月 26 日，奇艺正式宣布品牌升级，启动“爱奇艺”品牌并推出全新标志，专注于提供免费、高清网络视频服务的大型专业网站。

【功能解析】

爱奇艺社群的功能如图 8-9 所示。

（1）推荐：在“推荐”板块，向用户推荐一些比较受欢迎的电视剧、电影、综艺节目、动漫、资讯、娱乐、搞笑、少儿、原创等视频内容。

（2）导航：提供一些细分的分类频道，例如，娱乐、风云榜、体育、直播中心、资讯、全网影视、电影、电视剧等分类。

（3）发现：泡泡：一个提供用户边看边聊的视频社区。

朋友圈：用户可以与自己的好友互动。

PPS 奇秀：提供真人秀视频聊天。

附近人在看：提供用户附近的爱奇艺用户在看的影视。

任性送大礼：举行送礼活动。

电影票：提供用户购买电影票的端口。

爱奇艺商城：提供用户一个购物商城。

爱奇艺阅读：提供用户阅读小说的端口。

游戏中心：用户可以在这里下载自己感兴趣的游戏。

应用商店：用户可以下载自己需要的 APP 应用。

啪啪奇：用户可以自己拍摄小视频，传到啪啪奇上，分享给其他用户一同欣赏。

（4）我的：用户可以看到自己的播放记录、订阅的视频、收藏的视频、账户余额、用户反馈等内容。

（5）VIP 会员：提供会员所享受的服务，例如，VIP 电影、去广告等。

图 8-9　爱奇艺社群的功能

【实施分析】

作为一个视频社群，并不是单将视频做好即可，还需要把自己的领域扩大，让自己变成一个真真切切的综合型视频社群，让用户感受到自己的“强大”、“便利”，才能让用户离不开自己。

下面就进一步分析爱奇艺社群营销与运营，如图 8-10 所示。

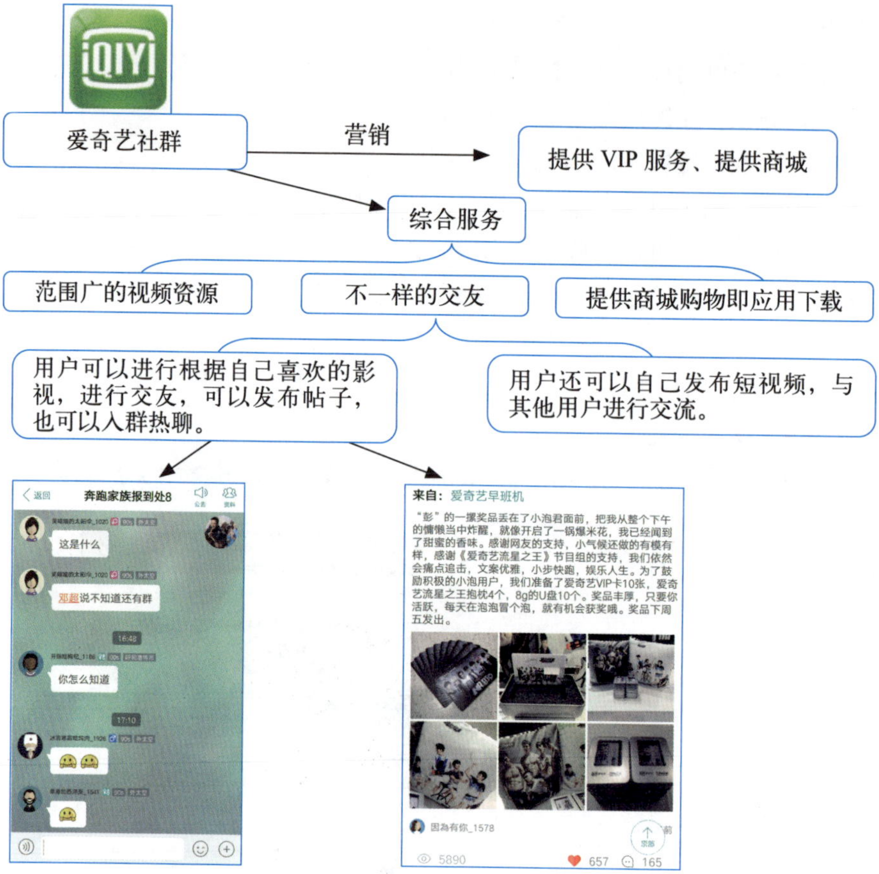

爱奇艺社群

营销

提供 VIP 服务、提供商城

综合服务

范围广的视频资源

不一样的交友

提供商城购物即应用下载

用户可以进行根据自己喜欢的影视，进行交友，可以发布帖子，也可以入群热聊。

用户还可以自己发布短视频，与其他用户进行交流。

返回　奔跑家族报到处8

这是什么

邓超说不知道还有群

16:48

你怎么知道

17:10

来自：爱奇艺早班机

“彭”的一摞奖品丢在了小泡君面前，把我从整个下午的慵懒当中炸醒，就像开启了一锅爆米花，我已经闻到了甜蜜的香味。感谢网友的支持，小气候还做的有模有样，感谢《爱奇艺流星之王》节目组的支持，我们依然会痛点追击，文案优雅，小步快跑，娱乐人生。为了鼓励积极的小泡用户，我们准备了爱奇艺VIP卡10张，爱奇艺流星之王抱枕4个，8g的U盘10个。奖品丰厚，只要你活跃，每天在泡泡冒个泡，就有机会获奖哦。奖品下周五发出。

因為有你_1578

5890　657　165

图 8-10　爱奇艺社群营销与运营

专家提醒

对于用户来说，他们希望在一个终端上能享受全面性的服务，这样他们就不需要到处跳转，而是留在一个终端上就能满足自己所有的需求。因此，对于影视社群来说，全面性的服务，是一个可以发展的空间。

【案例 55】暴风影音：以提供丰富的高清视频为宗旨 ——会员制度

【企业简介】

暴风影音由北京暴风科技股份有限公司推出，作为中国最大的互联网视频播放平台，成立于 2007 年 1 月，专注于互联网视频服务。

【功能解析】

暴风影音社群的功能如图 8-11 所示。

图 8-11　暴风影音社群的功能

（1）推荐：推荐电视剧、电影动漫、综艺、美剧、韩剧、咨询、娱乐、搞笑等一些精选视频给用户。

（2）频道：提供不同的影视频道，例如，电视剧、电影、动漫、综艺、VIP 专区、吐槽专区、微电影、音乐、左眼影院、3D 影院、精选专题、体育、纪录片、公开课、古装剧、亲子少儿、美剧迷、韩剧控等。

（3）短视频：提供一些关于娱乐、资讯、搞笑、科技的短视频。

（4）发现：用户可以用积分在积分商城中兑换商品；还推出“0元商品任你选”的优惠活动；提供购物频道；可以实现不用数据线就能进行电脑与手机之间的视频上传功能；提供省流量模式；提供在同一个WiFi下进行设备共享。

（5）我的：用户可以进行“今日签到”，从而获得积分；用户还可查看自己的积分、播放历史、收藏、本地缓存；还会根据用户的搜索记录推荐影片；进入 VIP 端口；进入暴风论坛，从而实现用户与用户之间的交互；提供用户反馈信息的平台等功能。

【实施分析】

一般来说，影音行业社群的营销模式，基本上都会从“会员”着手，让社群有一个等级分明的状态，这样才能让社群进一步找到忠实用户。

而“会员”制度，不管对于哪种行业来说，都是非常好的营销方式，它既能让企业收取到利润，又能让用户产生差别对待及不平等心理，从而更加促进用户进入会员的行列。

下面就来分析暴风影音社群的营销与运营，如图 8-12 所示。

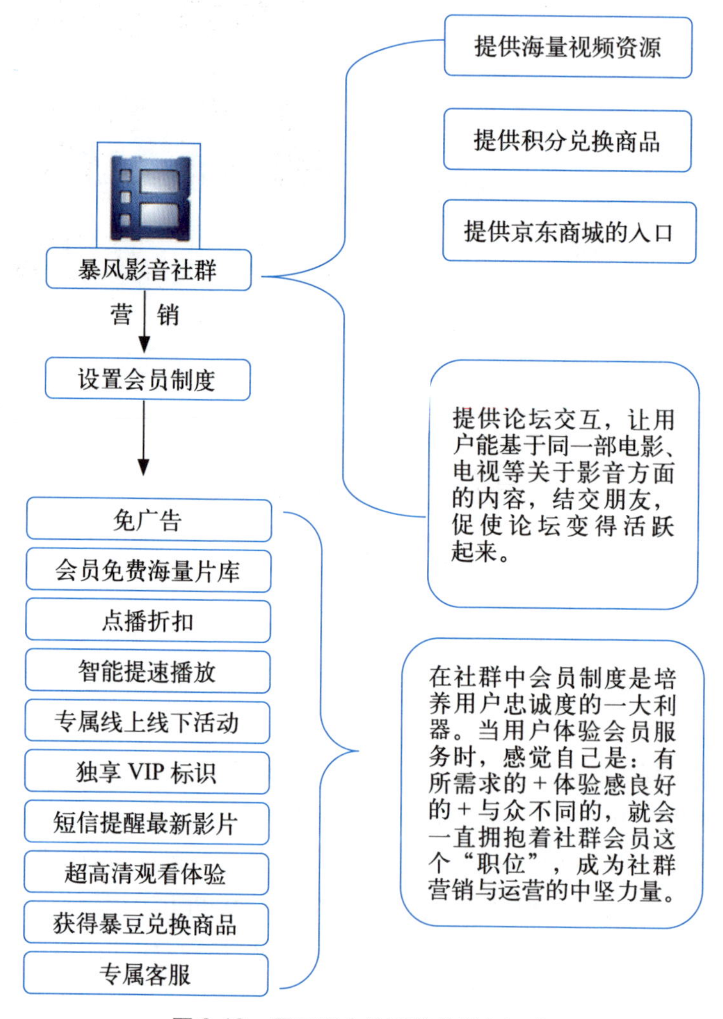

图 8-12　暴风影音社群的营销与运营

专家提醒

在影视社群中，会员也是一种“尊贵”的体现，毕竟会员用户与其他用户相比，所享受的服务要好一些，这也是留住用户的首要原因之一。

8.3 真人秀视频

所谓真人秀视频分为两种，一种是主播在线与用户进行交流，拉近与用户之间的距离；一种是主播拍摄有趣的小视频，分享给用户，用户可以在小视频下留言，或关注发布人。

【案例 56】网易 BOBO：让“宅”不再是社交“窄”——满足社交欲

【企业简介】

网易 BOBO 是由杭州播播科技有限公司推出的一个视频交互平台，以视频直播间的方式，支持数万人同时在线视频聊天。

【功能解析】

网易 BOBO 社群的功能如图 8-13 所示。

(1) 首页：向用户推荐比较受欢迎的主播，并将主播以性别、地区分类，便于用户寻找自己喜欢的主播。

(2) 排行：从日、周、月这 3 个时间轴，来展示不同时间轴被用户喜爱的主播的排名。

(3) 发现：提供签到功能，用户每日签到即可获得 10 波券，而波券的用处就是可以换取专属礼物；网易 BOBO 会不定期地推出一些活动，来调动用户的参与热情；群聊，用户可以根据自己所喜欢的主播而进入这个主播的群，在群里与志同道合的人交朋友；商城，提供用户一些虚拟物品的购买，通过这些物品，可以在网易 BOBO

图 8-13　网易 BOBO 社群的功能

彰显出自己的个性；提供关于 O2O 女团的动态信息等服务。

（4）我：用户可以查看自己进入的群组、专注的主播、自己的粉丝、自己在网易 BOBO 上的道具、重新编辑个人资料等。

【实施分析】

如今随着社交产品的发展，人们越来越不重视面对面交流，甚至就在一间屋子里，人们都可能用社交产品进行交流，由此，也就造成了“宅”的出现。所谓的“宅”是指长期待在家里的男生或女生，很少与外界发生直接关系。

真人秀视频的出现，对于“宅”的人群来说，是增加交流的一种社交方式，由此，影视社群完全可以加入真人秀视频功能，增加人群的社交方式。下面就来分析网易 BOBO 社群的营销与运营，如图 8-14 所示。

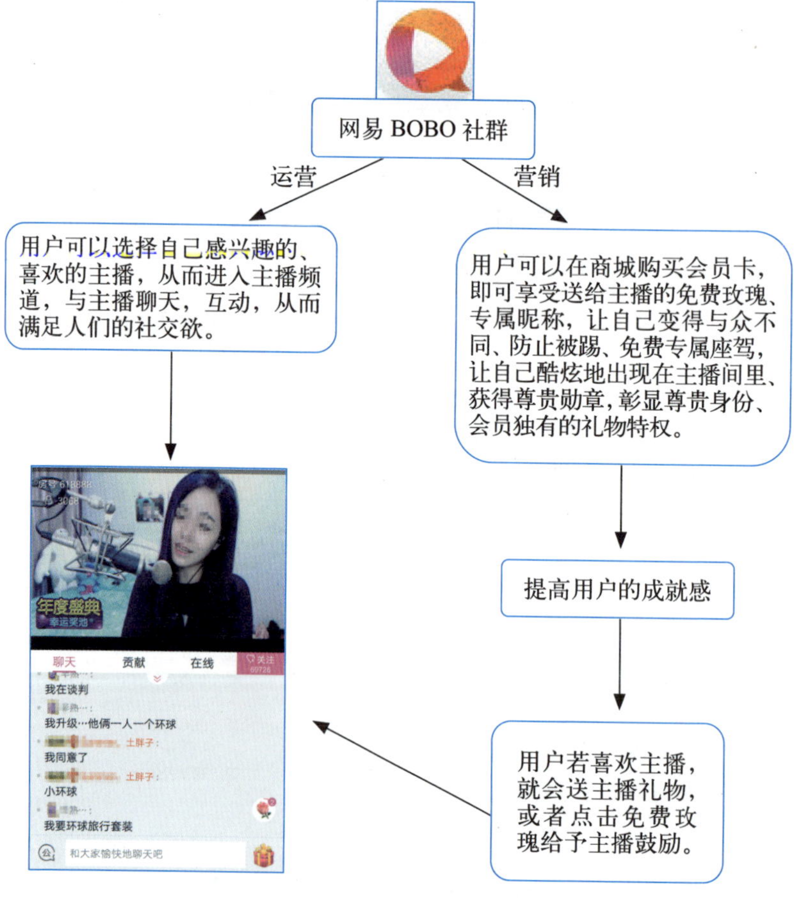

图 8-14　网易 BOBO 社群的营销与运营

专家提醒

不管是哪种类型的人群，对社交的欲望都是比较高的，人们几乎都希望自己能找到自己喜欢的、聊得来的人进行交流，只有这样人们才能通过话语而感到快乐，因此影视社群可以加入真人秀直播间的功能，让用户能享受场景化的交流服务。

【案例 57】美拍：调动用户参与感的聚集地——让用户玩起来

【企业简介】

美拍是美图秀秀出品的短视频社区，颠覆传统视频玩法，让普通视频一秒变震撼大片。

美拍社群的功能如图 8-15 所示。

【功能解析】

图 8-15　美拍社群的功能

（1）美拍：向用户提供热门、搞笑、美妆时尚、美食、音乐、舞蹈、宝宝、明星名人、女神、旅行、涨姿势、男神、萌宠乐园、二次元的美拍频道。

（2）我的关注：用户可以找到自己之前关注的用户以及视频，让用户快速找到自己喜欢的内容。

（3）发现：提供热门话题，用户可以参与进去，有一些话题是具有奖品的，还提供最近美拍视频的排行榜，附近的美拍，新人报到，活动精选，向用户推荐可能想关注的人。

（4）我：用户可以查看自己所发布的美拍视频、自己的粉丝数量、关注的数量、草稿箱，找好友等。

【实施分析】

对影视社群来说，能让用户玩起来，就是成功的，只有让用户在社群中拥有愉快的心情，才能让用户愿意留在社群中。

下面就来分析美拍社群的运营，如图 8-16 所示。

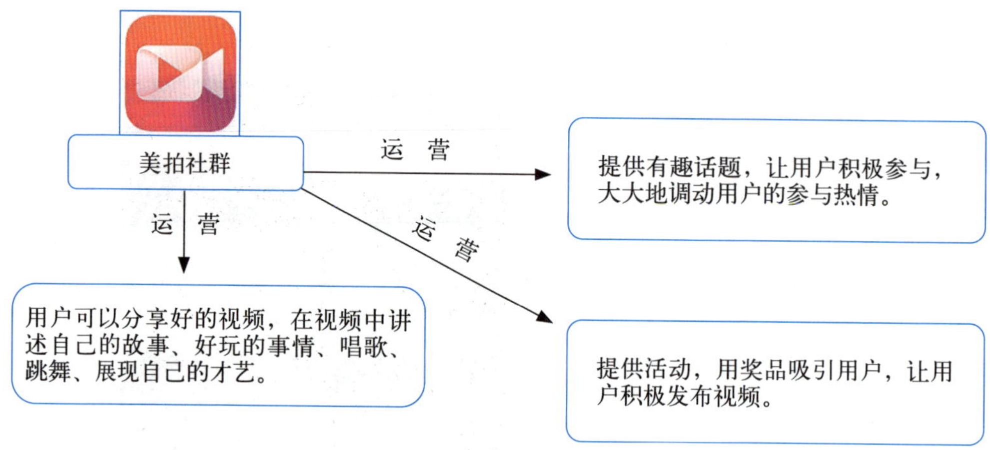

图 8-16　美拍社群的营销与运营

专家提醒

一般来说，在社群中进行活动，奖品，能让用户展现自己的个人价值、提供用户感兴趣的内容，能大大地调动用户的参与热情，让用户快速玩起来。

第9章

美妆社群："爱漂亮"也能"造漂亮"

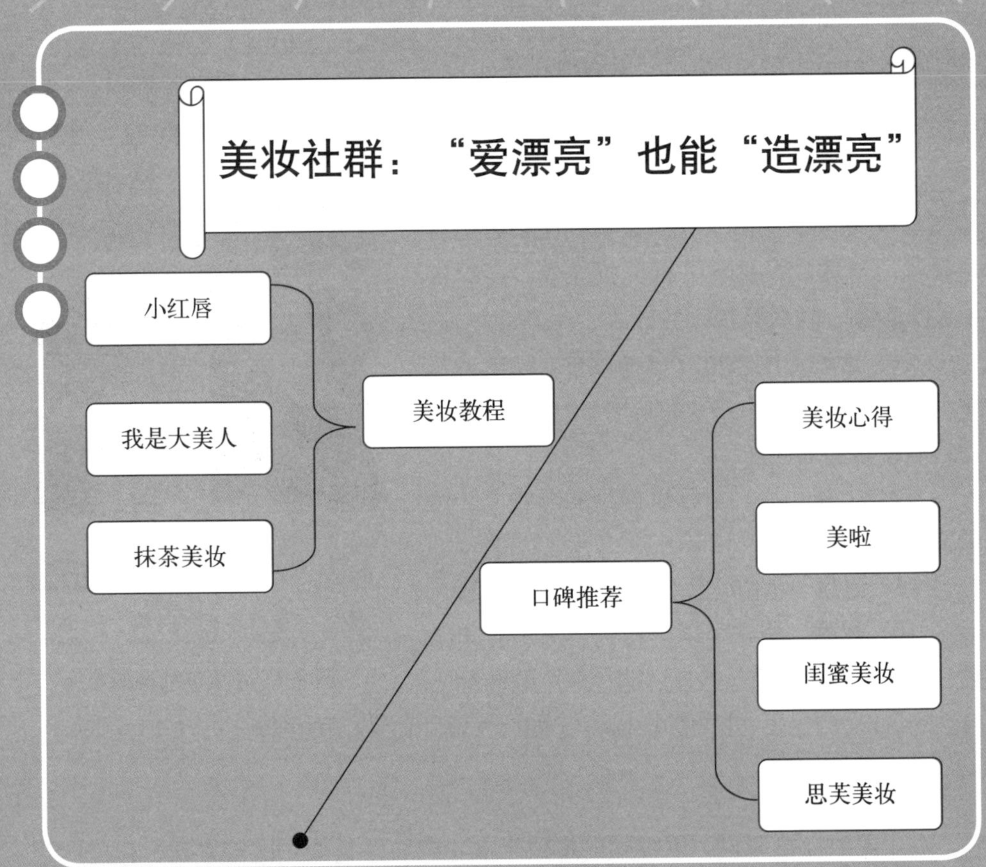

9.1 美妆教程

如今不管是男生还是女生都越来越爱美，他们喜欢化妆、喜欢搜刮好的美妆产品，他们想要成为时尚达人。

因此，在美妆社群中，若是想要将这些爱美的、会美妆的、想要变美的人群聚集在一起，就可以在社群中投放美妆教程的功能，并且还让用户自己上传教程，分享给其他用户，这样既让会美妆的人群实现自我价值，又能让不会美妆的人群找到好的教程，何乐而不为。

【案例 58】小红唇：一个女性居多的视频社交平台——调动分享

【企业简介】

小红唇是时尚好物推荐，真人视频分社区，全球爱美生活的女性都在用的短视频 APP。

【功能解析】

小红唇社群的功能如图 9-1 所示。

（1）首页：推荐关于美妆方面比较好的视频教程。当然，首页除了有美妆之外，还提供了关于塑身、时尚等视频教程。

（2）活动：用户可以自己发布信息或参与活动，在这里的活动几乎都是用户自己发起的，并且以视频的形式居多。

（3）上传：用户可以以视频的形式上传关于美妆的教程。

（4）消息：用户可以上传关于美妆的教程。

（5）我的：用户可以查看到自己的唇印个数、关注的数量、粉丝数量、购物车中的商品、自己的订单、自己发布的视频、自己发布的活动、自己收藏的视频、自己建立的频道。

用户每天登录就能领取红包里面的唇印（虚拟币），相对应红唇数量，可以兑换相对应的商品

图 9-1 小红唇社群的功能

【实施分析】

对于美妆社群来说，以视频的形式来展示内容，是用户比较喜欢，也是比较

容易接受的形式，毕竟视频的场景感很强，也能让用户方便地、快速地学习到美妆知识。

当然，仅仅提供美妆学习视频是不够的，只有调动用户的分享感，才能将用户维护好，让他们一心一意地留在社群中。

那么到底该如何才能调动起用户的分享感呢？比如，用称号来吸引用户的荣誉感，又或者用一些奖品抑或活动，来调动用户的参与感等。

下面就来进一步分析小红唇社群的运营，如图 9-2 所示。

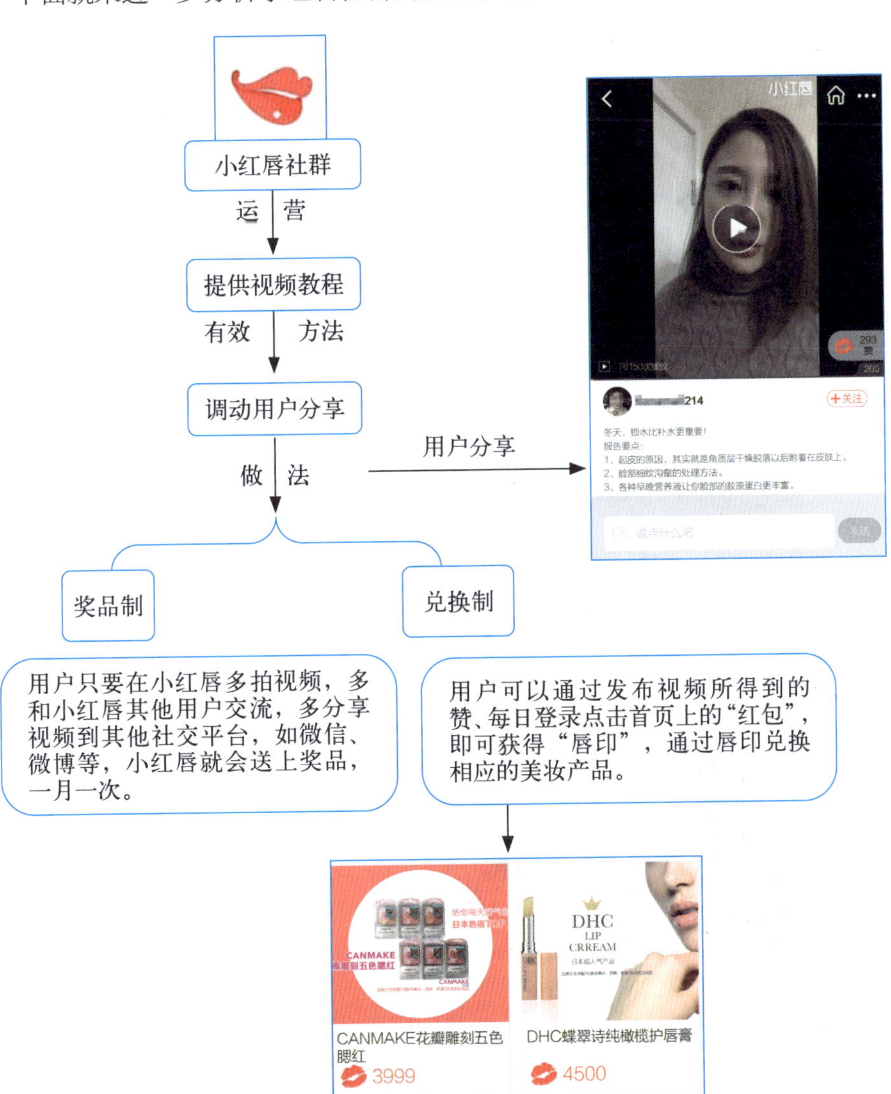

图 9-2　小红唇社群运营之调动分享

专家提醒

在美妆社群中，调动分享最有效的方法，就是用一些礼品奖励制度，这样对用户的诱惑力比较大。

【案例 59】我是大美人：从直播间到社交平台的用户聚集——跨地域场景社交

【企业简介】

我是大美人 APP 社群是根据湖南卫视热门美妆节目《我是大美人》而改编的一款时尚潮流电商软件，为年轻人带来美容、化妆、护肤、彩妆、美发、美甲等各类资讯和讨论。

【功能解析】

我是大美人社群的功能如图 9-3 所示。

图 9-3　我是大美人社群的功能

(1) 直播间：关于我是大美人精彩内容剪辑、芒果TV时尚美妆短视频节目，还有全球时尚美妆达人分享的精彩视频内容

(2) 视频：提供一些美妆视频、自制短节目、个性化设置，分类关注

(3) 发现：网红达人实时分享、美妆教程、图文分享、潮流资讯、真人测评文章等。

(4) 社区：用户可以在社区与世界各地的用户进行交流、分享，还可进行关于美妆方面的提问，进入问题肌肤训练营，以及免费申请试用端口、玩各种各样的趣味小游戏

(5) 商城：美妆达人推荐的商品、我是大美人节目中所卖断的好货，并且还能让用户获得一定的优惠券。

【实施分析】

会有一部分人认为社群其实就是一种跨地域社交的形式，与其他社交软件没有什么差别。其实不然，社群是依附在社交软件上的一种商业模式，它是聚集用户的好帮手，它更是企业回归商业形态原点的一种营销方式以及运营手段。

我是大美人社群，最为闪亮的社群营销方式在于以直播间的形式实现了地域性场景社交，如图9-4所示。

图9-4　我是大美人社群中的地域性场景社交

下面就来进一步分析我是大美人社群的营销与运营，如图9-5所示。

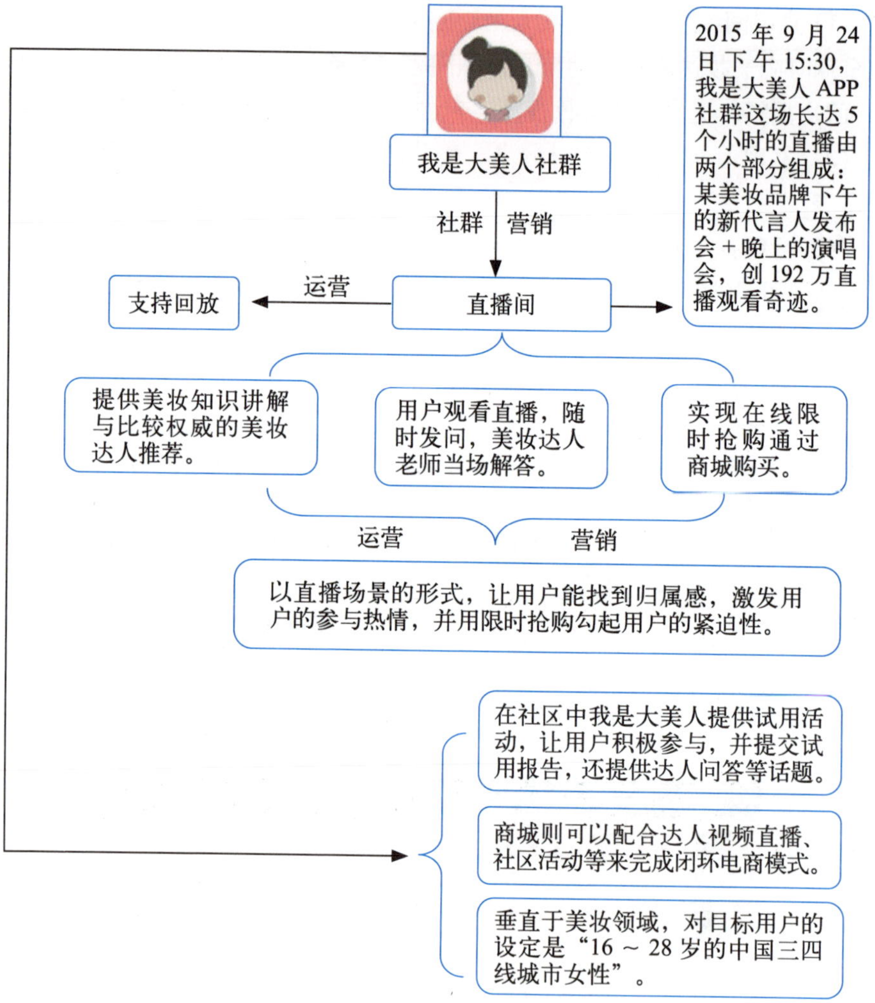

我是大美人社群

社群 营销

直播间

运营

支持回放

2015 年 9 月 24 日下午 15:30，我是大美人 APP 社群这场长达 5 个小时的直播由两个部分组成：某美妆品牌下午的新代言人发布会 + 晚上的演唱会，创 192 万直播观看奇迹。

提供美妆知识讲解与比较权威的美妆达人推荐。

用户观看直播，随时发问，美妆达人老师当场解答。

实现在线限时抢购通过商城购买。

运营 营销

以直播场景的形式，让用户能找到归属感，激发用户的参与热情，并用限时抢购勾起用户的紧迫性。

在社区中我是大美人提供试用活动，让用户积极参与，并提交试用报告，还提供达人问答等话题。

商城则可以配合达人视频直播、社区活动等来完成闭环电商模式。

垂直于美妆领域，对目标用户的设定是“16 ~ 28 岁的中国三四线城市女性”。

图 9-5　我是大美人社群营销与运营

专家提醒

我是大美人这种直播形式，可谓是开创了社群先河，全面地以场景化来让用户体验社群产品，能更加形象地将美妆教程呈现在用户的眼前，大大地增加了用户黏度，不过此形式，并不是所有企业都能进行的，毕竟它是由一个比较成熟的电视节目，演变而来，所有企业在选择进行跨地域场景社交时，需要想好一个比较适合企业使用的方式，例如，进行小视频、动态图等方式。

【案例 60】抹茶美妆：游戏直播视频下的交互——对症下药

【企业简介】

抹茶美妆是以化妆品为基础的交流社群，提供精选美妆视频，让用户边学边买到适合自己的化妆品，在抹茶美妆中已收录 3600 多个品牌的近 20 万种化妆品。

【功能解析】

抹茶美妆社群的功能如图 9-6 所示。

图 9-6　抹茶美妆社群的功能

（1）**首页**：提供一些抹茶达人的美妆视频。

（2）**查找**：提供直接搜索功能，用户可以在搜索栏处，搜索自己需要的化妆品、专题、教程等内容，并且还向用户提供比较详细的分类，例如，洁面、化妆水、眼霜、精华、面霜/乳液等分类。

（3）**拔草**：用户可以参与产品的免费试用，用抹茶币兑换产品，并且还提供秒杀产品。

（4）**我的**：用户可以每天进行签到，并获得抹茶币；可以收到抹茶美妆系统的通知信息；查看自己的等级；查看赚币情况、查看自己的订单、设置个人信息、填写心愿单，把想买的东西放入心愿单，当心愿单上的化妆品开卖、降价、促销时，会第一时间通知用户；查看自己的优惠券；查看自己发表的、喜欢的、参与的专题和图片以及帖子；查看自己喜欢、参与的视频；查看自己评论过的化妆品；根据用户皮肤推荐适用的化妆品。

【实施分析】

人们对美妆行业是持着“渴望”心态的，毕竟美妆行业各种价格的商品都有，不可能每个人都能选择最贵的产品，也不可能每样商品都适合每个人，由此，人们是渴望自己能找到性价比高的、适合自己的美妆产品的，所以，美妆行业只有对症下药才能获得大批用户的拥护。

下面就来分析抹茶美妆社群的营销与运营，如图 9-7 所示。

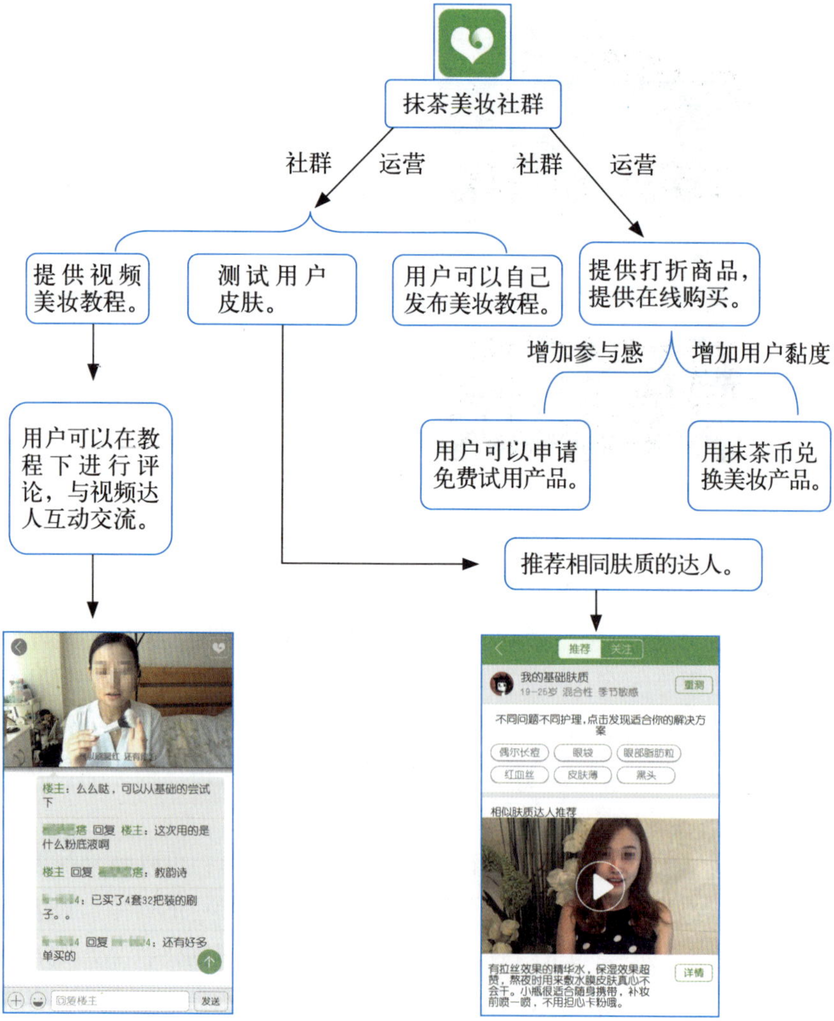

抹茶美妆社群
社群运营
社群运营
提供视频美妆教程。
测试用户皮肤。
用户可以自己发布美妆教程。
提供打折商品，提供在线购买。
增加参与感
增加用户黏度
用户可以在教程下进行评论，与视频达人互动交流。
用户可以申请免费试用产品。
用抹茶币兑换美妆产品。
推荐相同肤质的达人。
推荐
关注
我的基础肤质
重测
不同问题不同护理，点击发现适合你的解决方案
偶尔长痘
眼袋
眼部脂肪粒
红血丝
皮肤薄
黑头
相似肤质达人推荐
详情
发送

图 9-7　抹茶美妆社群营销与运营

专家提醒

在美妆社群中，若能多对用户进行对症下药的服务，及时让用户了解自己的肤质、自己所适合用的化妆品，并推荐好用的化妆品，能极大地增强用户对社群的依赖程度、对社群的归属感。

9.2 口碑推荐

随着美妆行业的快速发展，越来越多的美妆产品让消费者挑花了眼，使得消费者不知如何选择，若是通过朋友的推荐、看到很多人都在用，只要消费者是需要这类产品的，他们定然会奋不顾身地去购买，这就是口碑的力量。

由此，对于美妆社群来说，用户的口碑推荐在社群营销与运营中占据了非常重要的地位。

【案例61】美妆心得：一个专注用户口碑的社群——以用户口碑为主

【企业简介】

美妆心得是一个帮助用户选择自己最适合的化妆品社群，在里面汇聚了大量的真实的化妆品点评信息，什么产品好，什么产品不好，完全由口碑说了算。

【功能解析】

美妆心得社群的功能如图9-8所示。

图9-8 美妆心得社群的功能

（1）**首页**：用户可以申请试用产品；用户可以进行签到，每日签到一次，可每日送3个积分；为用户提供关于护肤、化妆、美体、生活、购物攻略的文章以及视频；以专题的形式向用户推荐好的美妆产品；提供美白产品榜单；提供法国前10位美妆产品；提供2015年上半年护肤产品的榜单；提供2015年上半年彩妆产品的榜单；提供比较受欢迎的帖子。

（2）**产品库**：为用户提供产品库，其中将产品分为护肤、彩妆、香水、美体、美发、男士、美容保健这7大类；提供热门新品；最新点评、1216品牌；100个功效。

（3）社区：提供10种专题，例如，护肤心得、化妆教程、视频精选、美体瘦身、种草机、美发美甲、晒货趴、乐生活、医美整形、试色狂等；还提供美妆达人、美妆萌主、美妆小编、互动大神、人气之外的分类等，让用户选择自己感兴趣的人群，进行关注；还提供48小时热榜，让用户能即时查看热门、最新的口碑美妆。

（4）我的：用户可以进入活动端口，选择自己感兴趣的活动，并进行参与，进入积分商城，以抽奖的方式兑换商品。

【实施分析】

对于美妆产品来说，用户口碑是非常重要的，一旦产品形成了良好口碑，对于产品营销推广就有很大的帮助，甚至用户会主动找到产品，而不需要产品找用户。

对于同质化严重的美妆社群来说，以用户口碑为主的社群是比较新颖的，是用户所喜欢的，能让用户深深感受到什么叫别具一格。

下面就进一步分析美妆心得社群营销与运营，如图9-9所示。

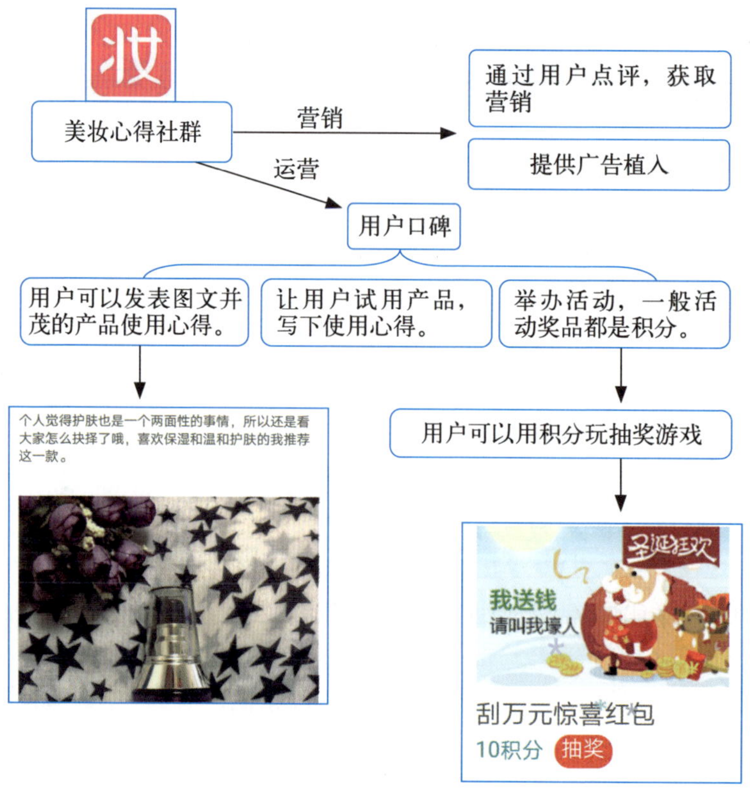

图9-9　美妆心得社群营销与运营

专家提醒

对于用户来说，他们希望在一个终端上能享受全面的服务，这样他们就不需要到处跳转，而是留在一个终端上就能满足自己所有的需求。因此，对于影视社群来说，全面性的服务，是一个可以发展的空间。

【案例 62】美啦：共享美妆让用户共同美下去——推动点评

【企业简介】

美啦是一个化妆品点评互动及美肤美容交流平台，其内容主要由"明星 + 达人 + 资深用户"三部分组成。

【功能解析】

美啦社群的功能如图 9-10 所示。

图 9-10 美啦社群的功能

（1）**美啦**：提供妆品排行榜，发布免费试用信息，可以签到、查看美妆视频。还提供其他用户发布的美妆动态等服务。

（2）全球购：用户可以购买全球品牌的美妆产品。

（3）圈子：用户可以选择一个自己感兴趣的圈子，加入进去，在里面学习美妆知识、与其他用户交流、分享自己的美妆心得等。

（4）我的：用户能享受看到自己的等级、美纷（升等级的法宝）、美币（可抽奖、兑换礼品）等服务。

【实施分析】

对于美妆社群来说，点评是一个制造口碑的好办法，而并不是每位用户都愿意花费自己的时间，认认真真地写一篇好点评文章，分享到社群中。因此，企业需要想办法推动用户点评，才能既让社群活跃起来，又能让用户信赖自己社群中的产品。

下面就进一步分析美啦社群的运营，如图 9-11 所示。

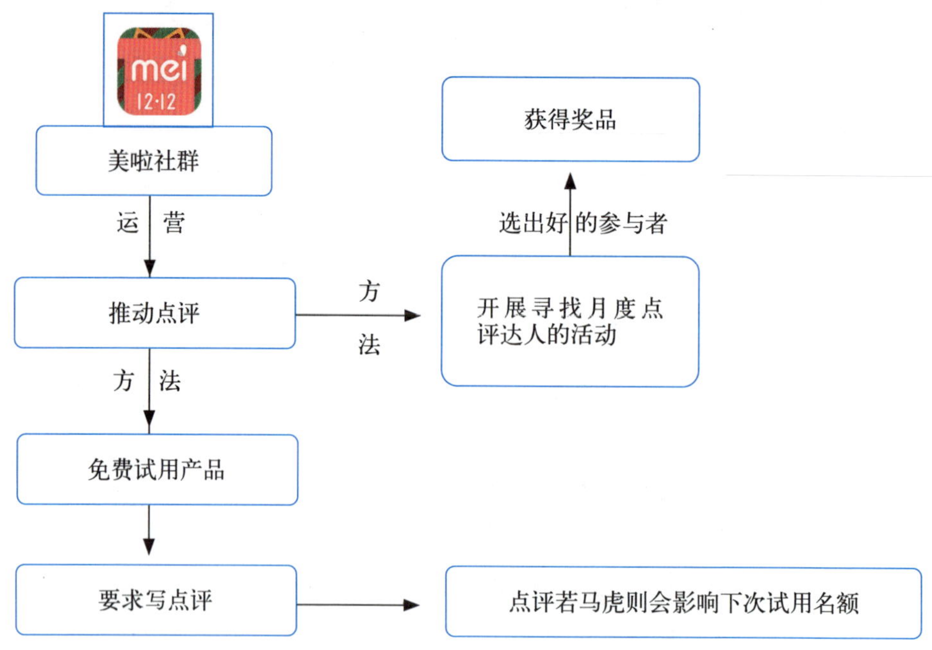

图 9-11　美啦社群的运营之推动点评

专家提醒

在美妆社群中，不要等着用户主动进行点评，一定要想办法推动用户进行点评，这样用户才会觉得“好玩”，这样才能大大地调动用户的参与热情。

【案例 63】闺蜜美妆：让用户享受闺蜜一样的“信赖”——有奖话题

【企业简介】

闺蜜美妆具有比较权威的化妆品消费顾问，在美妆护肤交流社群中，聚集了约 1000 多万名用户。

【功能解析】

闺蜜美妆社群的功能如图 9-12 所示。

图 9-12 闺蜜美妆社群的功能

（1）首页：用户可以参加活动；查看美妆产品排行榜；进行签到；测试自己的肤质；提供化妆教程等。

（2）产品库：用户能看到关于护肤、彩妆、香氛、美发、美甲 / 美体、男士等所有产品。

（3）试用：提供免费试用的产品。

（4）晚九点：用户可以加入自己感兴趣的小组，在里面发布话题、动态和帖子，还能参与有奖活动、进行问题反馈等。

（5）我的：用户能看到自己以前的点评、试用产品、想用的产品等。

【实施分析】

对于美妆社群来说，想要让用户在交流中产生口碑效应，就需要提出一定能让用户感兴趣的话题，能让用户在交流的过程中，形成口碑。

下面就来分析闺蜜美妆社群营销与运营，如图 9-13 所示。

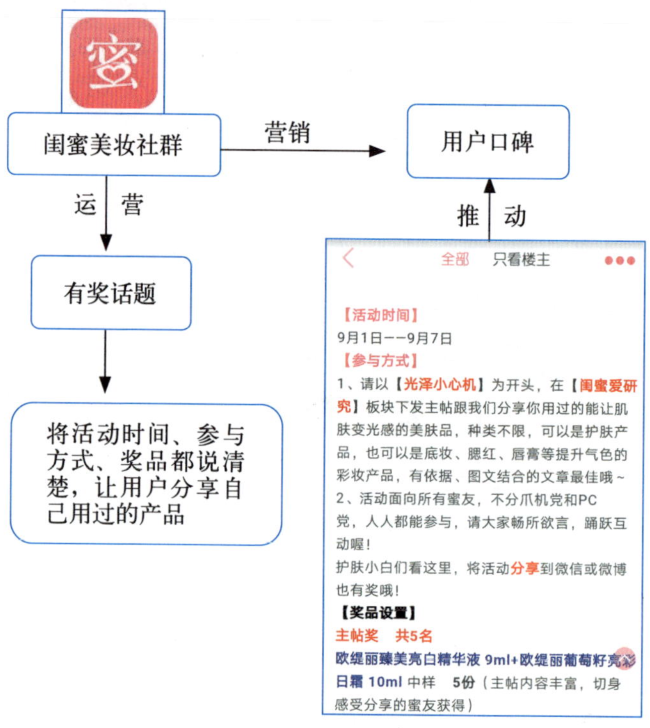

图 9-13　闺蜜美妆社群的营销与运营

专家提醒

在美妆社群中，用有奖话题能大大地调动用户的参与热情，推动用户成为口碑营销的实施者。

【案例 64】思芙美妆：以美容健康为核心的社群平台——评测文

思芙美妆是一个专注于美容健康的时尚平台，所有化妆品来自于全球美妆品牌专柜和有销售许可的经销、贸易商，专柜 BA 发布现场照片和视频到思芙美，将商品直销给思芙美的用户。

【功能解析】

思芙美妆社群的功能如图 9-14 所示。

图 9-14　思芙美妆社群的功能

（1）**首页**：用户可以学化妆、签到、与客服交流等。

（2）**搜索导航**：用户除了自己搜索商品外，还为用户分别提供了 8 个板块，如护肤、彩妆、护发等，帮助用户找到想要的产品。

（3）**美妆圈**：用户可以看到一些比较有用的美妆教程，参加活动，还能自己发布教程等。

（4）**购物车**：用户能实现购买自己想要的一件商品的愿望，还会向用户推荐一些好的化妆品。

（5）**个人**：用户能看到自己的订单详情、自己在思芙美妆的资产、自己在美妆圈中发布 / 收藏 / 参与的帖子。

【实施分析】

对于美妆社群来说，评测文能大大地勾起用户的好奇心以及信赖感。一篇好的评测文是非常仔细的，用户能通过文字直接了解产品的功能，场景化非常浓厚，特别容易勾起用户的购买欲。

下面就来分析思芙美妆社群营销与运营，如图 9-15 所示。

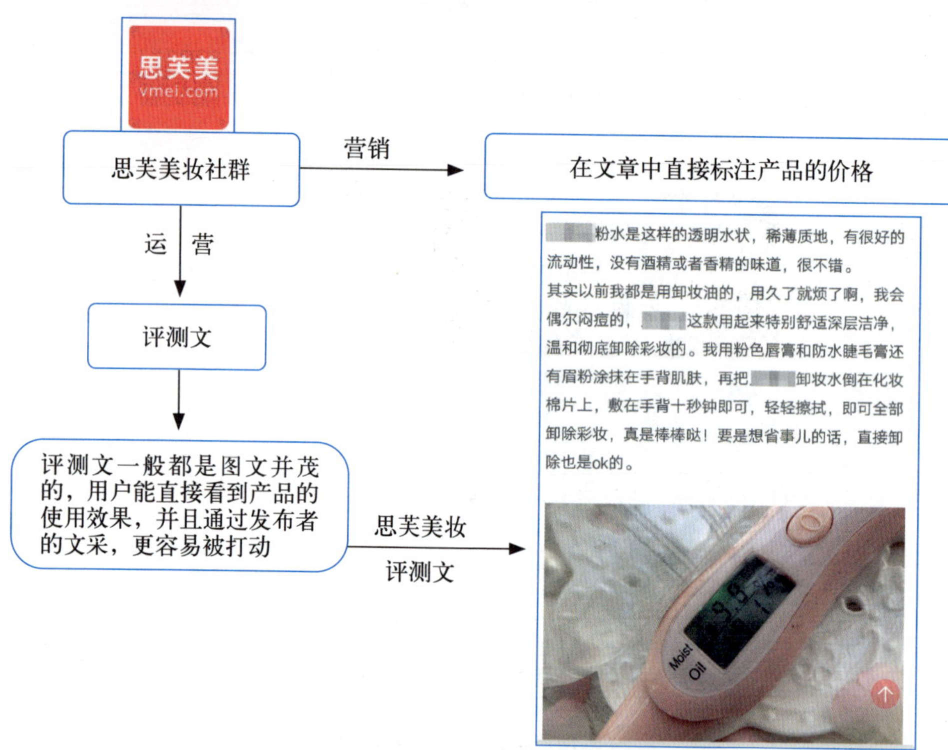

图 9-15　思芙美妆社群的营销与运营

专家提醒

在美妆社群中，评测文就像一剂定心丸，用户通过评测文，能判定出自己是否需要，产品的效果是否真实，能影响用户的购买决策。

第 10 章

婚庆社群：让“孤单”变得不再孤单

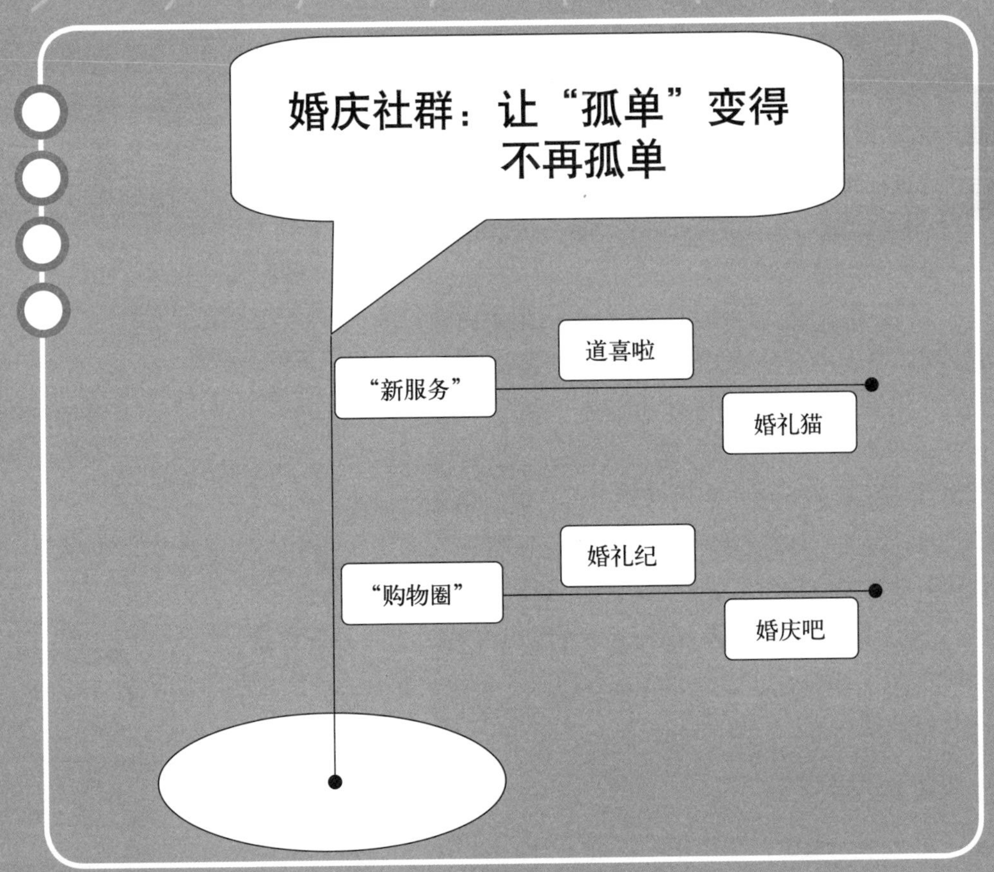

10.1　一站式

对于用户来说，一站式的服务能免去很多麻烦，无须到处跑，这样的服务，深受用户的喜爱。

【案例65】道喜啦：让婚礼一站即可变得完美——服务齐全

【企业简介】

道喜啦是一款国内结婚、婚宴、婚礼、婚纱摄影预订平台 APP，订婚宴、拍婚照、选婚纱、挑婚戒、找婚庆，蜜月游，完美婚礼一站备齐。

【功能解析】

道喜啦社群的功能如图 10-1 所示。

（1）首页：提供婚宴酒店、婚纱摄影、蜜月游；还可以让用户提出自己的需求，来推荐适合的酒店；用户可以提前选择结婚的吉日；提供备婚攻略。

（2）发现：向用户提供婚纱、礼服、婚鞋、配饰、婚庆用品、家居礼品等方面的产品；提供婚品杂志；关于婚纱的新品等。

（3）新人说：用户可以在新人说中发布自己的结婚故事、也可以进入备婚那些事、幸福晒晒晒、两性感情区、婚品转让区、结婚总动员这 5 个话题中进行讨论。

（4）助手：用户可以一键查询符合自己要求的婚宴；计算结婚预算；向用户提供结婚吉日；提供婚姻登记处的地址；预约婚宴酒店顾问；用户还能创建自己的相册；让用户制作婚宴座位表；让用户自己制作喜帖。

图 10-1　道喜啦社群的功能

（5）我的：用户可以编辑自己的账号信息，查看系统信息、自己的预订单、支付单、收藏商家、卡券包、自己的返利、自己的婚品。用户还可以发送对婚礼的意见或建议。

【实施分析】

对于用户来说，在结婚时需要了解拍摄婚纱照、婚礼策划、婚宴等事宜，非常的烦琐，由此用户希望能享受一站式服务，在一个地方解决所有的事宜。

对于婚庆社群来说，提供齐全的服务，如让用户不用到实体店，就能了解到一些婚宴酒店的收费情况；让用户了解婚纱的款式及实现在线购买等服务。下面就进一步分析道喜啦社群的营销与运营，如图 10-2 所示。

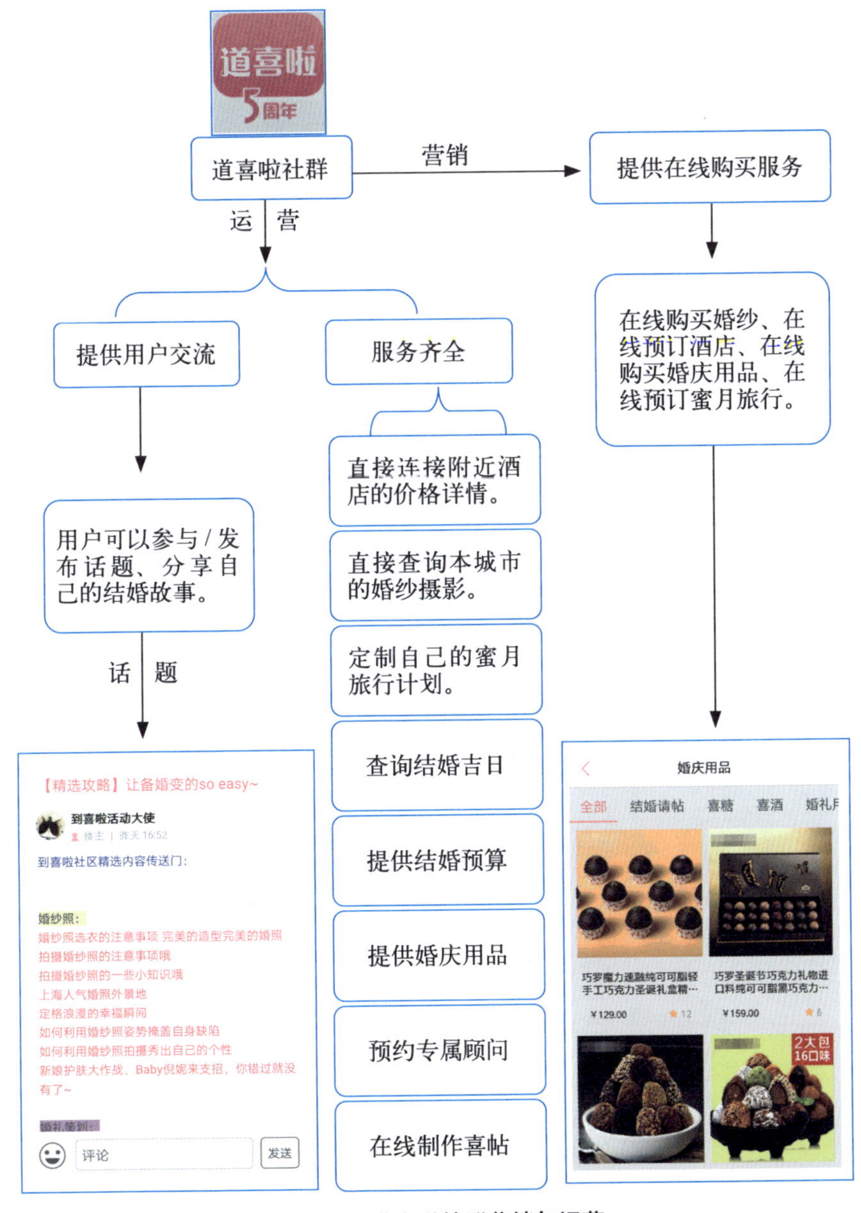

图 10-2 道喜啦社群营销与运营

专家提醒

在婚庆社群中，企业最好是提供比较齐全的服务，让用户能享受一站式服务。这样既方便了用户，又为企业吸引了不少的流量。

【案例66】婚礼猫：让用户能有一个自己喜欢的婚礼——不同角度的挖掘

【企业简介】

婚礼猫是一款完全免费的结婚应用网站，可为新人提供婚宴酒店预订，结婚微相册、微信喜帖制作等服务。

【功能解析】

婚礼猫社群的功能如图10-3所示。

图10-3　婚礼猫社群的功能

（1）**爱逛**：向用户提供结婚采购必备品/用户可以自己制作微信喜帖、爱情相册等。

（2）摄影：用户能看到摄影师的作品、摄影方面的价格，选择合适的即可预订。

（3）婚礼圈：用户能将自己将要邀请的好友聚集起来，让好友将结婚当天的照片、发生的事情记录到婚礼圈中，好友们还能在里面进行交流、互动。

（4）工具：用户能制作语音喜帖、向专业顾问询问结婚事宜、查看结婚吉日、结婚预算、提供结婚登记处的位置。

（5）我的：用户能修改个人资料、查看自己关注的摄影师以及婚宴酒店、订单和自己的优惠券。

【实施分析】

如今婚庆社群的运营方式和营销手段同质化比较严重，由此，企业需要创新，从不同的角度，满足用户所需。婚礼猫社群就做得不错，它从用户想要记录自己婚礼所发生的事情入手，提供了一个“婚礼圈”服务，让用户将自己邀请的亲朋好友聚集在自己的婚礼圈里，让他们发布从他们角度所看到的婚礼过程，圈子里的用户还能相互进行交流，如图 10-4 所示。

图 10-4　婚礼猫社群的“婚礼圈”

下面就来进一步分析婚礼猫社群的营销与运营，如图 10-5 所示。

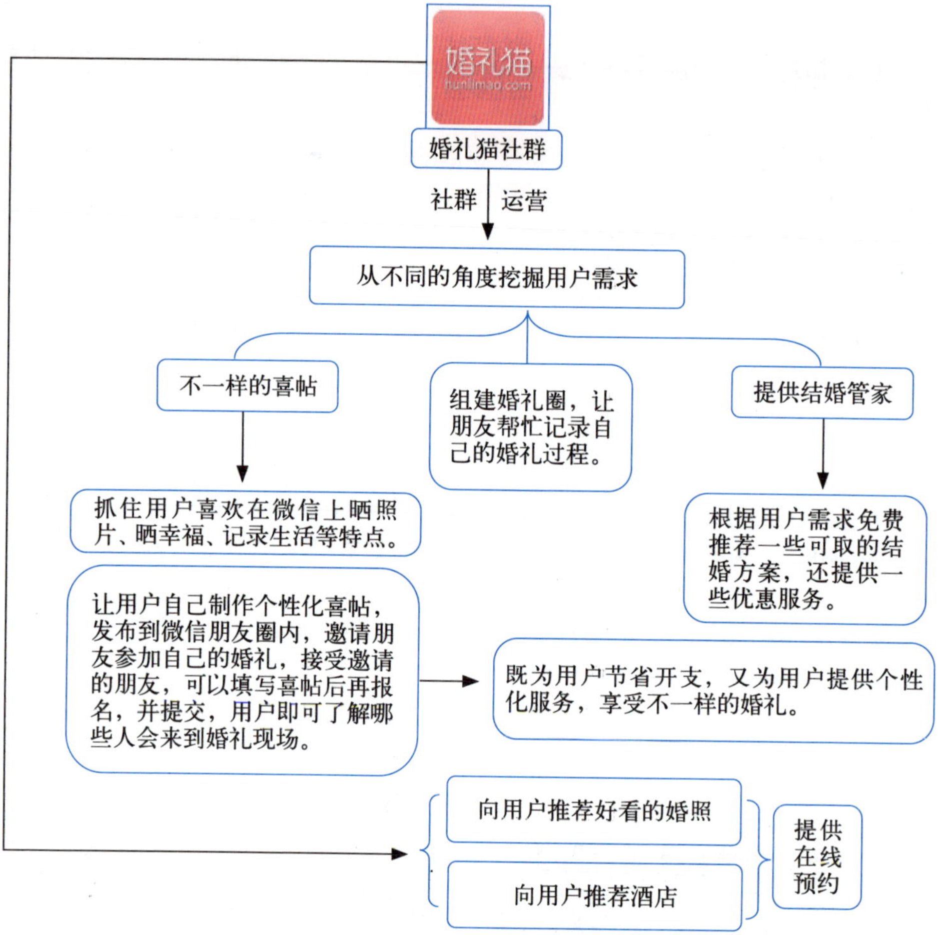

婚礼猫 hunlimao.com

婚礼猫社群

社群 运营

从不同的角度挖掘用户需求

不一样的喜帖

抓住用户喜欢在微信上晒照片、晒幸福、记录生活等特点。

让用户自己制作个性化喜帖，发布到微信朋友圈内，邀请朋友参加自己的婚礼，接受邀请的朋友，可以填写喜帖后再报名，并提交，用户即可了解哪些人会来到婚礼现场。

既为用户节省开支，又为用户提供个性化服务，享受不一样的婚礼。

组建婚礼圈，让朋友帮忙记录自己的婚礼过程。

提供结婚管家

根据用户需求免费推荐一些可取的结婚方案，还提供一些优惠服务。

向用户推荐好看的婚照

向用户推荐酒店

提供在线预约

图 10-5　婚礼猫社群营销与运营

专家提醒

对于婚庆社群来说，从不同的角度挖掘用户需求，既能与其他社群产生区别，又能有针对性满足用户需求。

10.2　婚庆交友

对于婚庆行业来说，提供用户分享自己结婚故事的功能，能大大调动用户在社群中的参与的积极性。

【案例 67】婚礼纪：游戏直播视频下的交互
——提供固定交流板块

【企业简介】

婚礼纪是一款用于婚礼筹备与记录的移动应用网站，专注于婚礼行业垂直细分市场，帮助新人解决婚礼筹备与记录的难题。

【功能解析】

婚礼纪社群的功能如图 10-6 所示。

图 10-6 婚礼纪社群的功能

（1）**首页**：用户可以查找举办婚礼会涉及的商家；用户可以制造微信墙与自己的好友互动。还可以制作电子喜帖、婚礼清单、采购婚品以及婚车租赁等。

（2）**分类**：用户能享受婚礼服务、婚礼采购等方面的服务。

（3）**新娘说**：用户可以选择自己感兴趣的板块，进入参与话题讨论，或者自己发布话题。

（4）**工具**：让用户 3 分钟学会备婚。用户可使用海量免费模板制作电子请帖、提供礼金记账本、让用户记录婚礼当日流程、在线排结婚现场的座位、选择结婚吉日、提供附近的婚姻登记处、撰写自己的婚礼故事等。

（5）**我的**：用户可以查看自己的钱包、订单、收藏的套餐与案例、收藏的商品与酒店、关注的商家、参加的活动、发布的话题、关注的人、联系客服等。

【实施分析】

对于婚庆社群来说，最重要的是提供用户之间交流的板块，这样才能吸引用户愿意留在社群中。由于婚庆行业涉及的事宜非常多，婚庆社群最好设定几个固定的板块，提供用户可自由选择交流的圈子，这样社群就不会太过于“杂”，而是既能让社群秩序井然，又能让用户自由交流。

下面就来分析婚礼纪社群的营销与运营，如图 10-7 所示。

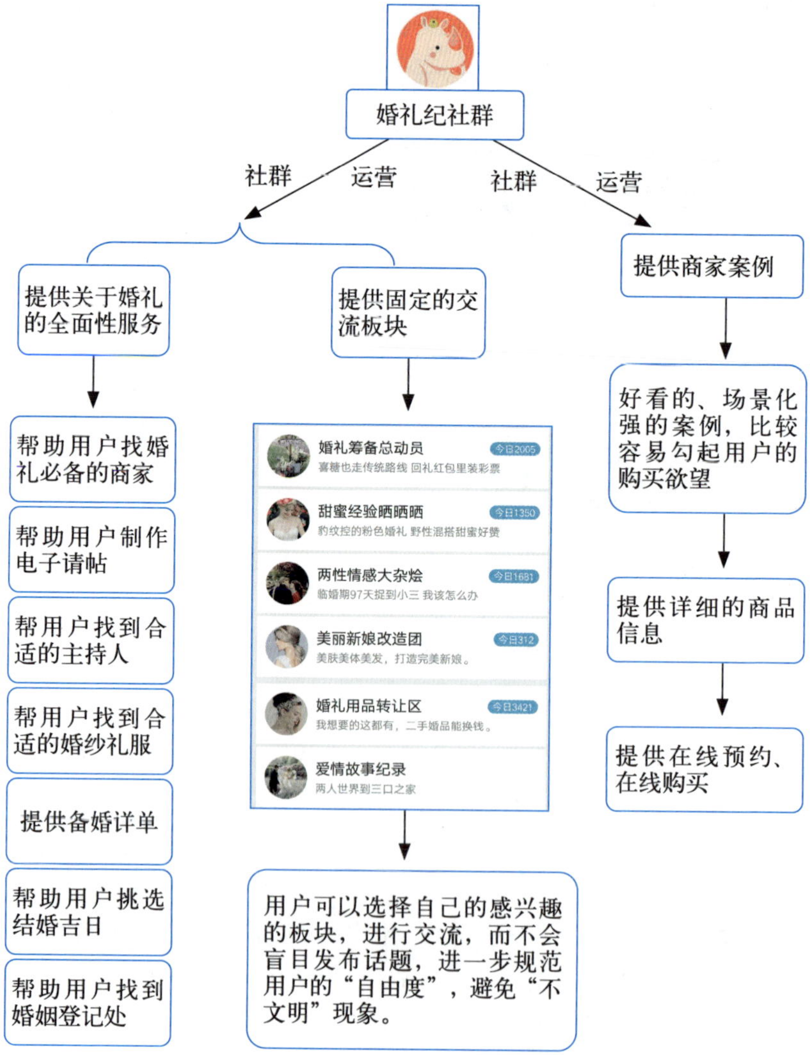

婚礼纪社群

社群　运营

社群　运营

提供关于婚礼的全面性服务

帮助用户找婚礼必备的商家

帮助用户制作电子请帖

帮用户找到合适的主持人

帮用户找到合适的婚纱礼服

提供备婚详单

帮助用户挑选结婚吉日

帮助用户找到婚姻登记处

提供固定的交流板块

婚礼筹备总动员　今日2005
喜糖也走传统路线 回礼红包里装彩票

甜蜜经验晒晒晒　今日1350
豹纹控的粉色婚礼 野性混搭甜蜜好赞

两性情感大杂烩　今日1681
临婚期97天捉到小三 我该怎么办

美丽新娘改造团　今日312
美肤美体美发，打造完美新娘。

婚礼用品转让区　今日3421
我想要的这都有，二手婚品能换钱。

爱情故事纪录
两人世界到三口之家

用户可以选择自己的感兴趣的板块，进行交流，而不会盲目发布话题，进一步规范用户的“自由度”，避免“不文明”现象。

提供商家案例

好看的、场景化强的案例，比较容易勾起用户的购买欲望

提供详细的商品信息

提供在线预约、在线购买

图 10-7　婚礼纪社群营销与运营

专家提醒

其实不管是在婚庆社群、还是其他行业的社群中，最好都规范固定交友模块。在保持为用户自由交流服务的情况下，还要为用户营造出良好的交友环境。除此之外，需要根据用户的需求，不断地增加合适的交流模块，从而扩展用户的交流范围。

【案例 68】婚庆吧：用户可以在百度贴吧中进行交互——解决用户疑惑

【企业简介】

婚庆吧，是百度贴吧中的一个板块，用户能在婚庆吧中，发布关于婚庆问题的帖子、分享自己的结婚故事等。

【功能解析】

婚庆吧社群的功能如图 10-8 所示。

图 10-8　婚庆吧社群的功能

（1）看帖：用户可以查看其他用户发布的贴子，与发布帖子的楼主一起聊天。

（2）精品：用户可以看到比较受欢迎的帖子。

（3）视频：用户可以看到贴吧中的视频。

（4）群组：用户可以进入贴吧客户端，选择自己感兴趣的群组，加入进去，与其他志同道合的、有共同需求的组员聊天。

【实施分析】

对于第一次结婚的消费者来说，是不怎么了解婚庆行业的，因此，婚庆社群需要提供一个解决用户疑惑的功能。

下面就进一步分析婚庆吧社群的运营与营销，如图 10-9 所示。

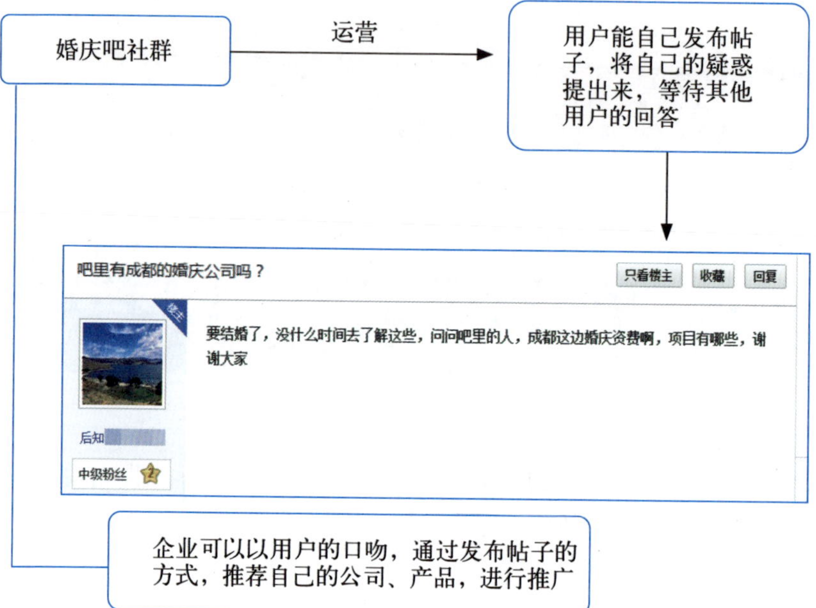

图 10-9　婚庆吧社群营销与运营

专家提醒

在婚庆社群中，若是提供解决用户疑惑的功能，能大大地增强用户的依赖性，因为这样的功能，是用户所需求的。

第 11 章

招聘社群：让招聘变得不再无助

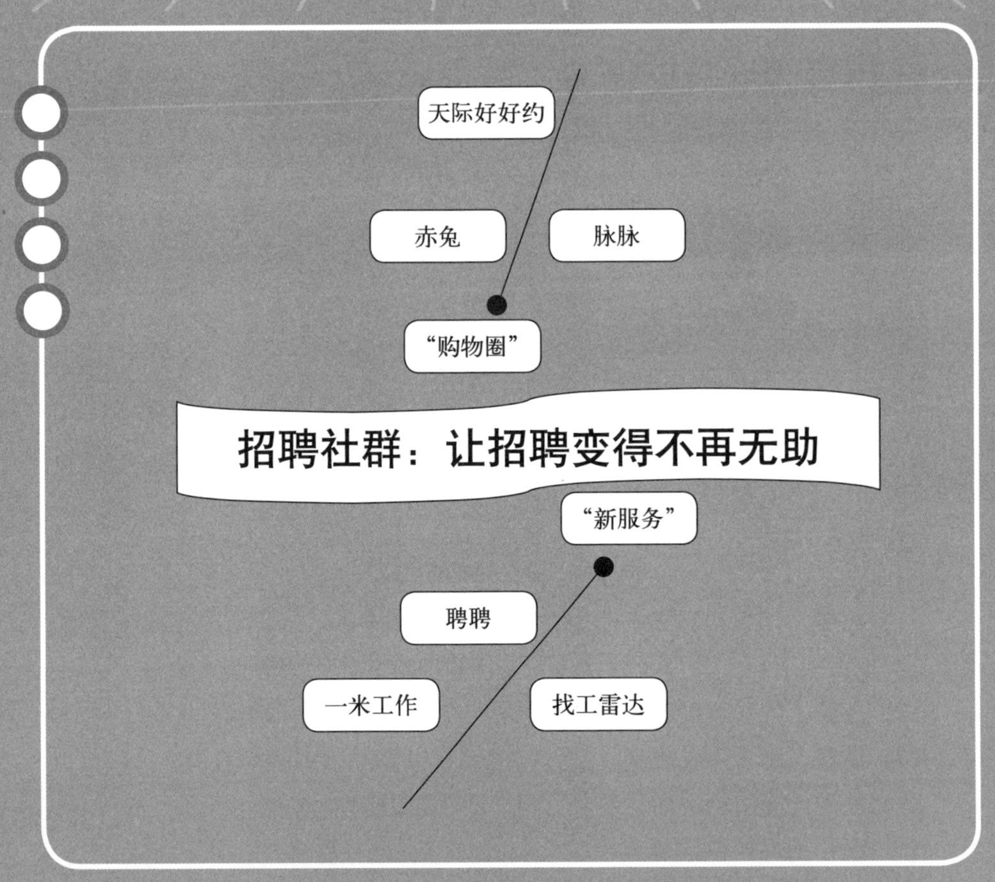

11.1 职业社交

传统招聘行业，几乎是以个人面对企业的形式而展开招聘工作的，不会产生社交环节，从而使得招聘行业体现出乏味性。而如今的招聘社群，就是要去除乏味，让人们在找工作的道路上，也能开开心心的，没有压力、轻松地找到一份合心的工作，也让正在职场的人学会“职场之道”。

【案例 69】赤兔：以用户真实信息构建职业社交社群——名人推荐

2015 年 6 月 23 日，职场社交 APP “赤兔”上线，是“领英”的新产品，之所以取名为“赤兔”，是寓意着“领英”希望更多的职场年轻人成为驰骋职场的千里马，成就更优秀的自我。

【功能解析】

赤兔社群的功能如图 11-1 所示。

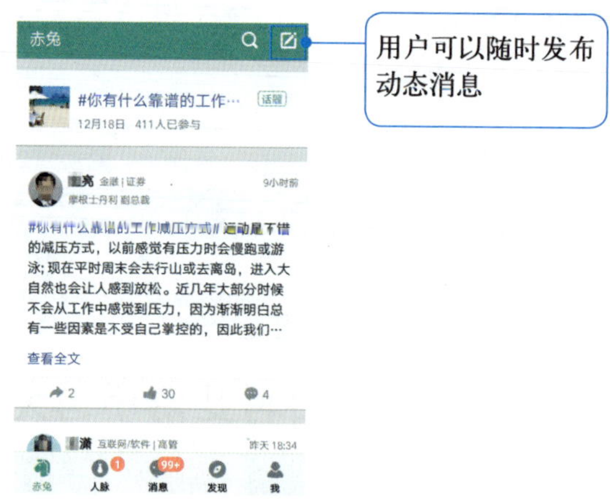

图 11-1 赤兔社群的功能

（1）赤兔：用户可以看到最新的话题，如你有神马靠谱的工作减压方式，并参与讨论；向用户推荐可能感兴趣的人；并提供其他用户所发的动态。

（2）人脉：用户可以看到自己快速找到好友与加入的小组。

（3）消息：用户可以收到好友发送的消息以及小组中的交流信息。

（4）发现：提供精选活动信息，推荐小组以及附近的人。

（5）我：用户可以编辑自己的资料；分享自己在赤兔的二维码名片；保存

自己的动态、收藏、活动等。

【实施分析】

对于招聘行业来说，打造一个职业社交社群是一个非常不错的突破口，这个方向对于传统行业来说，还是比较有优势的。如图 11-2 所示。

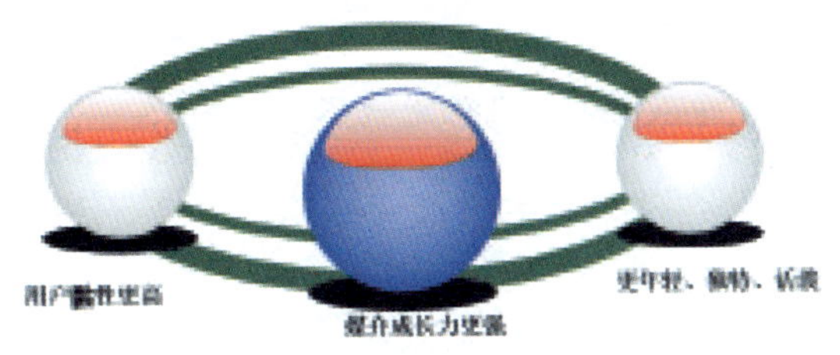

图 11-2　职业社交社群的优势

赤兔是由职业社交网站领英为打通中国市场而打造的，它是一款基于真实身份的职场社交 APP 社群。虽然赤兔上线时间比较短，但在领英的扶持下，借助其“名人推荐”功能带来的用户量，在职场社交抢占了一定的市场。

下面就来进一步分析赤兔社群的运营，如图 11-3 所示。

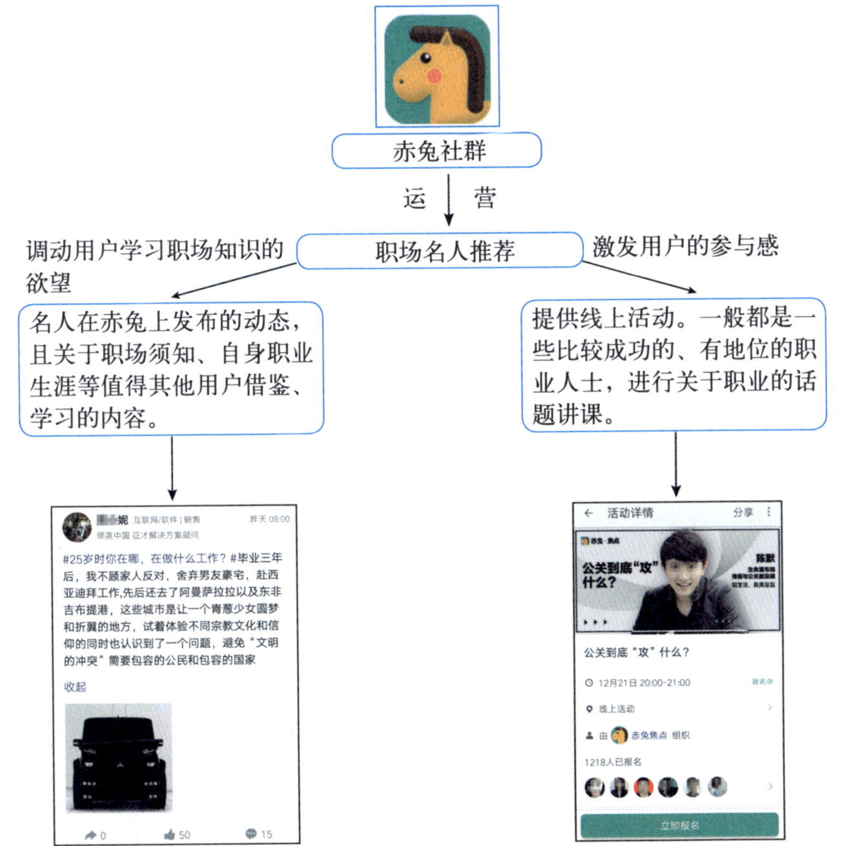

图 11-3　赤兔社群运营之名人推荐

专家提醒

在招聘社群中，运用职业社交群时务必要让用户在社群中填入真实信息。这样便于用户根据真实信息，找到自己感兴趣的人或公司，能以社交的方式与这些人交流，也能通过真实信息，确定职场名人。让用户能以信赖的方式，来根据职场名人发布的冬日、活动进行职场知识的学习。

【案例 70】脉脉：从直播间到社交平台的用户聚集——二度人脉为主

【企业简介】

脉脉兴起于二度人脉（朋友的朋友）的职业社交 APP，其上累计了 400 亿条人脉关系，2 亿张个人名片，80 万个职场圈子。

【功能解析】

脉脉社群的功能如图 11-4 所示。

（1）工作圈：脉脉会根据用户设置的职业偏好推荐相对应职业人的动态。

（2）消息：用户可以收到脉脉发布的系统消息，以及群消息。

（3）人脉办事：用户可以进入职位广场，发布招聘信息，或者选择公司参与招聘。提供人才查找，找到自己感兴趣的人才，可邀请投递简历。用户可以参与聚会活动，认识更多的朋友；可以找投资、外包、老师、医生；还可以进行职业咨询；提供法律咨询、企业服务相关人员等服务。

（4）我：用户可以编辑个人资料；查看自己发布 / 参与的实名动态、发布的点评、发布的匿名八卦等

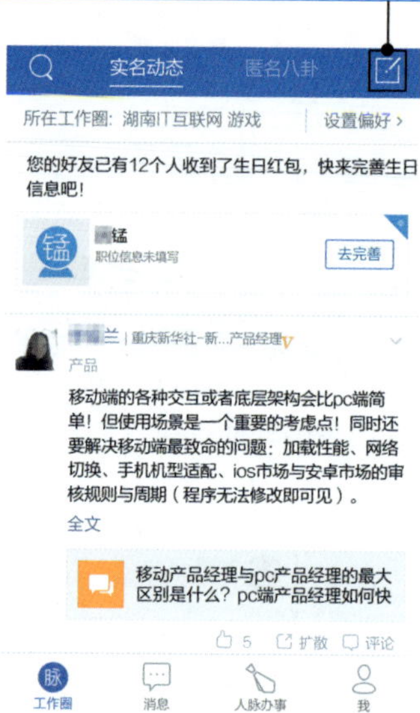

图 11-4　脉脉社群的功能

【实施分析】

随着职业社交社群的发展，用户的需求越来越大，也正因为用户对其具有需求，招聘社群才会将职业社交延伸至今，如图 11-5 所示。

下面就来进一步分析脉脉社群的运营，如图 11-6 所示。

与企业人力资源直接互动
获取招聘信息
与求职者互动
扩展人脉资源
分享职业心得和体会
有帮助的增值服务

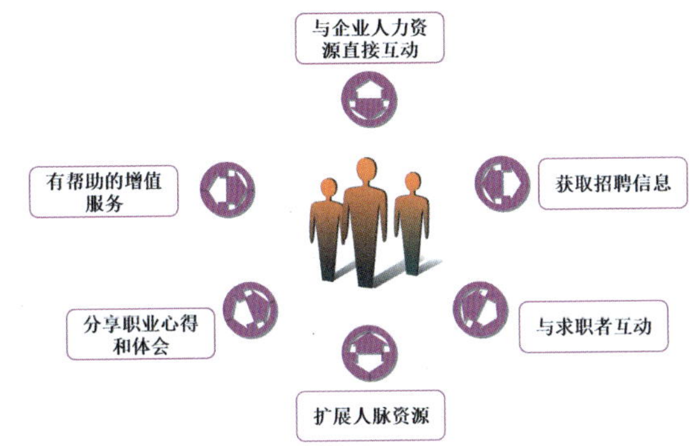

图 11-5　用户对职业社交的需求

脉
脉脉社群
运营
二度人脉
用推荐和搜索两大功能，推荐展示了用户职位和人脉关系
5 个维度
用户筛选
公司
学校
职位
地区
热门标签
形成个性化服务
发现人脉
我的公司 10个同事
我的学校 15个校友
我的家乡 20个同乡
人脉推荐(251)
长沙奇葩酷游...总经理
同行
兆荣联合（北...湖南负责人
同行
世联行策划助理
同行
各体各体
同行
脉脉社群特点
以匿名功能切合职场社交特点
为用户提供高质量内容
搜索功能比较精细
动态可图文并茂
功能涵盖了职场社交以及招聘的大部分需求

图 11-6　脉脉社群运营之二度人脉为主

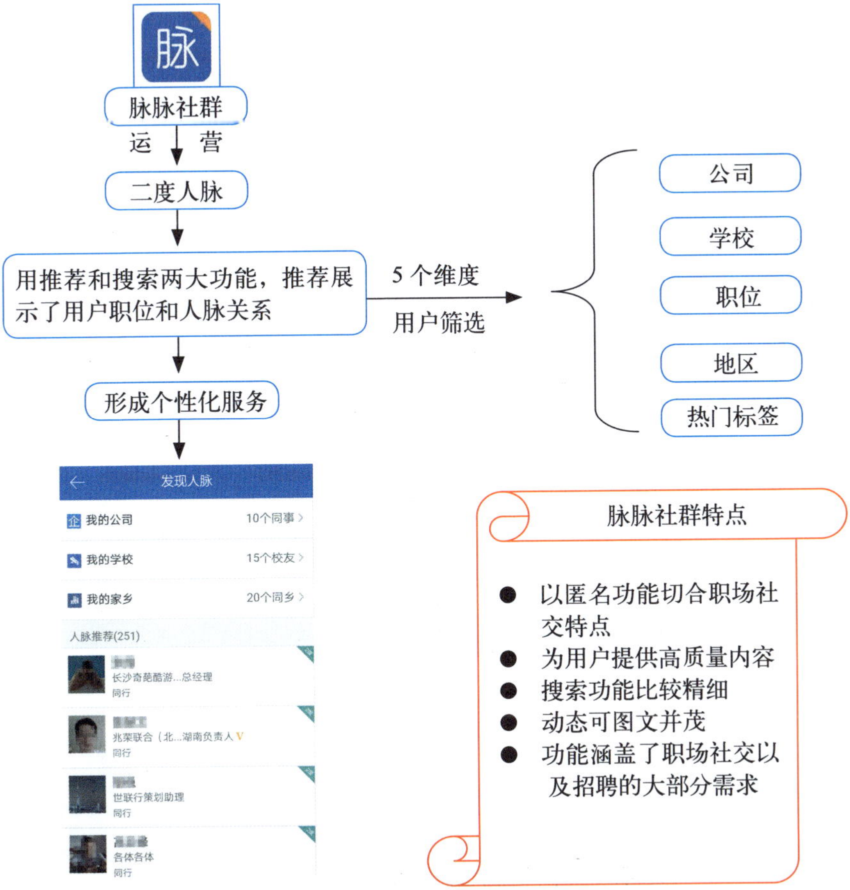

专家提醒

招聘行业的社群，需要大大地将用户"朋友圈"运用起来，让用户一开始就与自己的朋友在社群中进行交互，让用户不再孤单，然后通过兴趣、朋友而进行人脉圈的扩展。

【案例 71】天际好好约：游戏直播视频下的交互——年轻化

【企业简介】

好好约是由职业社交平台天际网出品的手机客户端社交软件，软件中的用户信息比较完善，能让用户在好好约中实现职场约会、职业拓展、人脉搭建。

【功能解析】

天际好好约社群的功能如图 11-7 所示。

（1）**发现**：用户可以看到附近的用户所发动态，若感兴趣还可以关注。

（2）**结识**：展示用户的个性主页，用户可以通过别人的个性主页左右滑动，向左滑就说明不喜欢，向右滑就直接关注用户。

（3）**机会**：用户可以发布职位、投递简历、做超级名片。

（4）**消息**：收到好好约的系统消息以及其他用户发来的消息。

（5）**我**：找到自己关注的好友，可以与之聊天；完善自己的个人资料。

图 11-7　天际好好约社群的功能

【实施分析】

天际好好约是一个年轻化明显的职业社交社群，社群优先 LBS，提供附近的用户动态，辅以行业和职位属性来给用户推荐相关的动态内容，并且以左右滑动，这种特别的交友方式，让用户得到良好的体验，更吸引年轻化的用户，如图 11-8 所示。

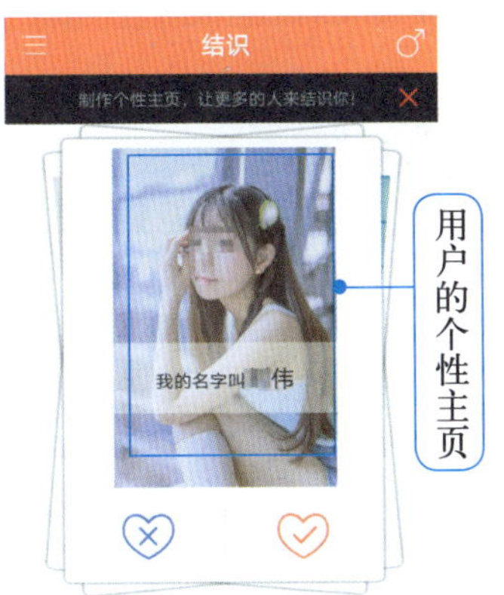

下面就来分析天际好好约社群的运营，如图 11-9 所示。

结识
制作个性主页，让更多的人来结识你！
我的名字叫 伟
用户的个性主页

图 11-8　有趣的交友

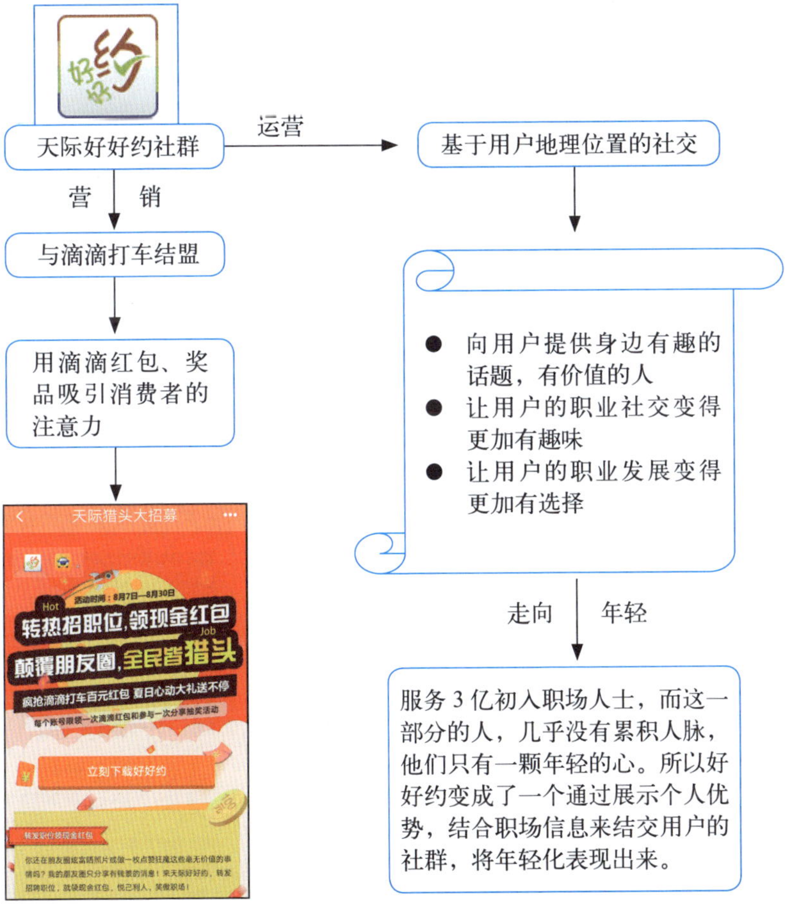
天际好好约社群
运营
基于用户地理位置的社交
营　销
与滴滴打车结盟
用滴滴红包、奖品吸引消费者的注意力
天际猎头大招募
转热招职位，领现金红包
颠覆朋友圈，全民皆猎头
疯抢滴滴打车百元红包 夏日心动大礼送不停
立刻下载好好约
● 向用户提供身边有趣的话题，有价值的人
● 让用户的职业社交变得更加有趣味
● 让用户的职业发展变得更加有选择
走向　年轻
服务 3 亿初入职场人士，而这一部分的人，几乎没有累积人脉，他们只有一颗年轻的心。所以好好约变成了一个通过展示个人优势，结合职场信息来结交用户的社群，将年轻化表现出来。

图 11-9　天际好好约社群运营之年轻化

专家提醒

对于传统招聘行业来说，年轻化表现得不明显，用户只能急匆匆地、心情忐忑地投简历，而不能以愉快的心情，来找工作，因此招聘行业最多的就是“急匆匆的流量”，除了发布招聘的企业，很少有长久的用户。

因此，职业社交社群的出现，让用户展现自己，让招聘行业走向年轻化，让招聘行业获得永久用户，何乐而不为？

11.2 垂直招聘

对于招聘行业社群来说，要想让垂直招聘与社交融合在一起，就需要提供能让用户有良好体验的功能。

【案例 72】聘聘：带着视频冲击营销——通过动态找工作

【企业简介】

聘聘是北京爱蓝领旗下专门为蓝领工人打造的蓝领求职社交 APP，以帮助蓝领工人快速找到工作。

【功能解析】

聘聘社群的功能如图 11-10 所示。

(1) **找工作**：向用户提供定位城市的招聘信息。

(2) **动态**：用户可以发布动态，在动态中能直接表述自己的求职欲望以及求职意向，会有其他用户进行留言。

(3) **聊天**：用户能与自己关注的朋友聊天，也便于企业与用户交流。

(4) **我的**：用户能直接找到自己专注的用户与之聊天，也能看到自己的粉丝和自己发布的动态等。

图 11-10　聘聘社群的功能

【实施分析】

传统招聘一般都是用户自己去寻找适合的招聘信息，而聘聘社群却能让用户主动发布动态，便于被用人企业主动找到。

下面就进一步了解聘聘社群的运营，如图 11-11 所示。

图 11-11 聘聘社群运营之通过动态找工作

专家提醒

对于招聘社群来说，通过动态找工作是一种创新，能让用户体验不一样的功能，享受不一样找工作的过程，能大大地吸引用户的目光。

【案例 73】找工雷达：用户基于“雷达”查找附近工作——丰富交友

【企业简介】

找工雷达是一款让用户通过 LBS 定位快速筛选附近工作的社群 APP，用户可以实现直接联系雇主，与传统只留下雇主信息大有区别。

【功能解析】

找工雷达社群的功能如图 11-12 所示。

（1）**找工作**：通过 LBS，向用户展示附近的招工情况，用户除了找全职，还能找兼职、赚外快。

（2）**交朋友**：用户能自己发布动态、查看其他用户动态，并能与之交流。还能找朋友、参与活动、找乐趣、找兼职等。

图 11-12 找工雷达社群的功能

【实施分析】

对于垂直型招聘社群来说，能方便用户交友，是一个能留住用户的“利器”。对于用户来说，一个既能让他们找到工作，又能让他们找到朋友的社群，是他们所想要的，是他们所喜欢的。

下面就来分析找工雷达社群的营销与运营，如图 11-13 所示。

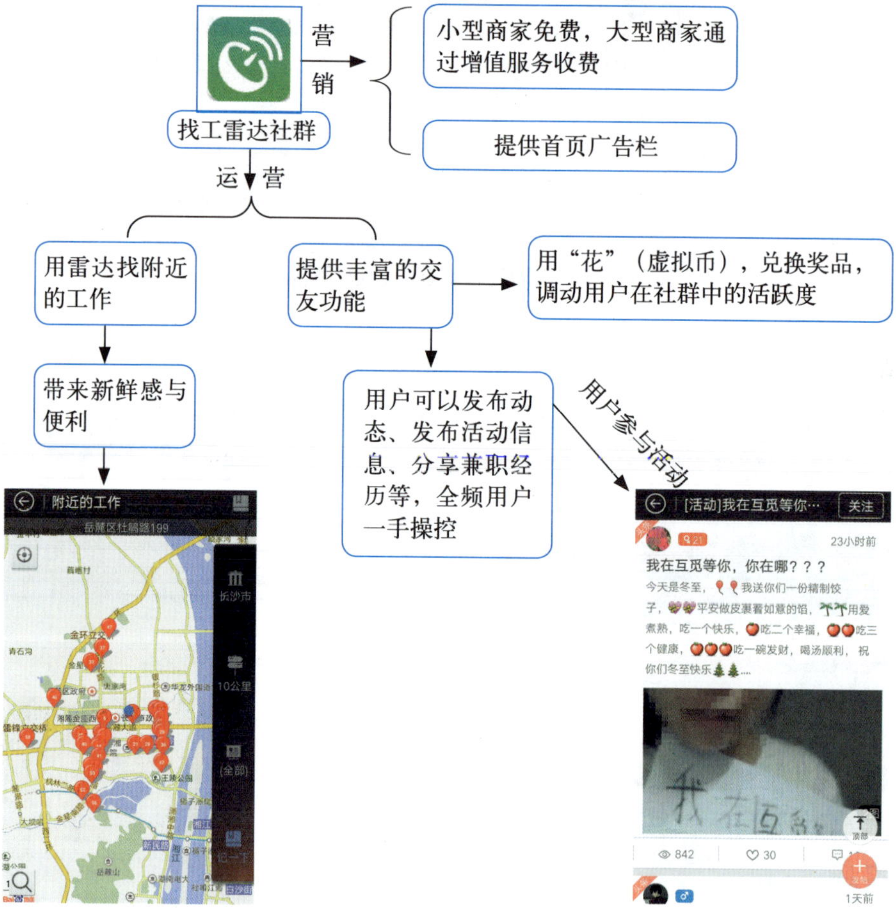

找工雷达社群

营销 → 小型商家免费，大型商家通过增值服务收费；提供首页广告栏

运营 → 用雷达找附近的工作 → 带来新鲜感与便利

运营 → 提供丰富的交友功能 → 用“花”（虚拟币），兑换奖品，调动用户在社群中的活跃度

提供丰富的交友功能 → 用户可以发布动态、发布活动信息、分享兼职经历等，全频用户一手操控 → 用户参与活动

附近的工作

[活动]我在互觅等你…　关注

我在互觅等你，你在哪？？？

图 11-13　找工雷达社群的营销与运营

专家提醒

对于垂直类招聘社群来说，丰富交友的功能，是必不可少的，只有方便用户交友，才能让用户愿意留在社群中，自我制造内容。

【案例 74】一米工作：工作 + 广场让用户快速了解详情——交流广场

【企业简介】

一米工作专注为制造业普工 / 技工用户提供优质的求职服务。通过一米工作，用户不仅可以寻找全国各地名企大厂的招聘职位，结识身边的老乡和同事，还能了解工友们在企业的打工经历。

【功能解析】

一米工作社群的功能如图 11-14 所示。

（1）工作：展现用户所选定城市的招聘信息。用户还能通过设定福利、薪资、距离等方式进行招聘信息的筛选。

（2）广场：用户能在广场中发布说说，查看到其他用户的说说，用户之间能互相交流。

（3）消息：用户能收到一米客服的消息、工作通知、一米活动，以及自己添加好友的消息。

（4）我：用户能进行积分抽奖、自己申请 / 收藏的工作、自己添加的好友等。

图 11-14　一米工作社群的功能

【实施分析】

对于垂直类招聘社群来说，为用户提供一个广场，让用户在广场上找老乡、找朋友、询问公司待遇、分享工作经验，能大大地增强用户的体验感。下面就来分析一米工作社群的运营，如图 11-15 所示。

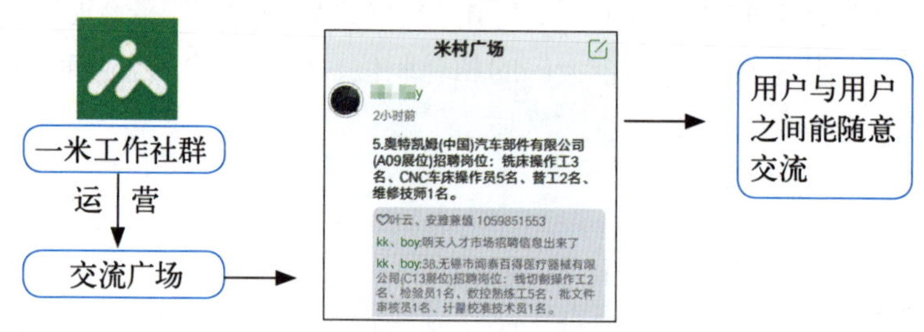

图 11-15　一米工作社群之交流广场

专家提醒

对于垂直类招聘社群来说，交流广场便于用户交友，没有限定交友范围，能大大地推动用户的参与感。

第 12 章

母婴社群：让妈妈变成宝宝的保护伞

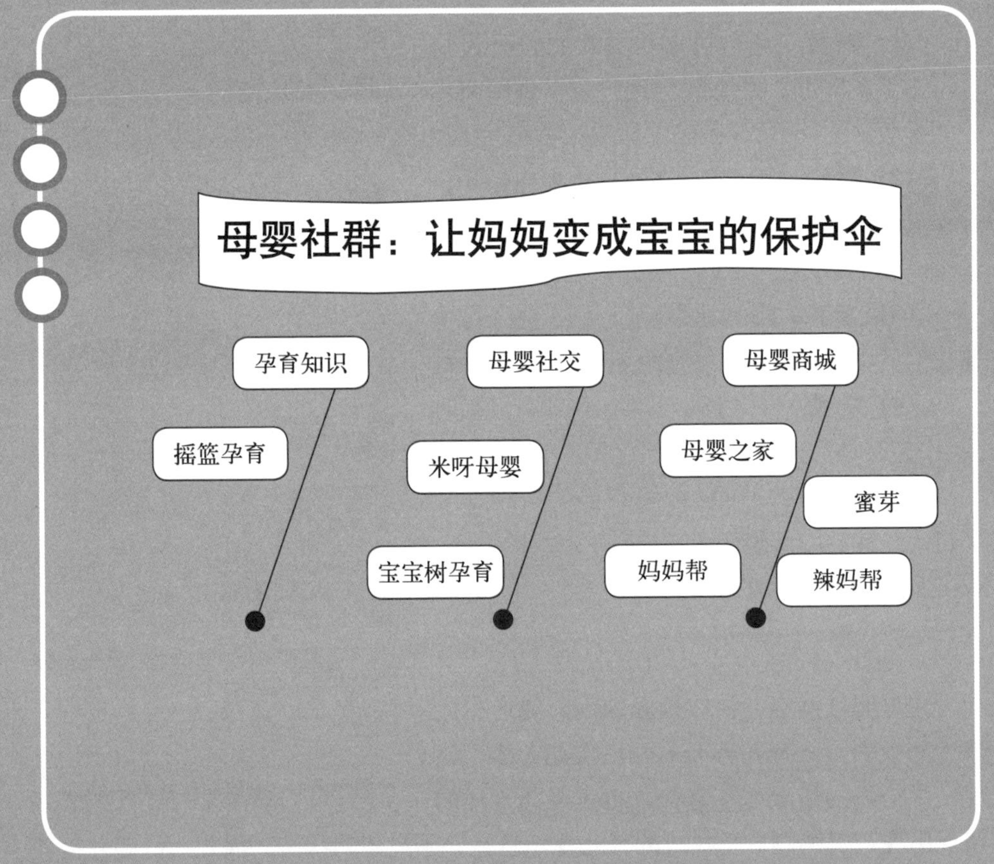

12.1 孕育知识

对于准妈妈们来说，孕育方面的知识是一定要了解的，只有了解并掌握了比较全面的孕育知识，才能让自己的宝宝健康地成长。

【案例 75】摇篮孕育：向妈妈们提供权威的育儿知识——权威内容

【企业简介】

摇篮孕育汇聚国内外百余位孕产、育儿、营养、疾病、早教、心理等权威专家，为用户提供权威、实用的母婴、孕产、孕期、婴幼儿等母婴健康知识。

【功能解析】

摇篮孕育社群的功能如图 12-1 所示。

（1）**首页**：用户可在首页看到自己设定宝宝出生的时间，并会提醒用户宝宝离即将出生的天数。

（2）**圈子**：用户可以在圈子中发布帖子，分享自己育儿经验、所遇到的问题及解决方法，还可以参加活动。

（3）**专家**：用户可以向三甲医生进行快速提问，可以查看专家发布的关于育儿的文章。

（4）**发现**：提供育儿工具，例如，产检时间、B超解读等；提供育儿产品商城等服务。

（5）**我**：用户可以编辑自己的资料；分享自己在赤兔的二维码名片；展示自己的动态、收藏、活动等。

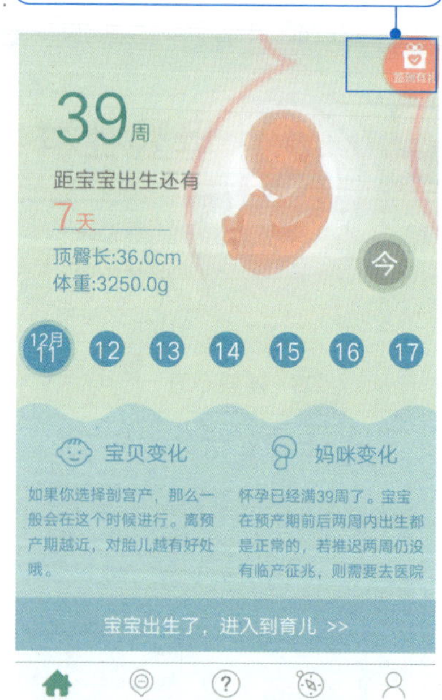

图 12-1　摇篮孕育社群的功能

【实施分析】

在母婴社群中，权威性强的内容能产生比较大的吸引力。育儿方面的知识实在太多，出现众说纷纭的情况毫不奇怪，也正因为这样的情况出现，妈妈们对于权威的育儿知识总是处于渴望的状态。因此，母婴社群理所当然地需要向用户提供权威性内容。那么，如何才能让用户觉得社群中的内容具有权威性呢？如图 12-2 所示。

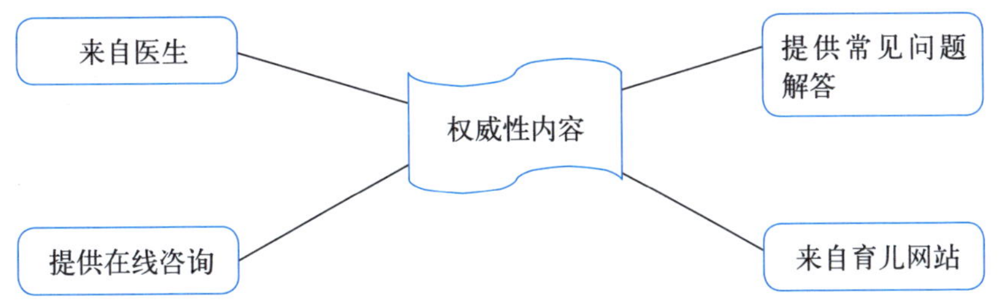

图 12-2　权威内容的产生

下面就来进一步分析摇篮孕育社群的运营，如图 12-3 所示。

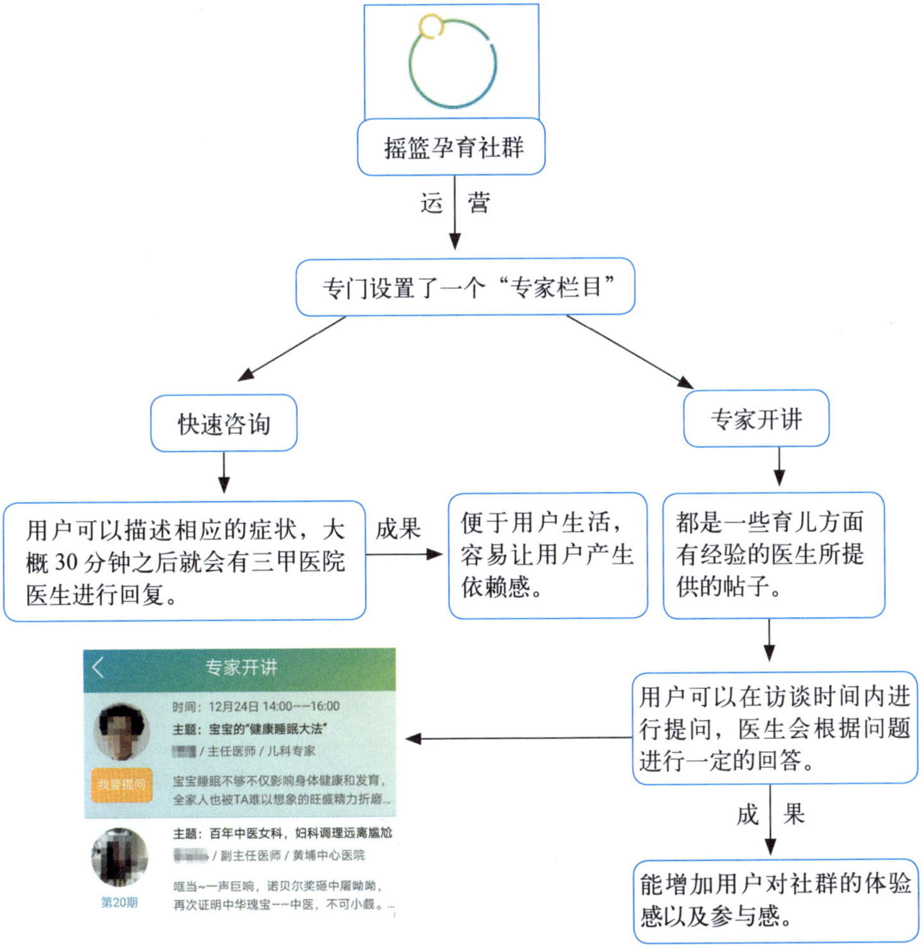

摇篮孕育社群

运营

专门设置了一个“专家栏目”

快速咨询

专家开讲

用户可以描述相应的症状，大概 30 分钟之后就会有三甲医院医生进行回复。

成果

便于用户生活，容易让用户产生依赖感。

都是一些育儿方面有经验的医生所提供的帖子。

用户可以在访谈时间内进行提问，医生会根据问题进行一定的回答。

专家开讲

时间：12月24日 14:00——16:00

主题：宝宝的“健康睡眠大法”

/ 主任医师 / 儿科专家

我要提问

宝宝睡眠不够不仅影响身体健康和发育，全家人也被TA难以想象的旺盛精力折磨...

主题：百年中医女科，妇科调理远离尴尬

/ 副主任医师 / 黄埔中心医院

第20期

哐当~一声巨响，诺贝尔奖砸中屠呦呦，再次证明中华瑰宝——中医，不可小觑。...

成果

能增加用户对社群的体验感以及参与感。

图 12-3　摇篮孕育社群运营之权威内容

专家提醒

在母婴社群中，权威内容的放送，能让用户产生依赖性，是吸引用户留在社群中的一种方法。

【案例 76】宝宝树孕育：高质量内容下的妈妈聚集 ——全面的孕育工具

【企业简介】

宝宝树孕育原名为快乐孕期，如今在功能上实现了由中国医师协会全程参与的知识体系，向用户提供权威知识保证。

【功能解析】

宝宝树孕育社群的功能如图 12-4 所示。

（1）**首页**：为用户提供签到；添加孕育工具：如知识库、孕育问答等；查看宝宝树推荐的文章；提供孕妇必备的商品等服务。

（2）**圈子**：用户可以选择自己感兴趣的圈子加入进去，在圈子内分享用户自己的故事、育儿心得等。

（3）**美囤**：提供用户购买育儿产品，还提供了专门的免税商品；用户可以看到自己想要购买的商品，并可进行一键付款；用户可以查看自己的订单；领取 / 兑换优惠券；领取 / 兑换红包；加入收货地址；进行实名认证；联系在线客服。

（4）**发现**：为用户提供孕育工具，如知识库、孕育问答、孕育时光、孕期食谱等工具；还提供免费试用以及热门活动。

图 12-4　宝宝树孕育社群的功能

（5）**我**：用户能看到自己关注的其他用户，以及自己的粉丝；查看浏览帖子记录；回复帖子记录；自己收藏的帖子与知识；草稿箱等。

【实施分析】

在母婴社群中，一般都会有关于“育儿工具”的功能，让用户能全面地把控育儿所要注意的方方面面。

下面就来分析宝宝树孕育社群的运营，如图 12-5 所示。

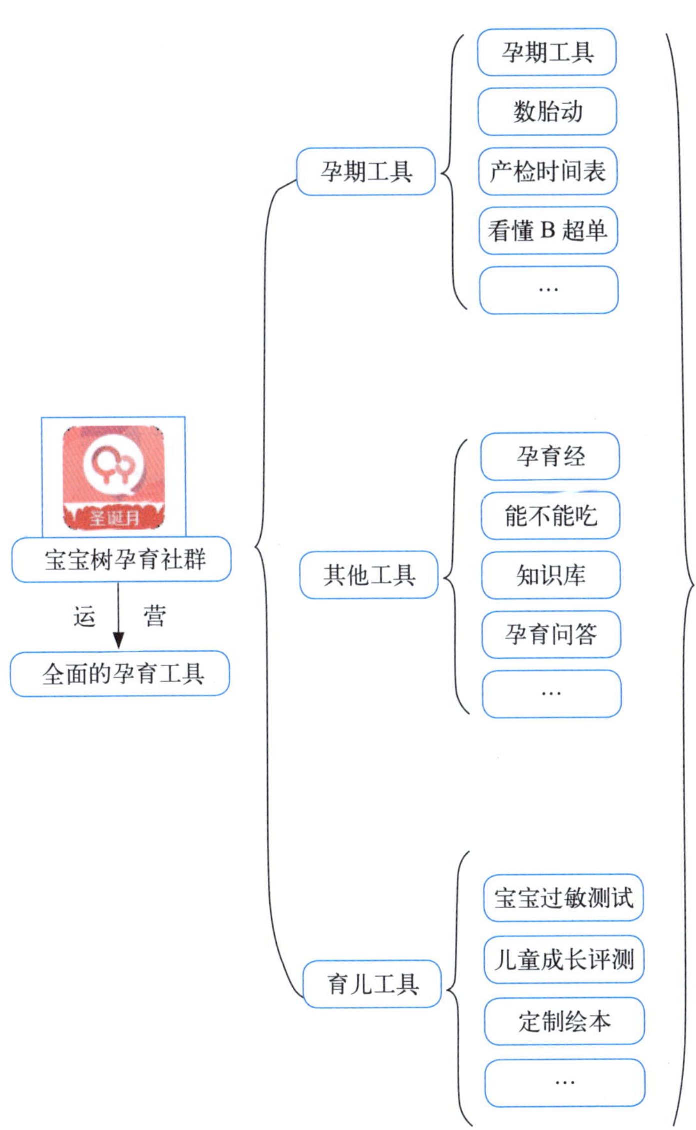

图 12-5　宝宝树孕育社群运营之全面的孕育工具

专家提醒

在母婴社群中，全面的孕育工具能让用户有好的体验感，是吸引用户留在社群中的一种运营方法。

12.2 母婴社交

在母婴社群中，绝不可缺少的一环，就是提供用户进行交互的圈子。若没有了这一环，那谈何社群？因此，在母婴社群中，社交圈子是必须要有的。

【案例 77】米呀母婴：让妈妈们在圈子中聊起来——满足诉求

【企业简介】

米呀母婴是一个时尚的母婴社群，全面接触到用户的孕期生活、母婴喂养等方面，还提供独特的视频分享功能，是一个聚集用户的“生产地”。

【功能解析】

米呀母婴社群的功能如图 12-6 所示。

（1）米呀：日刊：用户可以看到关于孕育方面的咨询与回复；提醒：会根据用户所设置的孕期，来进行每日提醒，提醒用户每个阶段需要注意的事宜；进阶：提供孕育知识问答；求助：用户能发布问题，系统会随机将问题发送给孕妈达人，由他们进行回答。

（2）群组：用户能选择加入自己感兴趣的群组，还能找到一些热心妈妈达人，以及同城妈妈，与她们交朋友，聊天。

（3）妈妈圈：用户能在“辣妈”、“萌娃”、“资讯”、“情感”等板块中，查看其他用户发布的小视频或文章，用户也能发布自己与宝宝的故事等内容。

图 12-6 米呀母婴社群的功能

（4）米商城：用户能用“米”（虚拟币），

兑换商品，也可以查看赚“米”的攻略。

【实时分析】

社交圈子是如今母婴社群中的标配功能。所以，这个功能在母婴社群中并不是独特的存在，同质化比较强，无法让企业在众多的母婴社群中脱颖而出，成为企业运营母婴社群的一大难题。

米呀母婴社群，以满足用户的社交诉求来吸引用户，下面就来进一步分析米呀母婴社群的运营，如图 12-7 所示。

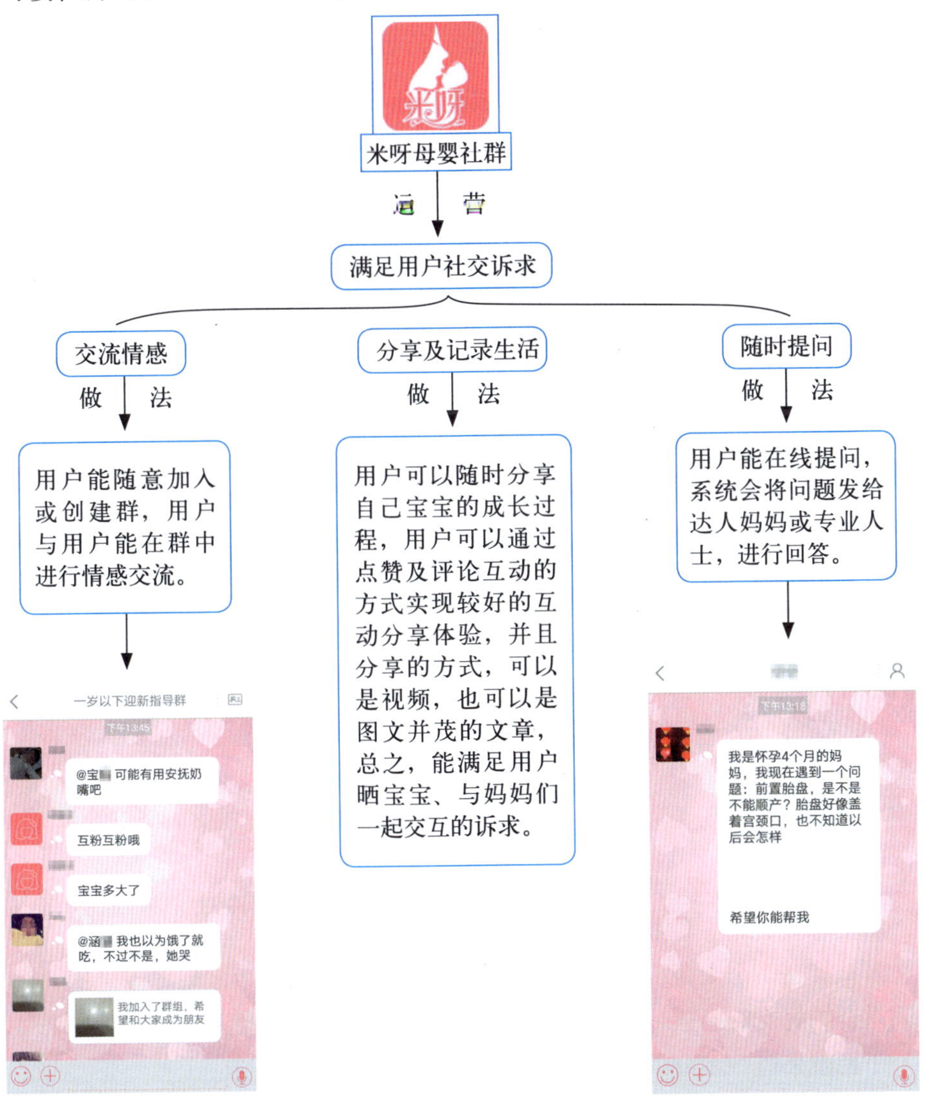

图 12-7　米呀母婴社群运营之满足诉求

专家提醒

不管是哪个行业的社群，其实只要以满足用户诉求为核心，去开展社群的运营或营销，定然能吸引一大批用户的注意力，产生不错的人流量。

【案例 78】妈妈帮：以提供丰富的高清视频为宗旨——细分圈子

【企业简介】

妈妈帮社群将具有共同语言的妈妈们聚集在一起，一起讨论问题，一起分享自身经验，一起谈笑风生，让妈妈们在妈妈帮中找到志同道合的好友。

【功能解析】

妈妈帮社群的功能如图 12-8 所示。

（1）**首页**：向用户提供福利、在线询问医生问题、孕育知识库、孕育工具等服务。

（2）**帮**：用户可以选择自己感兴趣的“帮”在里面发帖子，看话题，与其他用户聊天等。

（3）**特卖**：为用户提供母婴特卖商城。

（4）**我**：用户可以查看自己发布的话题、自己的订单、自己的优惠券等。

根据用户设定的孕育情况，每天都会提供一些关于孕育的小知识

1天
签到
体重：2.26 ~ 4.66kg
身高：44.7 ~ 55.8cm
宝宝从诞生的那一刻起到满月，这个小生命已不再被叫做胎儿了，而是叫做新生儿。
抢福利
医生问诊
藏经阁
百宝箱
育儿指南
0-1个月宝宝手册
还有点皱皱的宝宝
首页
帮
特卖
我

图 12-8　妈妈帮社群的功能

【实施分析】

对于母婴社群中的社交服务来说，若是能在一个大范围中，将用户精确到很多个小圈子中，既能满足用户找到志同道合的好友的愿望，又能将企业用户群体扩大。

下面就来进一步分析妈妈帮社群的运营，如图 12-9 所示。

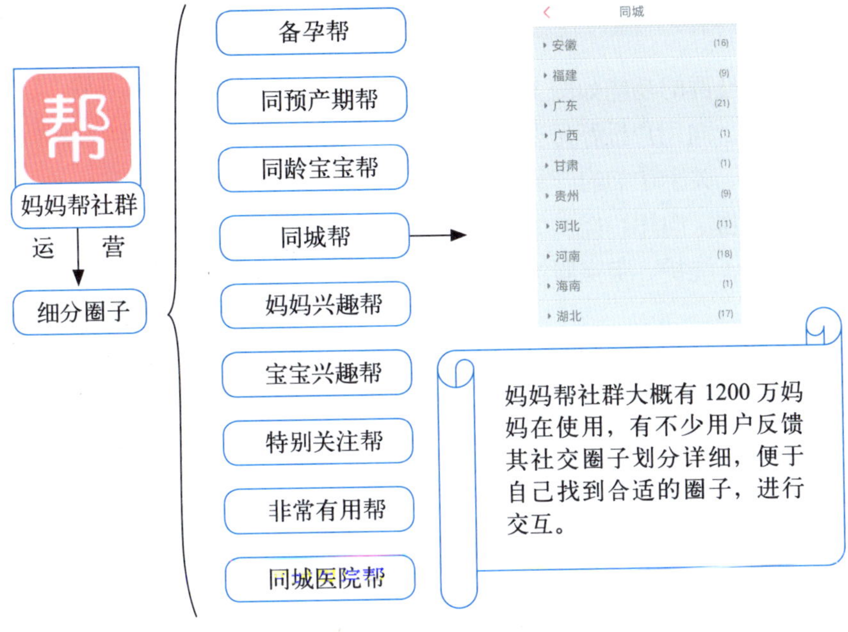

图 12-9　妈妈帮社群运营之细分圈子

专家提醒

对于用户来说，能在一个社群中，找到自己比较感兴趣的东西，是非常容易留住他们的。而一个社群能让用户将社群的内部分成很多个部分，就说明此社群的用户数量正在逐渐扩大。因此，对于母婴社群来说，细分圈子是个不错的运营方法，但最好是在用户自主细分的前提下进行，这样更能调动用户的参与积极性。

12.3　母婴商城

对于母婴社群来说，不能只提供用户交流的地方，这样不能满足用户需求，用户需要的是方便，什么是方便？方便就是用户在一个社群中，既能交到朋友、又能分享经验，更能实现购买。

因此，在母婴社群中，增添一个母婴商城，既能满足用户需求，又能与时俱进。

【案例 79】母婴之家：囊括不少的母婴产品——一站式社群电商

母婴之家一直致力于为妈妈和宝宝们提供国内外高品质的产品和专业服务，让妈妈们享受更加轻松、快乐的育儿过程。

【功能解析】

母婴之家社群的功能如图 12-10 所示。

（1）首页：向用户推荐母婴必备品、今日活动、特卖活动、关于孕妇的产品等。

（2）寻好物：向用户提供关于奶粉、尿不湿巾、哺育喂养、洗护、宝宝服饰、童车汽坐、学习玩具等产品。

（3）麻辣堂：用户可以参与热门话题的讨论、关注其他用户、自己也能发布动态与话题。

（4）购物车：用户可以查看自己之前想买的商品，可实现一键购买，还能使用促销活动优惠码。

（5）我的账户：用户能查看自己的抵扣券、待收货的商品、待发货的商品、待评价的商品、浏览历史、联系在线客服等。

用户可以直接搜索自己想要的商品、品牌、话题等内容

图 12-10　母婴之家社群的功能

【实施分析】

对于母婴社群来说，若想进军电商，就必须想好自己社群 + 电商的方向，如图 12-11 所示。

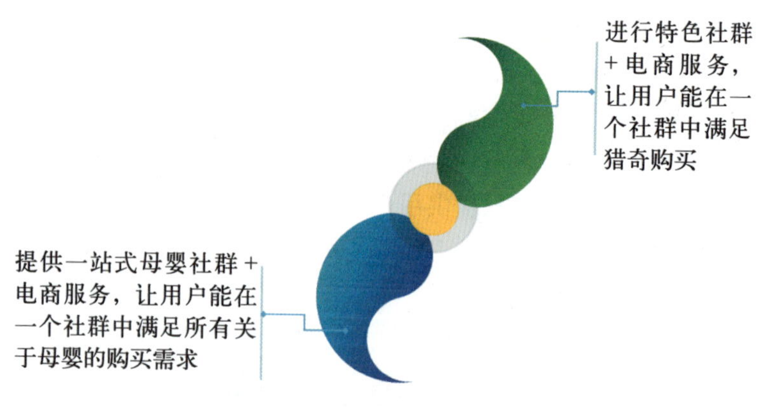

图 12-11　母婴行业社群 + 电商的方向

下面就进一步分析母婴之家社群的营销，如图 12-12 所示。

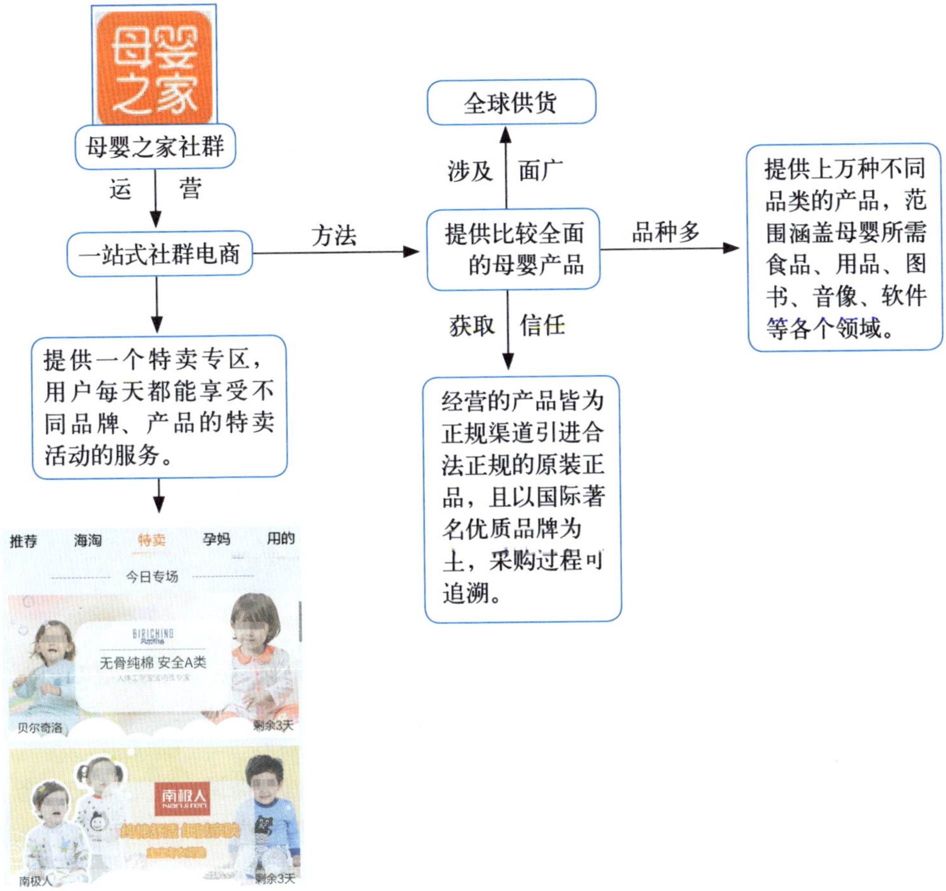

母婴之家

母婴之家社群

运营

一站式社群电商

方法

提供比较全面的母婴产品

涉及面广

全球供货

品种多

提供上万种不同品类的产品，范围涵盖母婴所需食品、用品、图书、音像、软件等各个领域。

获取信任

经营的产品皆为正规渠道引进合法正规的原装正品，且以国际著名优质品牌为土，采购过程可追溯。

提供一个特卖专区，用户每天都能享受不同品牌、产品的特卖活动的服务。

推荐 海淘 特卖 孕妈 用的

今日专场

无骨纯棉 安全A类

贝尔奇洛 剩余3天

南极人

南极人 剩余3天

图 12-12 母婴之家社群营销

专家提醒

在母婴社群中，只有进行一站式社群电商模式，才能跟上如今互联网营销时代的脚步。

【案例 80】蜜芽：给妈妈们不一样的购物体验——贴心服务

蜜芽是一个亲子家庭生活消费特卖商城，已经有数千万妈妈在这里进行聊天交友，购买全球免税的母婴产品。

【功能解析】

蜜芽社群的功能如图 12-13 所示。

（1）首页：用户可以签到、团购，每天推荐比较好的产品、用户可以上传自己宝宝可爱的照片，博得用户的喜欢等。

（2）找尖货：向用户提供免税店、宝宝奶粉、营销捕食、休闲食品、孕产用户、喂养用品、洗护用品等产品的购买渠道。

（3）蜜芽圈：用户可以发起活动，调动圈子的活跃度，还能关注好友，发布动态等。

（4）购物车：用户可以一键购买已挑选的商品，逛今日特价，还可向用户推荐大家都在买的产品。

（5）我的：用户可以查看订单详情、优惠券、余额、红包、发布的图片等。

图 12-13　蜜芽社群的功能

【实施分析】

对于购物社群来说，只提供购物服务是不够的，还需要提供一些贴心的服务，让用户有一个比较好的购物体验。下面就来分析蜜芽社群的营销，如图 12-14 所示。

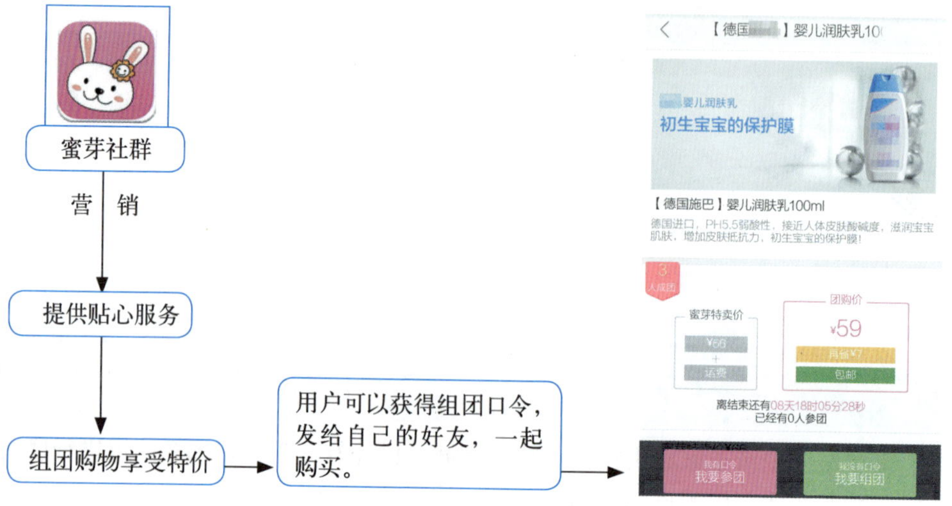

图 12-14　蜜芽社群的营销之贴心服务

专家提醒

对母婴社群来说，贴心服务是需要紧扣用户需求的，并且在满足用户需求之外，还需要让用户有新鲜感，这样才能大大地吸引用户的注意力，让用户愿意长久地选择一个社群。

【案例 81】辣妈帮：用时间激起用户紧迫感——提供限时促销

辣妈帮是妈妈们分享与交流妈妈与宝宝的生活与成长的移动互联网社交平台。用户可通过辣妈帮以文字、图片、语音等多种形式即时得到分享与帮助。

【功能解析】

辣妈帮社群的功能如图 12-15 所示。

（1）我的帮：用户能随时添加自己感兴趣的帮派，与辣妈们的深度沟通交流，使大家在共同的语境下分享生活中的点滴乐趣、寻求帮助。

（2）消息：用户能收到自己加入的群信息、辣妈帮的系统消息。

（3）发现：用户能进入母婴用品特卖商城、进入达人团了解省钱妙招、查看达人心得、了解孕育知识等。

（4）推荐：推荐一些比较好的文章、用户的日记、产品等。

（5）更多：用户能设置自己的资料、邀请好友、查看自己的辣豆（虚拟币）等。

图 12-15　辣妈帮社群的功能

【实施分析】

对于购物社群来说，只提供购物服务是不够的，还需要提供一些贴心的服务，让用户有一个比较好的购物体验。下面就来分析蜜芽社群的营销，如图 12-16 所示。

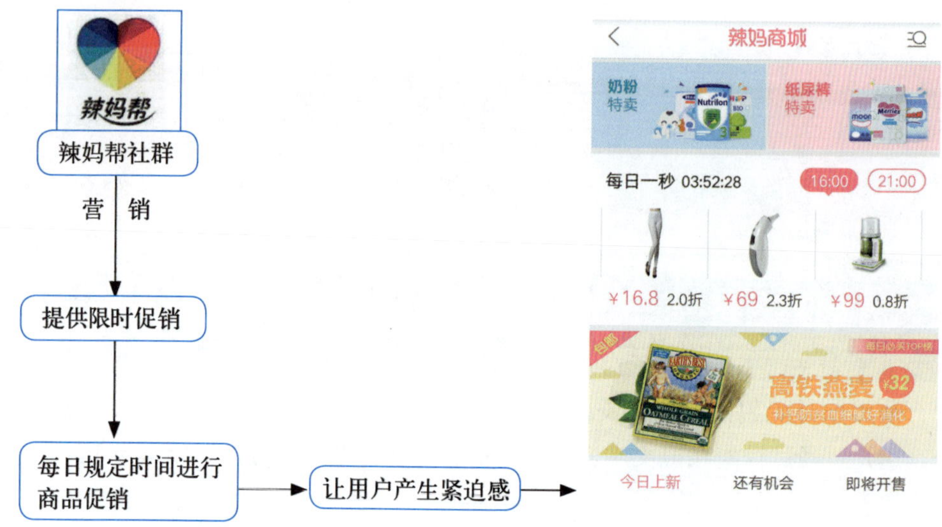

图 12-16　辣妈帮社群的营销之提供限时促销

专家提醒

对母婴社群来说，限时促销是一个比较吸引用户的营销手段，既能通过时间的紧迫性来刺激用户的购买欲，又能用促销来吸引用户的眼球。

第 13 章

游戏社群：放送各种游戏技巧

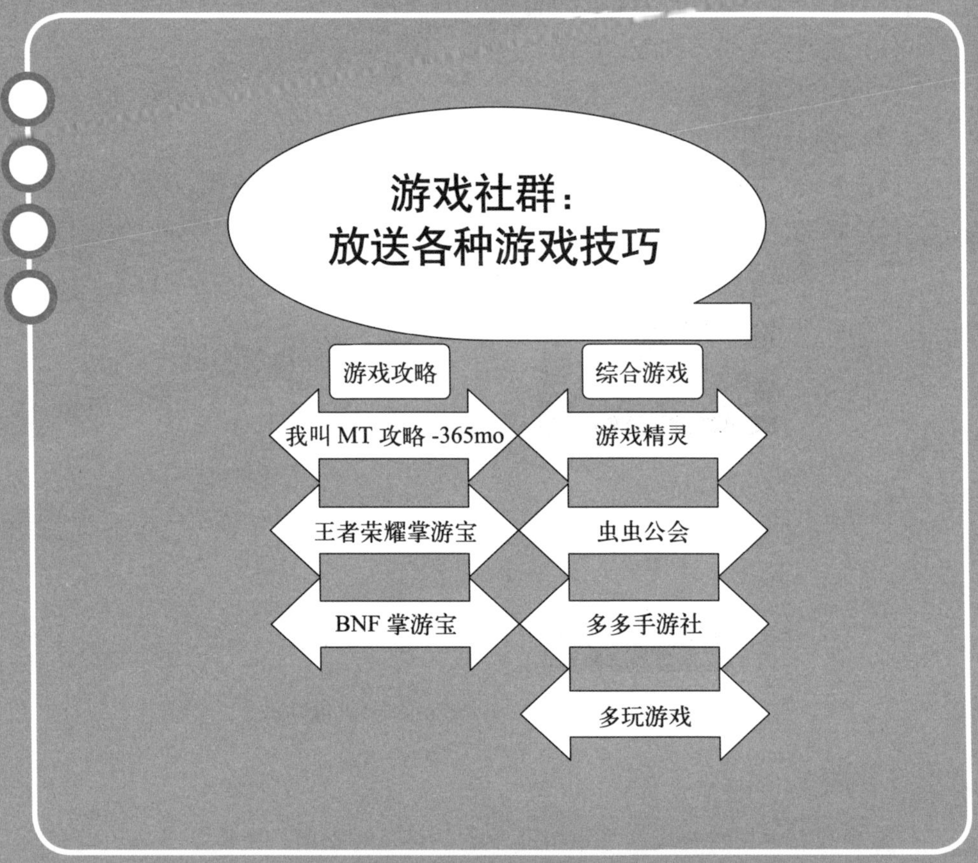

13.1 游戏攻略

对于一些新手玩家来说，游戏攻略是引导玩家尽快熟悉游戏玩法的“锦囊妙计”，也是玩家分享自己游戏心得的“平台”。

【案例 82】我叫 MT 攻略 -365mo：以攻略为核心产品——论坛交流

【企业简介】

我叫 MT 攻略 -365mo，是摸摸手游帮专门为我叫 MT 游戏玩家量身打造的一款攻略应用软件。

【功能解析】

我叫 MT 攻略 -365mo 社群的功能如图 13-1 所示。

（1）**攻略**：提供不同版本的游戏攻略。

（2）**礼包**：提供游戏中的奖品。

（3）**论坛**：用户可以在论坛中发布 / 查找攻略、问题、答案。

（4）**资讯**：发布关于我叫 MT 游戏的最新消息，如新版上线、游戏活动等。

（5）**好玩**：推荐一些好玩的游戏。

用户可以将自己觉得有价值的文章分享到新浪微博、腾讯微博、朋友圈等社交软件上

图 13-1 我叫 MT 攻略 -365mo 社群的功能

【实施分析】

在游戏社群中，游戏攻略是不可缺少的一环，对于用户来说是一项比较有价

值的内容。下面就来分析我叫 MT 攻略 -365mo 社群中的营销与运营，如图 13-2 所示。

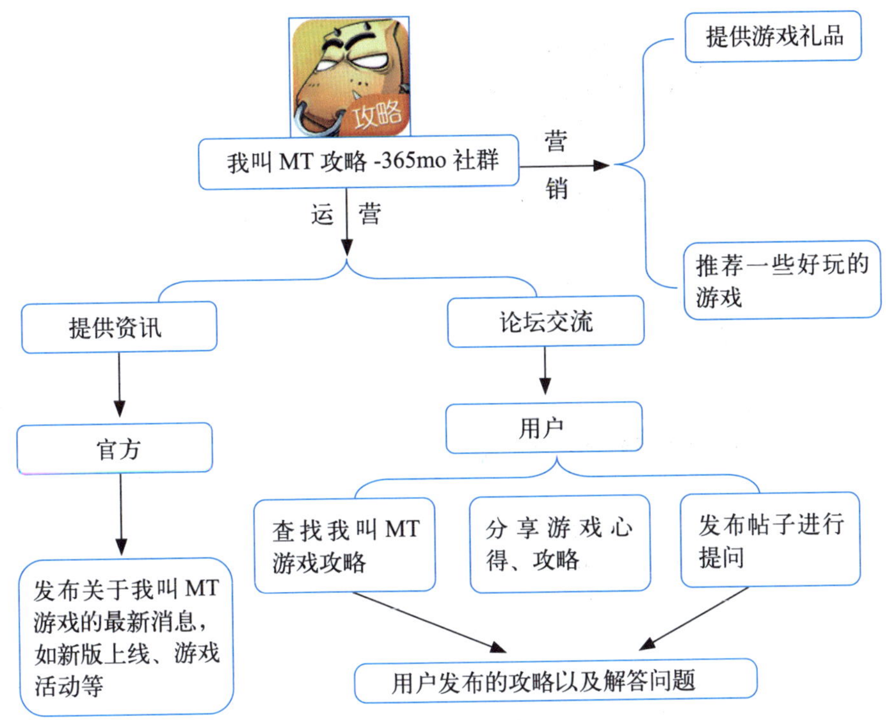

图 13-2　我叫 MT 攻略 -365mo 社群营销与运营

专家提醒

在游戏社群中，以论坛的形式让用户之间产生交流，是比较不错的运营手段，使得用户在游戏社群中能自由发言、自由提问、分享游戏心得、提供游戏攻略，能大大地调动用户在社群中的参与热情。

【案例 83】王者荣耀掌游宝：全面细致的游戏攻略——内容不断更新

【企业简介】

王者荣耀掌游宝是专为王者荣耀游戏打造的游戏攻略资讯平台，提供了大量的游戏攻略、动态资讯。

【功能解析】

王者荣耀掌游宝社群的功能如图 13-3 所示。

用户可以搜索自己需要查看的内容，输入关键字，如“攻略”，即会向用户提供关于“攻略”的内容。

图 13-3　王者荣耀掌游宝社群的功能

（1）推荐：提供关于王者荣耀游戏的最新资讯、活动、攻略、视频，以及娱乐方面的内容。

（2）发现：向用户提供游戏中英雄的基本介绍、技能、装备、技巧、攻略；提供装备的用法等。

（3）广场：用户可以参与话题讨论、发布动态、结交好友。

（4）消息：用户可以在此畅所欲言，与其他用户交流心得。

（5）我：在此可以登录账号，然后绑定游戏名称，绑定成功后点击名称即可查看近期战绩。

【实施分析】

在以攻略为主的游戏社群中，一定要及时更新内容，这样才能实时满足用户的需求，并且攻略不要一次性放送出来，可以将攻略分成比较多的层次，这样在一定程度上，能保持住社群中的活跃度，如图 13-4 所示。

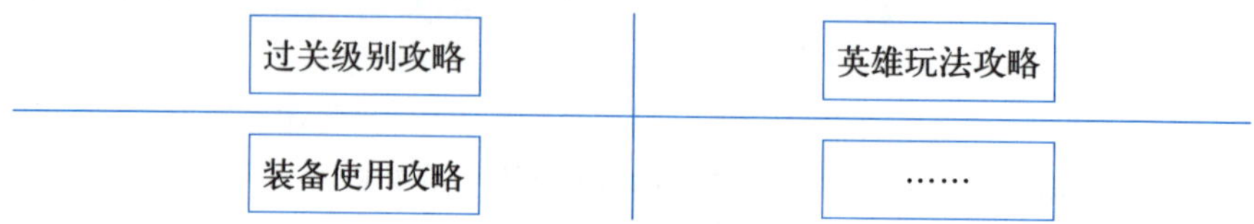

图 13-4　游戏攻略类别

下面就来分析王者荣耀掌游宝社群的运营方法，如图 13-5 所示。

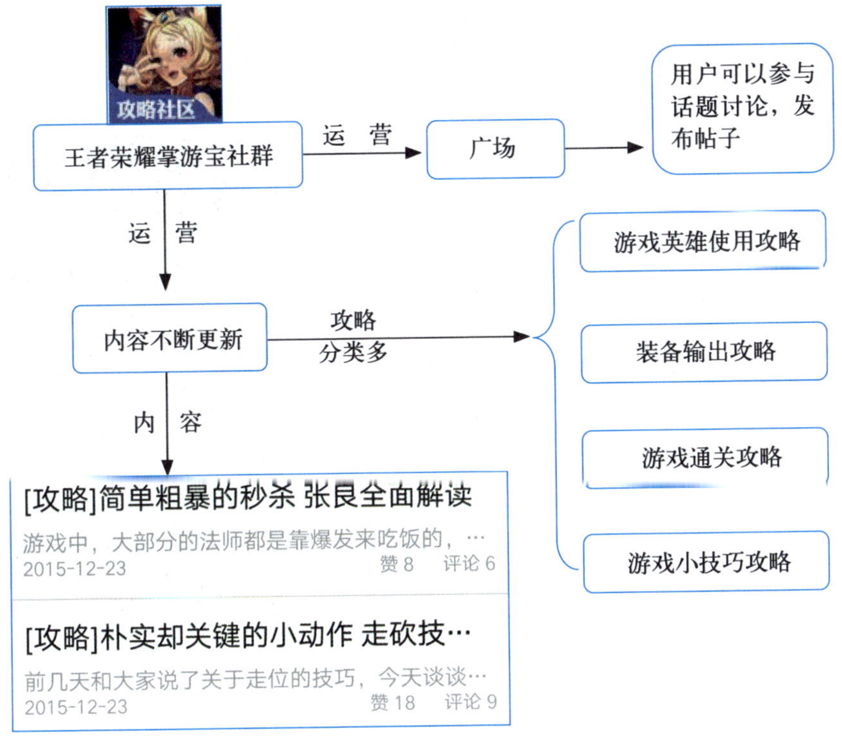

图 13-5 王者荣耀掌游宝社群运营之内容不断更新

专家提醒

在游戏社群中，向用户提供的内容是需要不断更新的，这样才能满足用户的新鲜感，让用户觉得在社群中，能不停地挖掘到自己不知道的内容，只有这样，才能保持用户对社群的新鲜感。

【案例 84】DNF 掌游宝：游戏直播视频下的交互——视频攻略

【企业简介】

DNF 掌游宝是我趣科技有限公司独家研发制作的地下城与勇士（DNF）游戏辅助的手机应用软件。

【功能解析】

DNF 掌游宝社群的功能如图 13-6 所示。

（1）职业相关：提供 DNF 游戏中比较全面的职业攻略。

（2）游戏视频：用户能看到游戏视频、游戏中职业人物玩法视频。

（3）真人秀：用户的社群模块。用户可以在真人秀中发布动态，用户与用户之间能在动态下聊天、点赞。

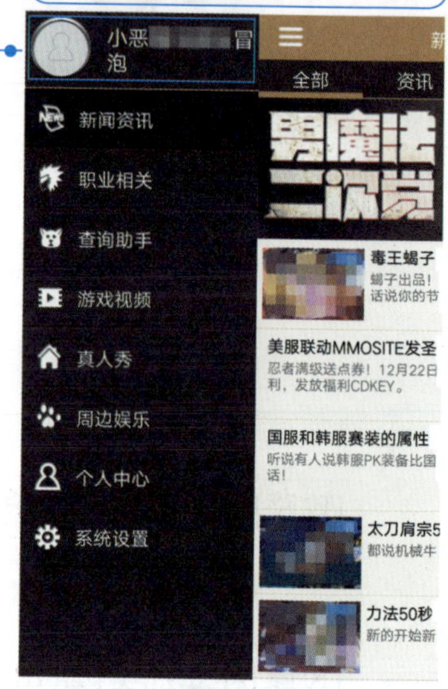

图 13-6 DNF 掌游宝社群的功能

【实施分析】

对于游戏社群中的游戏攻略来说，企业不能只依靠文字或图片，还需要提供视频攻略，这样才能让用户进入场景化中，快速掌握攻略用法。下面就来分析 DNF 掌游宝社群运营的方法，如图 13-7 所示。

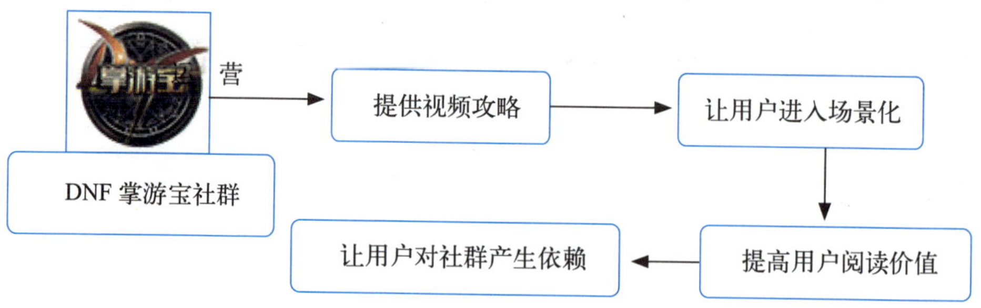

图 13-7 DNF 掌游宝社群运营之视频攻略

专家提醒

对于游戏社群来说，视频游戏攻略能有效地吸引用户的注意力，让用户轻松快捷地了解游戏攻略的用法。

13.2 综合游戏

所谓的综合游戏社群，是指社群中不只是聚集一款游戏的喜爱者，而是多款游戏喜爱者的综合交流平台。

【案例 85】游戏精灵：游戏礼包下的人员聚集——给用户好处

【企业简介】

游戏精灵社群的功能如图 13-8 所示。

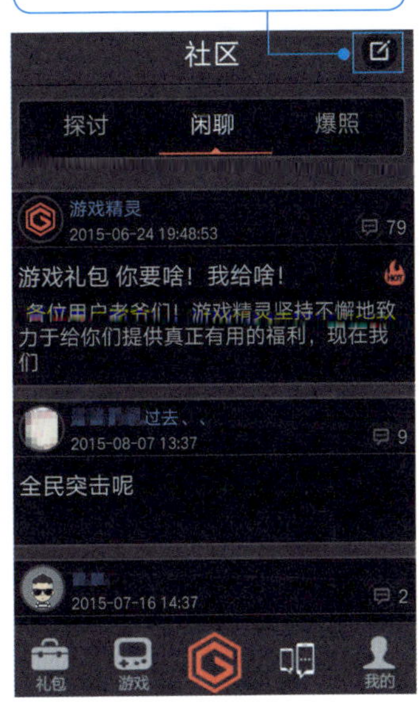

图 13-8 游戏精灵社群的功能

游戏精灵是为重度手游玩家打造的服务社群，它集合了热门的手游攻略、评测、礼包等，为玩家搭建经验交流平台，使玩家更快地选定自己喜欢的游戏、更容易理解游戏玩法。

【功能解析】

（1）礼包：为用户提供手游的游戏礼包。

（2）游戏：用户可以查看游戏的评测文章、攻略、用户之间还可以直接产生交流。

【实时分析】

对于一些用户来说，之所以会一直留在一个社群中的原因之一，就是这个社群能给用户好处，因此游戏社群就需要想办法给用户想要的好处。下面就进一步分析游戏精灵社群的营销与运营，如图 13-9 所示。

游戏精灵社群
运营
给用户好处
游戏大礼包
礼包里面的东西可能是游戏中需要付费的装备
营销
用户会通过免费体验而产生再次体验的想法，从而愿意购买

图 13-9 游戏精灵社群营销与运营

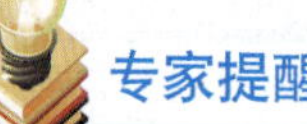

专家提醒

对于用户来说，所谓的好处，不一定是“占便宜”，而是他们感兴趣的、需要的内容或活动，只要在社群中有一个内容或功能吸引用户，那么就是好处。

【案例 86】虫虫公会：为玩家提供精品手游——小社群与社区

【企业简介】

虫虫公会，为手游玩家提供一个真实、互动的交流社群，依托虫虫游戏只玩精品的理念，虫虫公会向用户提供精品手游、活动、礼包。

【功能解析】

虫虫公会社群的功能如图 13-10 所示。

（1）公会：公会是虫虫社群中细分的小社群，每一个公会会聚集不同游戏的用户群。

（2）社区：用户可以进入感兴趣的板块，发布话题。

【实施分析】

下面就来分析虫虫社群运营的方法，如图 13-11 所示。

图 13-10　虫虫公会社群的功能

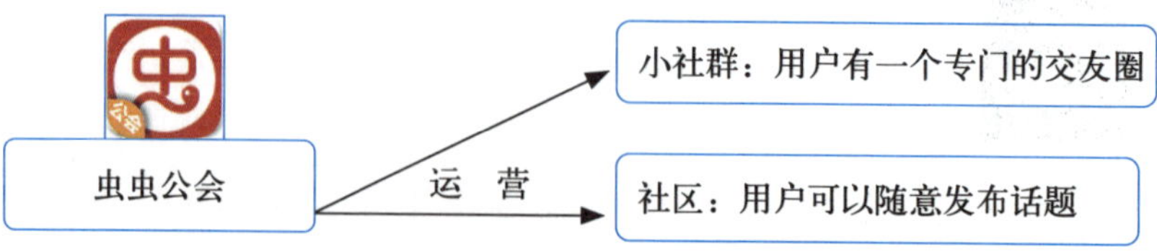

图 13-11　虫虫公会运营之小社群与社区

专家提醒

在虫虫公会中，有很多小社群，用户可以选择一个自己感兴趣的小社群并加入进去，就有了交友圈，能随时与其他公会用户交流与互动。

【案例 87】多多手游社：以手游为核心的社群——众筹

多多手游社是一个面向手游玩家的游戏即时攻略社群 APP，提供游戏小组、游戏攻略服务，隶属于深圳微米动力科技有限公司。

【功能解析】

多多手游社社群的功能如图 13-12 所示。

（1）推荐：用户可以找到自己喜欢的游戏专区，在小组中与其他用户聊天或者发布话题等。

（2）礼包福利：用户可以进入领取游戏的礼包。

图 13-12　多多手游社社群的功能

【实施分析】

下面就来分析多多手游社社群运营的方法，如图 13-13 所示。

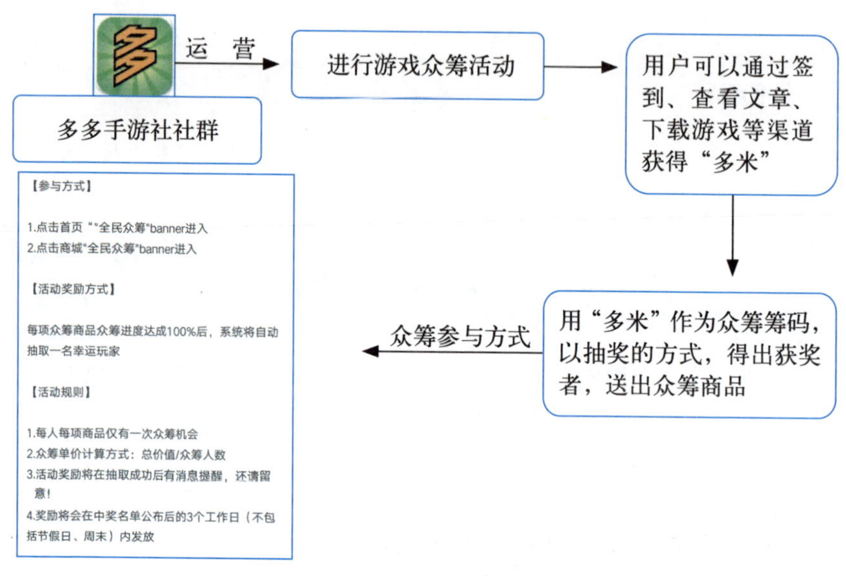

图 13-13　多多手游社社群运营之众筹

专家提醒

在多多手游社社群中，众筹与其他行业的众筹模式不一样，它是让用户免费进行众筹，只是以众筹为幌子，来提高用户在社群中的活跃度。

【案例 88】多玩游戏：不同游戏不同展示——不一样的展示

多玩游戏以最专业的游戏新闻中心，最具特色 YY 语音社区，最强大的游戏论坛为重要组成部分，为玩家提供资讯娱乐全方位体验，成为游戏玩家首要选择的网络游戏资讯平台。

【功能解析】

多玩游戏社群的功能如图 13-14 所示。

（1）**专区**：不同的游戏专区展现的内容不一样，一般都会放置游戏的资讯、攻略等。

（2）**新闻**：提供新鲜全面的游戏花边新闻。

（3）**图库**：向用户提供关于游戏、日常的搞笑图片。

（4）**视频**：用户可订阅主播，查看他们玩游戏的视频。

图 13-14　多玩游戏社群的功能

【实施分析】

下面就来分析多玩游戏社群运营的方法，如图 13-15 所示。

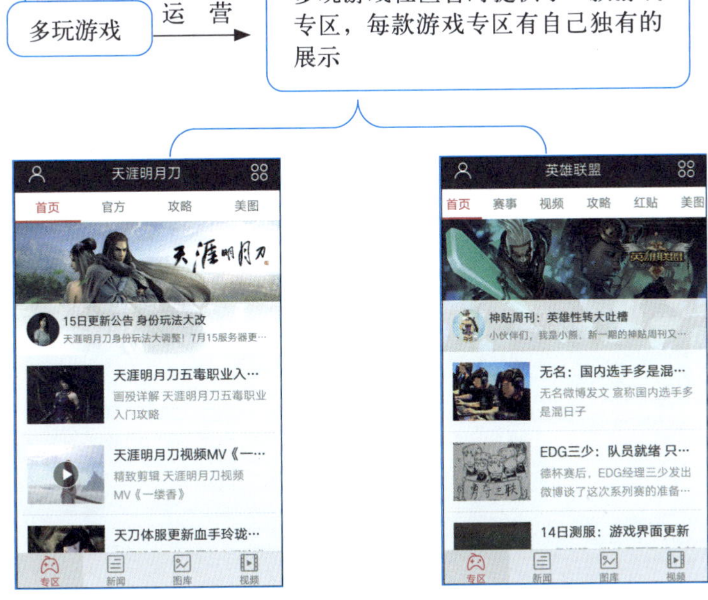

图 13-15　多玩游戏社群运营之不一样的展示

专家提醒

多玩游戏社群中，每款游戏都有自己独特的展示专区，这对用户来说，是比较新鲜的，可以减少用户对界面、对功能乏味心态的出现。

第 14 章

宠物社群：以宠物为核心的社群玩法

铃铛宠物

骨头宠物

宠物说

集结地

宠物社群：以宠物为核心的社群玩法

宠物服务

尾巴圈

握爪宠物

有宠

闻闻窝宠物

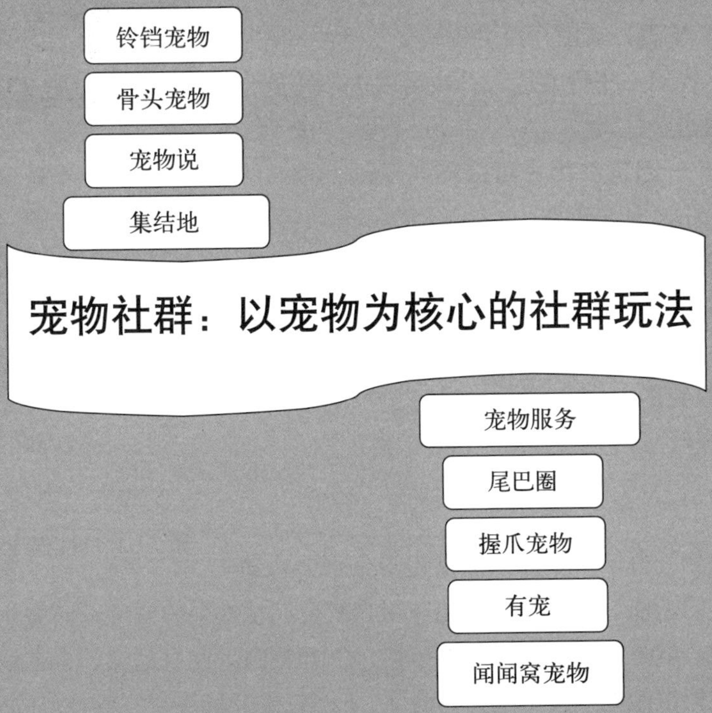

14.1 集结地

宠物社群的出现，最根本的原因在于，满足那些喜欢宠物的人群的各种需求，如找到志同道合的朋友，一起养宠物、一起分享自己与宠物的故事、一起交流、互相帮助等。其目的是让宠物社群变成一个集结地，使用户找到每个角落有共同爱好的朋友。

【案例 89】铃铛宠物：聚集一群爱养宠物的群体——用奖品调动参与

【企业简介】

铃铛宠物是宠物主人及宠物爱好者的集结地，是一款由狗民网专为宠友推出的 APP，与狗民社区无缝对接。

【功能解析】

铃铛宠物社群的功能如图 14-1 所示。

（1）**首页**：向用户提供比较受欢迎的动态；用户可以找到一些爱宠达人；也可以进行签到，获取"铃铛豆豆"。

（2）**一起玩**：用户可以参与活动，用"铃铛豆豆"兑换宠物商品。

（3）**俱乐部**：用户可以通过热门、犬种、地域、综合这4类板块。选择自己感兴趣的俱乐部，加入进去，与其他用户进行交流。

（4）**我的**：用户能看到自己关注的用户，自己的粉丝、日志、帖子、视频。

图 14-1　铃铛宠物社群的功能

【实施分析】

在宠物社群中，不能只提供用户分享宠物动态、交友的功能，还需要想办法让用户有留在社群中的意愿。而宠物社群用得比较广泛的，就是指定用户做一些事情，例如签到、发布动态等，来获得虚拟币，一定的虚拟币能兑换关于宠物的商品。下面就来分析铃铛宠物社群的营销与运营，如图 14-2 所示。

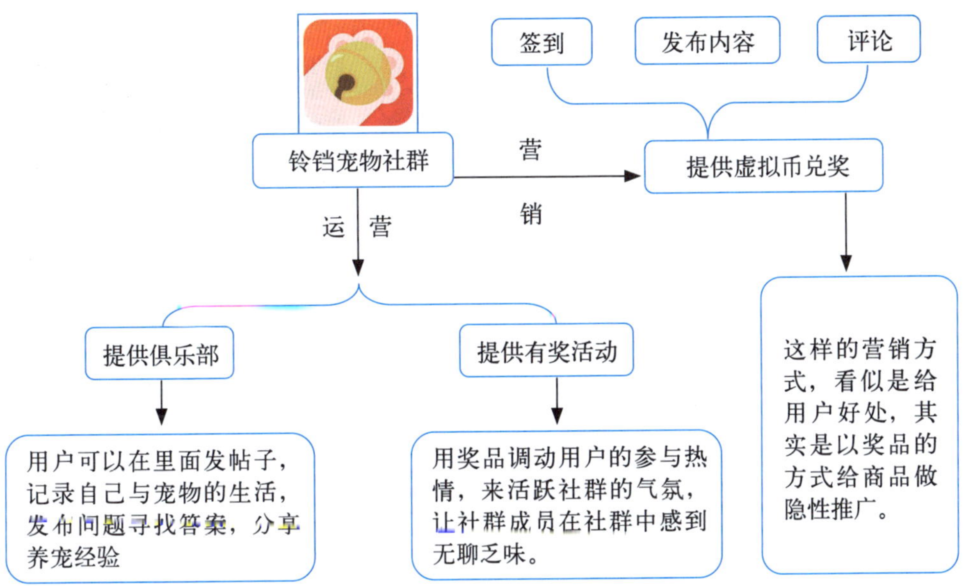

图 14-2 铃铛宠物社群的营销与运营

专家提醒

在宠物社群中，企业可以多用一些奖品来调动用户的参与积极性，给用户一个在社群中交互的理由。

【案例 90】骨头宠物：记录、分享宠物成长的社群——让用户之间自主互动

【企业简介】

骨头宠物是为宠友量身定制的宠物照片分享社交社群，通过它用户可以结交有共同爱好的朋友。

【功能解析】

骨头宠物社群的功能如图 14-3 所示。

（1）首页：用户能看到其他用户所发布的话题、含有语音的说说、自己关注的朋友所发布的说说或话题。

（2）发现：广场：用户能进入自己感兴趣的话题，在话题中发布内容；互动：以活动的形式，建立用户之间的互动桥梁；实惠：用户能兑换商品、通过做任务

买到打折商品等。

（3）信息：用户能查看评论、写私信、查收系统信息等。

（4）我的：用户可以在这里发布自己与宠物的故事，对宠物进行健康管理等。

图 14-3　骨头宠物社群的功能

【实施分析】

在宠物社群中，企业可以建立一个关于用户自主互动的环节，让用户在社群中感受到“自主权”。下面就来分析骨头宠物社群的运营手段，如图 14-4 所示。

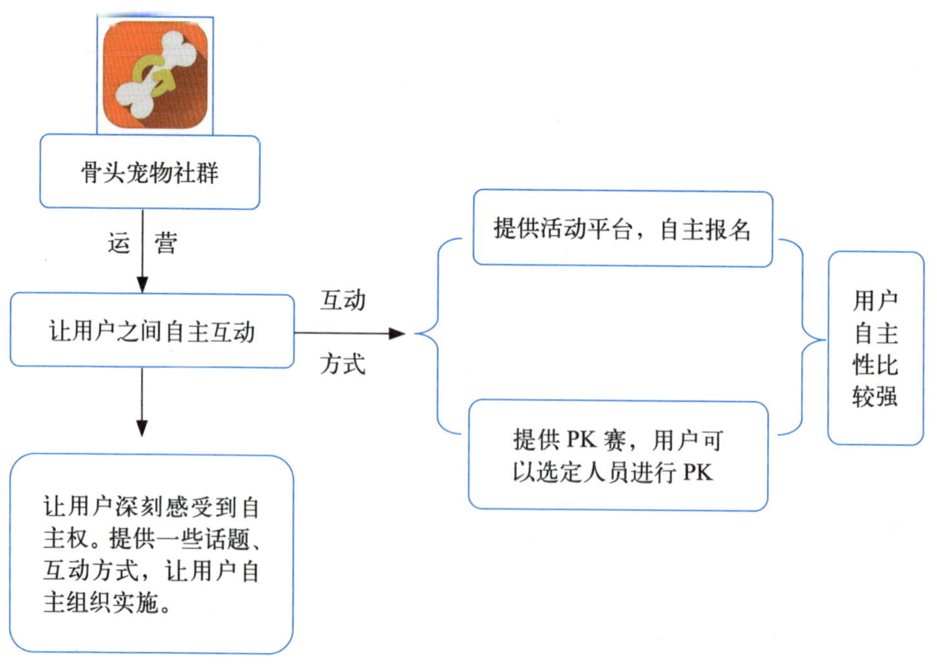

图 14-4　骨头宠物社群运营之让用户之间自主互动

专家提醒

在宠物社群中，能够让用户之间主动形成互动，前提是必须给予用户一个自由的空间，让用户没有太多束缚，大大地增强用户在社群中的参与感。

【案例 91】宠物说：一个图音社交为主的宠物社群——“做减法”

【企业简介】

宠物说是一个宠物动态图音社交社群；是北京爱宠联盟科技有限公司根据宠物主社交需要，继“宠物圈”之后又一力作产品。

【功能解析】

宠物说社群的功能如图 14-5 所示。

（1）热门：向用户提供热门的图音说说。

（2）广场：用户 / 参与每日话题、查看说说和萌宠排行榜、参与热门活动、做任务。

（3）关注：用户能看到自己关注的朋友、所发布的说说。

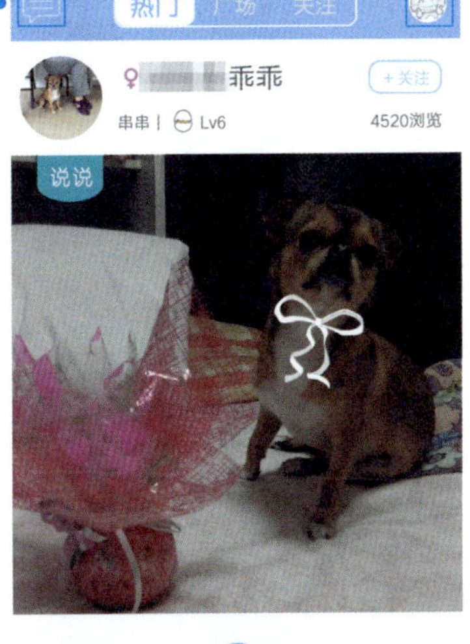

图 14-5 宠物说社群的功能

【实施分析】

对于宠物社群来说，囊括丰富的功能不是唯一的出路，社群还应该学会“做减法”，将几个功能做到极致即可。下面就来进一步分析宠物说社群的运营手段，如图 14-6 所示。

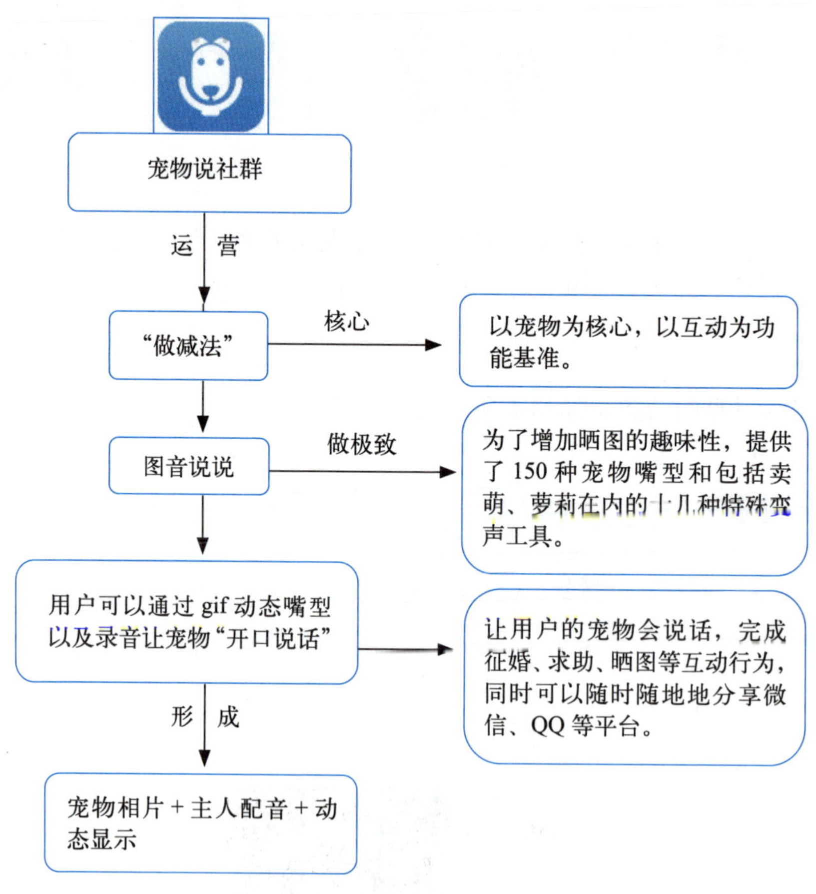

图 14-6　宠物说社群的运营手段

专家提醒

在宠物社群中，“做减法”是一种能快速获得用户口碑和好评的运营手法。之所以做减法，就是要将一个社群中的一种或多种功能做到极致，做到用户内心中去，做到与其他社群有明显区别。

14.2 宠物服务

在宠物社群中，宠物服务是可以纳入社群功能的，这样用户才会觉得方便，社群留存率才会高。

【案例 92】尾巴圈：综合模式下的宠物社群——社区 + 电商 +O2O

【企业简介】

尾巴圈是乐宠控股有限公司旗下的一个APP，用户可以与同样喜欢宠物的人互相探讨养宠经验，为用户的宠物提供一些定制服务。例如上门洗澡、宠物铭牌等。

【功能解析】

尾巴圈社群的功能如图 14-7 所示。

点击，用户即可搜索自己想看到的帖子、圈子，以及可以找到自己所关注的朋友。

图 14-7 尾巴圈社群的功能

（1）**首页**：用户可以看到最新的 / 朋友的 / 受欢迎的动态；用户可以点击“去遛狗”，查看附近正在遛狗的用户，可以相邀一起活动；用户扫描狗牌，谨防宠物走失；参与话题讨论 / 活动。

（2）**服务**：为用户提供猫狗洗澡、美容的上门服务，还可提供家庭寄养服务。

（3）**乐购**：提供宠物商品购买商城。

（4）**我**：用户可以查看自己发表 / 回复的帖子、自己关注的用户、关注自己的粉丝；用户可办理会员卡；查看自己收到的消息；查看自己的钱包；查看自己的订单；邀请好友加入尾巴圈；联系客服。

【实时分析】

随着互联网的发展，电商、O2O、社群等营销模式相继“火红”出现，作为想要抢占市场的企业，千万不要只投身一种模式，应该想办法将多种模式综合在一起，这样才能博得用户的青睐，让用户感受“全面的体验”。

由此可知，宠物社群不能只涉及社群，这样太过于单一，用户留存率也不容易维持，所以，企业需要扩展自己宠物社群的接触面，从而满足用户的需求。

企业可以从以下三个方面去扩展，通过这三个方面去综合适当的营销与运营模式，如图 14-8 所示。

图 14-8 宠物社群可扩展的接触面

下面就进一步分析尾巴圈社群的营销与运营，如图 14-9 所示。

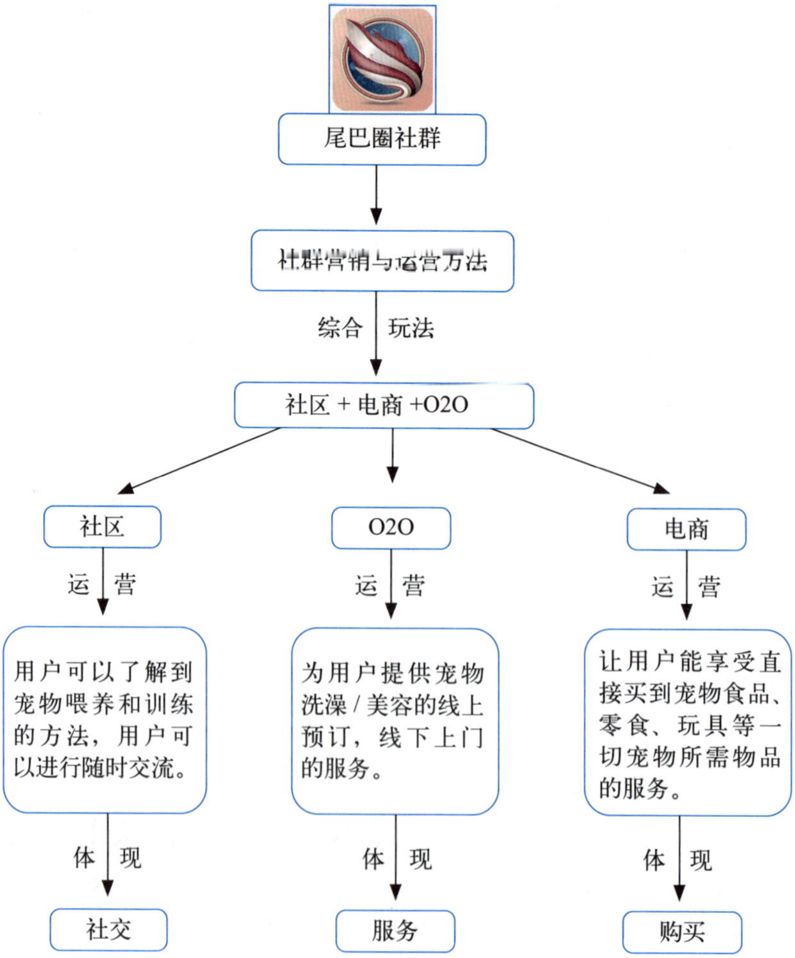

尾巴圈社群

社群营销与运营方法

综合 玩法

社区 + 电商 +O2O

社区

运 营

用户可以了解到宠物喂养和训练的方法，用户可以进行随时交流。

体 现

社交

O2O

运 营

为用户提供宠物洗澡 / 美容的线上预订，线下上门的服务。

体 现

服务

电商

运 营

让用户能享受直接买到宠物食品、零食、玩具等一切宠物所需物品的服务。

体 现

购买

图 14-9 尾巴圈社群的营销与运营

专家提醒

通过尾巴圈社群可以看出，社区 + 电商 +O2O 对于宠物社群来说，是一种比较不错的营销与运营模式，也非常顺应用户希望一站式地体验到社交、服务与购物的期望，能更好地在社群中吸引住用户。

【案例 93】握爪宠物：以提供丰富的高清视频为宗旨——增值服务

【企业简介】

握爪宠物属于宠物类的 APP 应用，其核心功能是提供丰富的高清视频，便于喜爱宠物的用户间相互交流，除此之外，用户还可以在平台上获得其他与宠物相关的服务。

图 14-10　握爪宠物社群的功能

【功能解析】

握爪宠物社群的功能如图 14-10 所示。

（1）**首页**：用户可以预约关于宠物的洗澡、美容、洁牙等上门服务；用户可以进入求助问答界面，找寻养宠物的相关事宜；用户还能进入自己感兴趣的圈子，在圈子内与其他用户一起交流。

（2）**推荐**：向用户推荐一些好看的、有趣的、最新的内容。

（3）**消息**：用户能看到回复自己帖子的、喜欢自己帖子的、专注自己的用户。

（4）**发现**：用户可以用“爪币”（虚拟币），兑换商品、查看好友动态、看看附近的人所发生的新鲜事等。

【实施分析】

对于宠物社群来说，最好多给用户提供一些增值服务，这样才能让用户有好的体验。所谓的增值服务，就是以用户为核心，知晓用户需求，根据需求提供相应的服务，千万不要为了社群而进军社群，而是需要将社群变成一个布满增值服务的、让用户喜爱的聚集地。下面就来分析握爪宠物社群的营销与运营，如

图 14-11 所示。

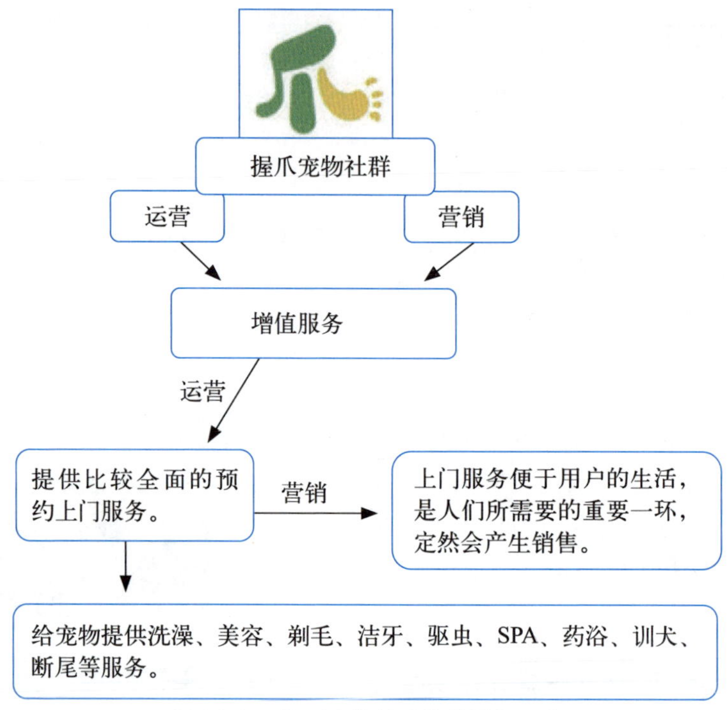

图 14-11　握爪宠物社群的营销与运营

专家提醒

对于宠物社群来说，增值服务当然不是只包括预约上门，只要是用户所需的，企业就可以利用起来，做成为社群用户提供服务的功能。

【案例 94】有宠：给用户一个贴心的宠物社交圈——专家解疑

有宠是有宠集团所发布的一款 APP，以宠物服务为中心，旨在为用户打造一个玩的宠物社群。

【功能解析】

有宠社群的功能如图 14-12 所示。

（1）**分享**：用户能看到比较受欢迎的、自己关注的、最新的动态。

（2）**发现**：由专门的宠物专家为用户解答各类养宠问题；提供比较详细的

养宠知识；每日推出宠物的趣闻乐事；可以查看附近的用户等。

(3) 信息：用户能看到宠物相关资讯、自己分享的内容、所获得的评论等。

(4) 我：用户可以去做任务获得宠币，用宠币可以兑换商品；用户可以查看自己分享过的照片与视频等。

图 14-12 有宠社群的功能

【实施分析】

对于正在养宠物的用户来说，一些养宠知识、养宠注意事项都是他们所想要了解的，因此，宠物社群可以抓住这些需求，为用户创造一个有价值的社群交流平台。

下面就来分析有宠社群的运营手段，如图 14-13 所示。

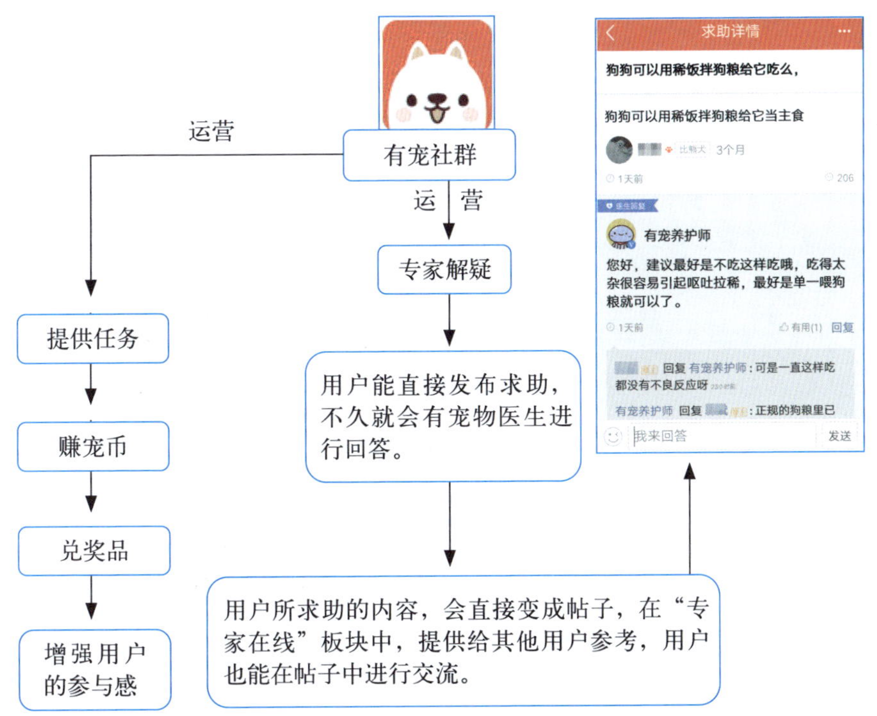

图 14-13 有宠社群运营之专家解疑

专家提醒

在宠物社群中，将用户所提的问题收集起来，提供给其他用户是一个不错的运营手段。当然专家方面不可缺少，只有让宠物专家解疑，才能给用户一些权威性解答，用户也不会去质疑答案的实用程度，能大大地加强用户对社群的依赖性。

【案例 95】闻闻窝宠物：一个富有生命力的宠物社群——垂直细分

闻闻窝是一个能够聚集喜欢动物、养宠物的人用来记录宠物生活，并提供靠谱宠物服务的平台与有生命力的社群软件。

【功能解析】

闻闻窝宠物社群的功能如图 14-14 所示。

（1）**图**：用户能看到最新的、用户所关注的图文并茂的内容。

（2）**帖**：用户可以选择一个感兴趣的群加入进去，在群里发布帖子，产生交流。

（3）**问**：用户可以向医生、训练师、营养师、造型师询问问题。

（4）**探**：用户可以探索相关资讯信息。

图 14-14　闻闻窝宠物社群的功能

【实施分析】

对于宠物社群来说，最为重要的是垂直于以宠物为核心，以宠物的生活、宠物会涉及的方方面面做细分，这样才是一个地地道道的宠物社群，这样的社群想要聚集一群人也就变得容易起来。

下面就来分析闻闻窝宠物社群的运营手段，如图 14-15 所示。

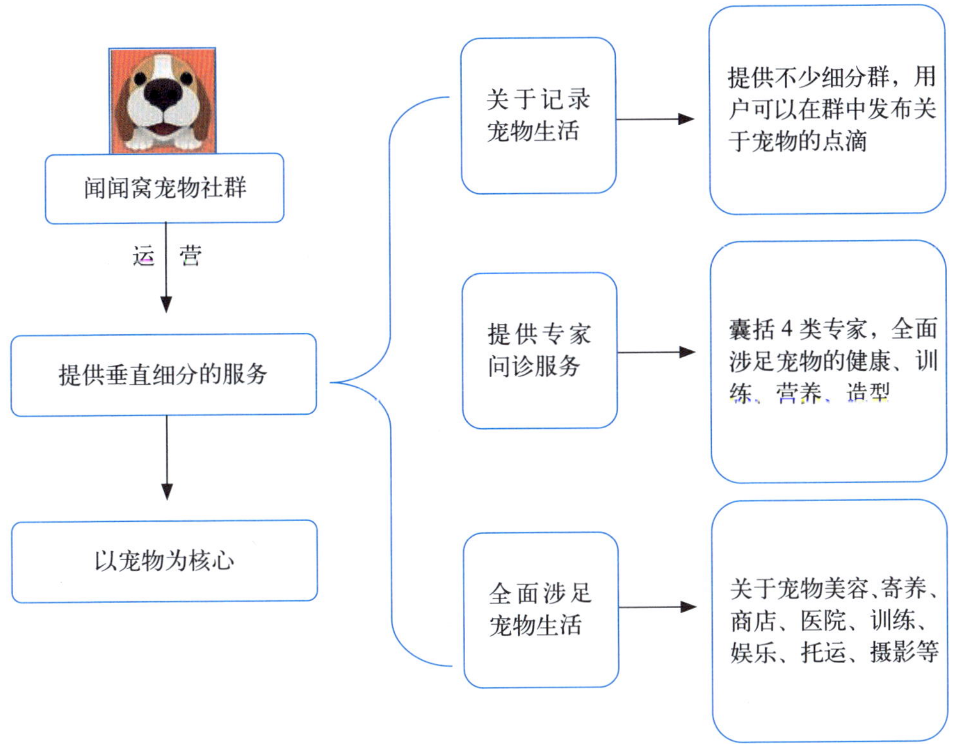

图 14-15　闻闻窝宠物社群运营之垂直细分

专家提醒

在宠物社群中，进行垂直细分能给用户一种温暖的感觉，毕竟宠物对于他们来说是非常重要的伙伴，若是在一个社群中就能解决关于宠物所有的问题，能大大地增强用户对社群的好感以及黏度。

第 15 章

社交社群：看社交产品如何聚集人群

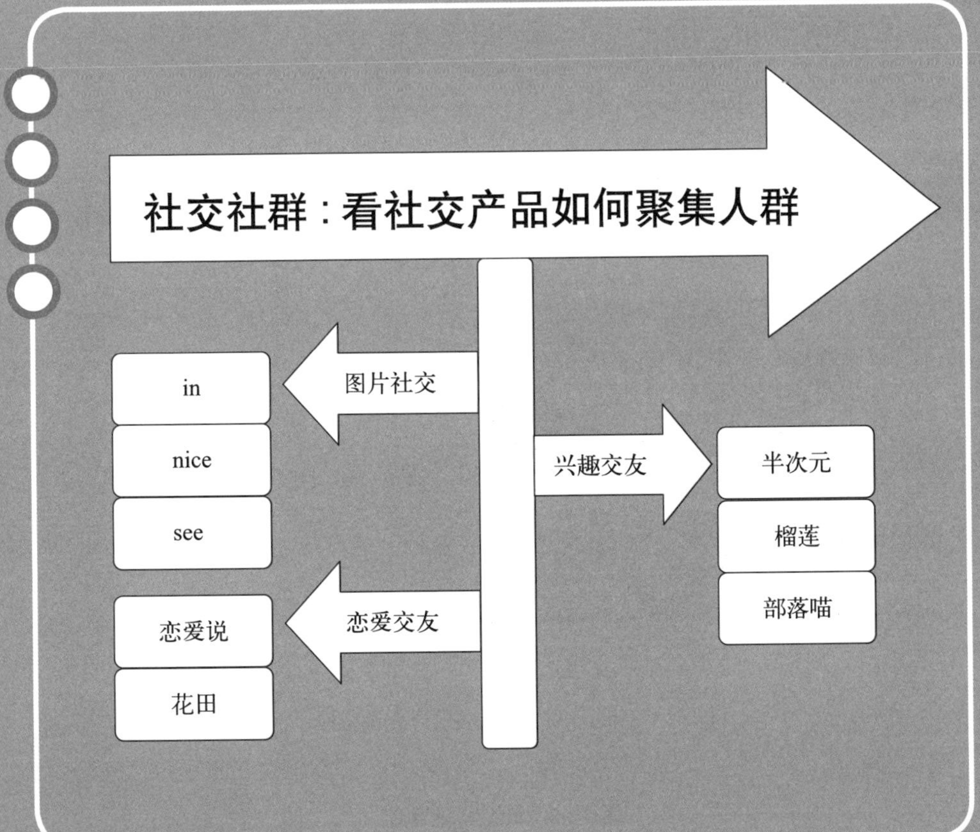

15.1 图片社交

随着读图时代的降临，图片社交为用户所深爱，由此，对于社交社群来说，图片社交是一个不可缺少的环节。

【案例 96】in：一个图片满天飞的图片社群——礼物营销

【企业简介】

in是一款为用户提供海量贴纸、专业滤镜、全能美化等功能的图片社交平台。

【功能解析】

in 社群的功能如图 15-1 所示。

（1）**朋友**：可以查看自己的好友信息。

（2）**发现**：用户可以进入自己感兴趣的话题，在里面发布图文帖子。

（3）**in 记**：用户能看到自己发布的照片、话题、粉丝、点赞。

（4）**中心**：可以设置个人相关信息。

图 15-1 in 社群的功能

【实施分析】

下面就来分析 in 社群的营销与运营，如图 15-2 所示。

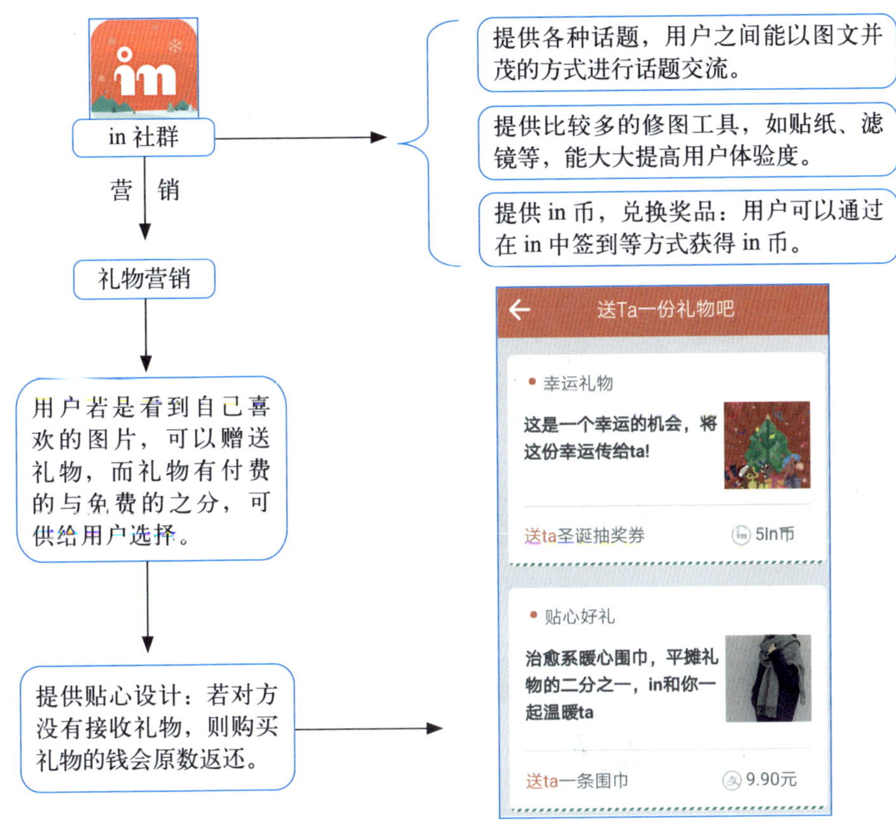

图 15-2　in 社群的营销与运营

专家提醒

在图片社交社群中，抓住用户表达“喜爱”的心情，提供“送礼”服务，能大大地增强用户之间的感情。

【案例 97】nice：基于图片的记录与分享——有趣交友

【企业简介】

nice 是一款图片社交软件，它是通过照片＋标签玩法方式让照片变得更有意

义，从而让照片替用户讲故事。

【功能解析】

nice 社群的功能如图 15-3 所示。

（1）**首页**：查看 APP 的宣传信息。

（2）**发现**：用户可以看 nice 直播、参与热门活动等。

（3）**私聊**：用户之间可以私下进行聊天。

（4）**我**：进行相关个人自定义设置。

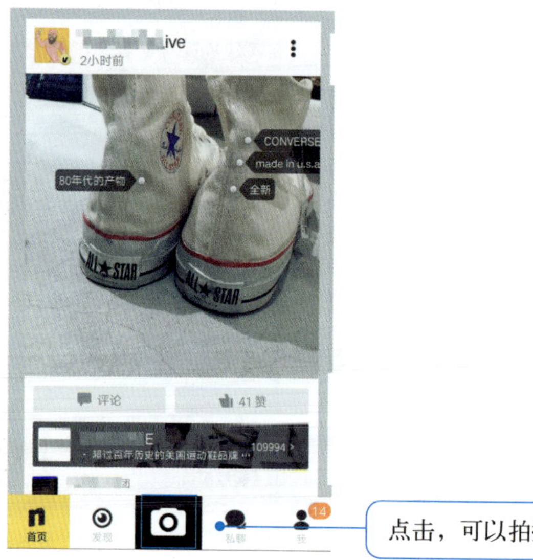

图 15-3　nice 社群的功能

【实施分析】

下面就来了解 nice 社群的运营手段，如图 15-4 所示。

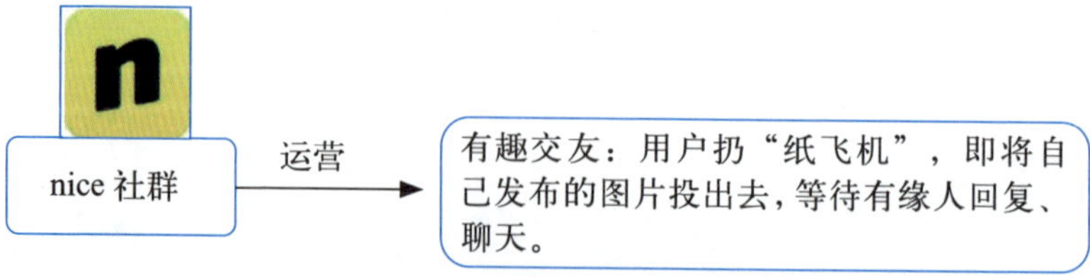

图 15-4　nice 社群运营之有趣交友

专家提醒

nice社群所提供的“纸飞机”功能是其他同类社群中所没有的，对于用户来说是新鲜的、有趣的，而这样的功能恰恰能吸引用户的注意力。

【案例98】see：基于图片得到购买的平台——图片求购

【企业简介】

see是一款以“一张图片，找全球同款”为核心的图片社交软件。

【功能解析】

see社群的功能如图15-5所示。

（1）美力圈：用户可以选择自己感兴趣的圈子加入进去，查看圈子分享的图片，自己也可以在圈子中参与分享。

（2）动态：用户可以查看自己的订单动态、体验通知等信息。

图15-5　see社群的功能

【实施分析】

下面就来了解see社群的营销与运营，如图15-6所示。

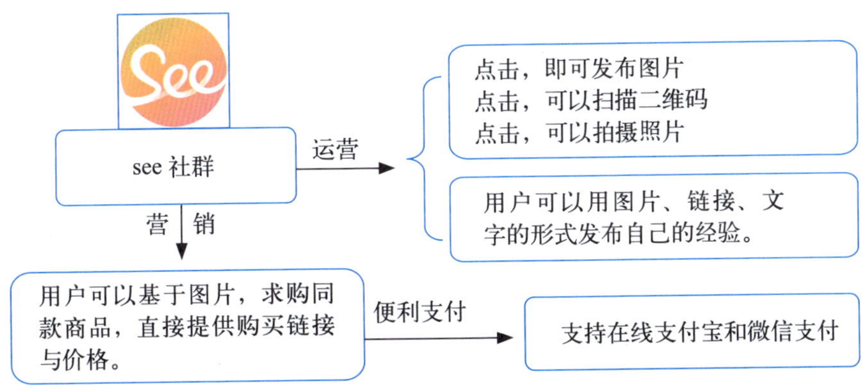

图15-6　see社群的营销与运营

专家提醒

在图片社交社群中，这种基于图片来找寻同类商品的营销模式简称为图片求购，这样的模式能大大地增强用户的体验感，满足用户对某样产品的购买欲望。

15.2 恋爱交友

随着单身男女的比例越来越大，对于单身人群来说，恋爱交友类的社群是特别能吸引他们注意力的。

【案例 99】恋爱说：回答情感问题为主的恋爱平台——咨询功能

【企业简介】

恋爱说是一个情感问答式互动平台，针对 18 ~ 24 岁有情感困扰的用户群体，上线一个月用户量就已超过 20 万人。

【功能解析】

恋爱说社群的功能如图 15-7 所示。

（1）**问答**：用户在发布情感问题时，选择是否匿名发问，其他用户可参与回答。

（2）**单独咨询**：用户可以进行付费，咨询专家关于情感类的问题。

图 15-7　恋爱说社群的功能

【实时分析】

下面就来了解恋爱说社群的营销与运营，如图 15-8 所示。

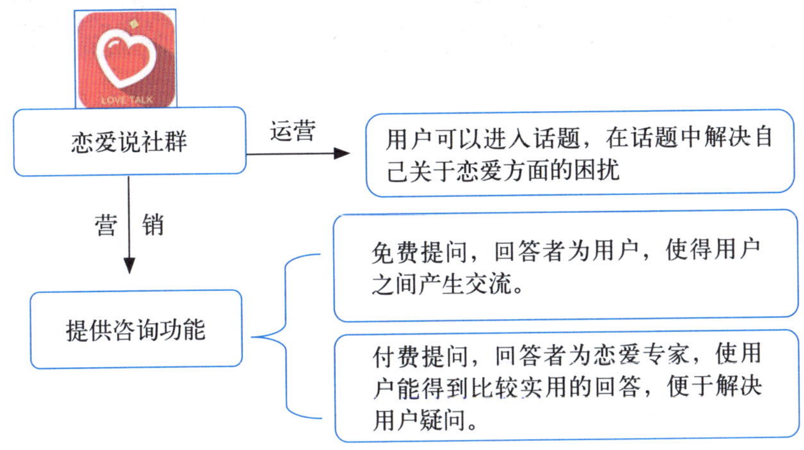

图 15-8 恋爱说社群的营销与运营

专家提醒

对于恋爱交友社群来说，抓住用户所渴望解决的需求，能大大地维持住用户的留存率，让用户成为社群的忠实粉丝。

【案例 100】花田：专门的恋爱交友平台——塑造品牌调性

【企业简介】

网易旗下婚恋交友社群“花田”，为追求生活品质、有良好教育背景的单身企业白领提供有趣的实名交友。

【功能解析】

花田社群的功能如图 15-9 所示。

（1）**推荐**：用户可以查看 APP 的相关推荐信息。

（2）**动态**：用户可以发布图文并茂的动态，在动态下方，用户们可以相互了解。

（3）**遇见**：用户可以根据自己的要求，筛选出自己感兴趣的用户。

（4）搭讪广场：用户可以发布话题，也可以参与话题讨论。

（5）个人主页：用户可以进入个人主页，进行相关设置。

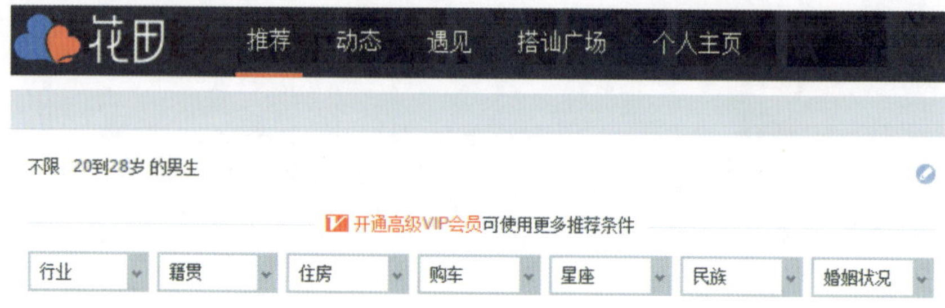

图 15-9　花田社群的功能

【实施分析】

下面就来分析花田社群的营销与运营，如图 15-10 所示。

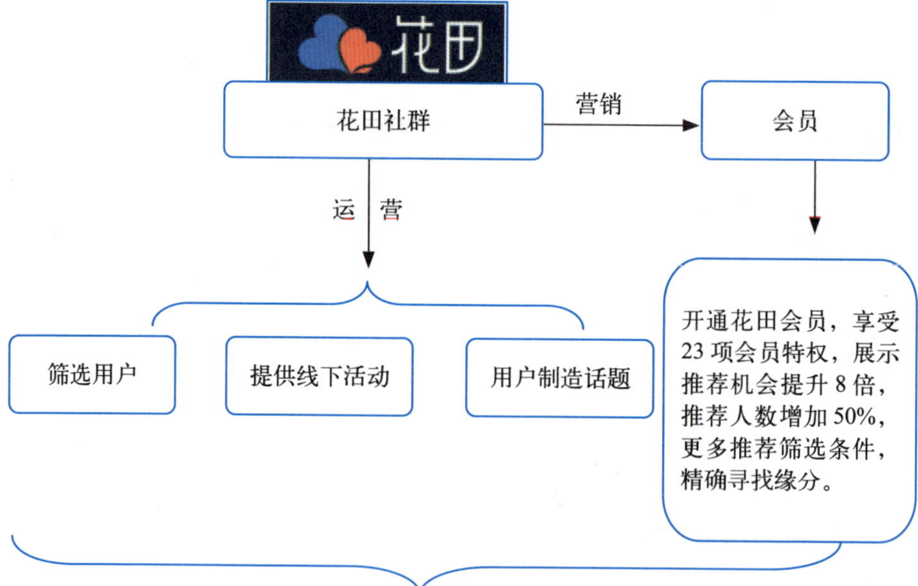

图 15-10　花田社群的营销与运营

专家提醒

网易花田是网易旗下的恋爱交友社区，在这里可以谈恋爱也可以交朋友。运用花田沟通是免费的，用户可以随便发私信聊天。注册花田用户需要进行身份认证，在这里交友特别安全。

15.3 兴趣交友

对于社交社群来说，兴趣是非常重要的一个部分，只有提供有关用户兴趣爱好方面的服务，才能引入流量。

【案例 101】半次元：聚集 coser 的福利社群——精准定位

【企业简介】

半次元是一个以 cosplay（角色扮演）而定位的社群，能聚集一群喜欢 cosplay 的人群。

【功能解析】

半次元社群的功能如图 15-11 所示。

(1) **首页**：用户可以看到自己关注的内容、加入感兴趣的圈子等。

(2) **发现**：用户可以看到好看的动漫绘画图、cos 图、文章。

(3) **话题**：用户可以参与或发布话题，还可以进入话题圈中聊天等。

(4) **消息**：用户可以查看收发的相关消息。

(5) **我的**：用户可以看到自己订阅的连载文章、cos 作品等。

图 15-11 半次元社群的功能

【实施分析】

下面就来分析半次元社群的运营方法，如图 15-12 所示。

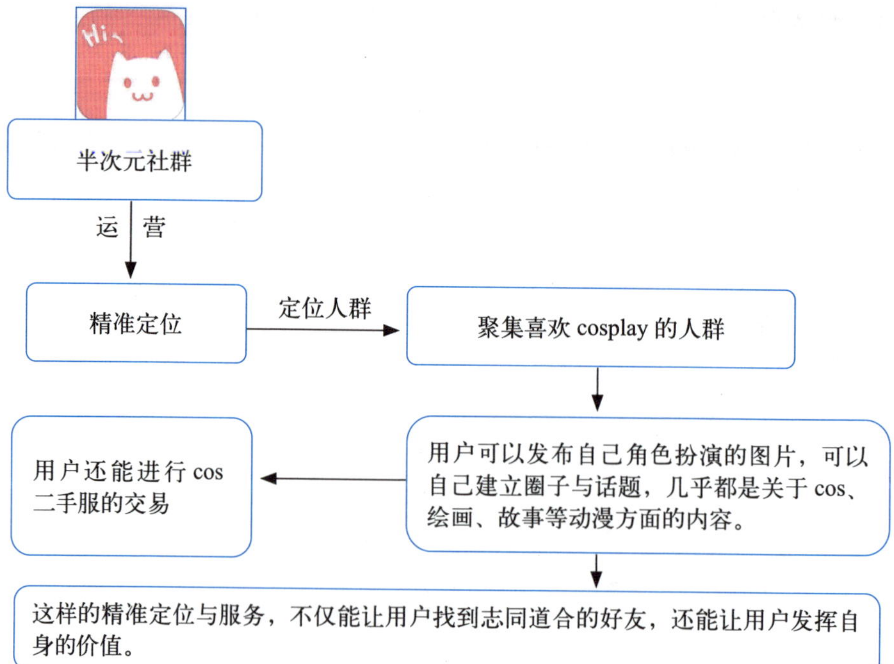

图 15-12 半次元社群运营之精准定位

专家提醒

在恋爱社交社群中，企业需要从用户需求出发，提供能够触动用户心灵的功能，对塑造品牌调性有很大的帮助。

【案例102】榴莲：提供有趣的交友服务——“好玩”“有质”

榴莲APP是一款手机交友软件，用户可以根据自己的兴趣选择喜欢的话题圈子，寻找志同道合的好友，实现“好玩”“有质”。

【功能解析】

榴莲社群的功能如图15-13所示。

（1）**探索**：为用户提供“雷达”功能，探测周围的用户。

（2）**测试**：向用户询问10个问题，根据用户的回答，推荐与用户相似的朋友。

（3）**发现**：用户添加兴趣或参与兴趣讨论，在里面与其他用户互动交流。

图15-13　榴莲社群的功能

【实施分析】

下面就来分析榴莲社群的运营手段，如图 15-14 所示。

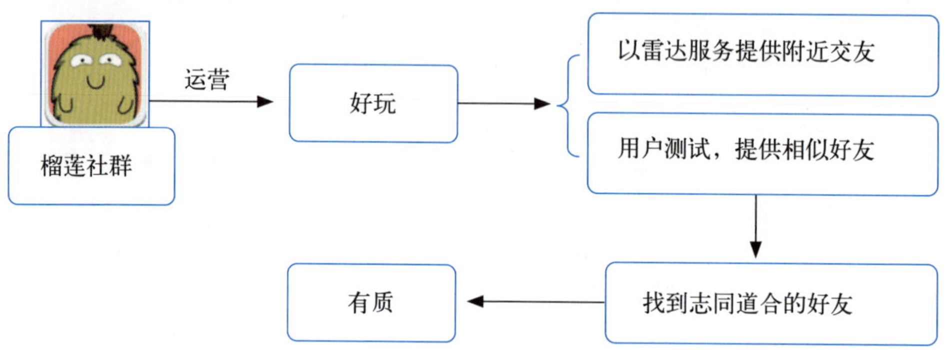

图 15-14　榴莲社群运营之“好玩”“有质”

专家提醒

对于兴趣社交社群来说，需要给用户一种“好玩”的感觉，给用户一些比较新鲜的功能，是在其他同类社群中体验不到的，并且这样的功能不仅“好玩”，还需要“有质”，即帮助用户找到志同道合的好友、提供话题等。

【案例 103】部落喵：一个富有生命力的宠物社群——更新活动

部落喵是一款基于兴趣的主题交流社群，用户通过部落喵可以查看最新的娱乐信息，发表自己对各种动漫的看法。

【功能解析】

部落喵社群的功能如图 15-15 所示。

（1）**部落**：用户可以选择进入自己感兴趣的话题，也可以查看比较受欢迎的帖子等。

（2）**新大陆**：提供 5 个有趣的小测试。

（3）**活动**：向用户提供有趣的活动。

图 15-15　部落喵社群的功能

【实施分析】

下面就来分析部落喵社群的运营手段，如图 15-16 所示。

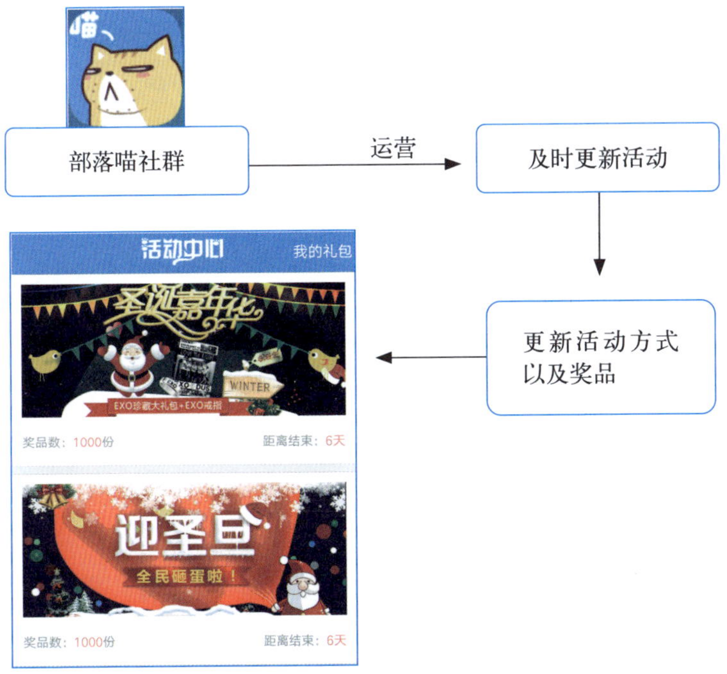

图 15-16　部落喵社群运营之更新活动

专家提醒

在兴趣交友社群中，需要及时更新活动和活动奖品，以调动用户在社群中的参与热情，以及让用户感受到社群的活跃度。

第16章

教育社群：在学习中交到友人

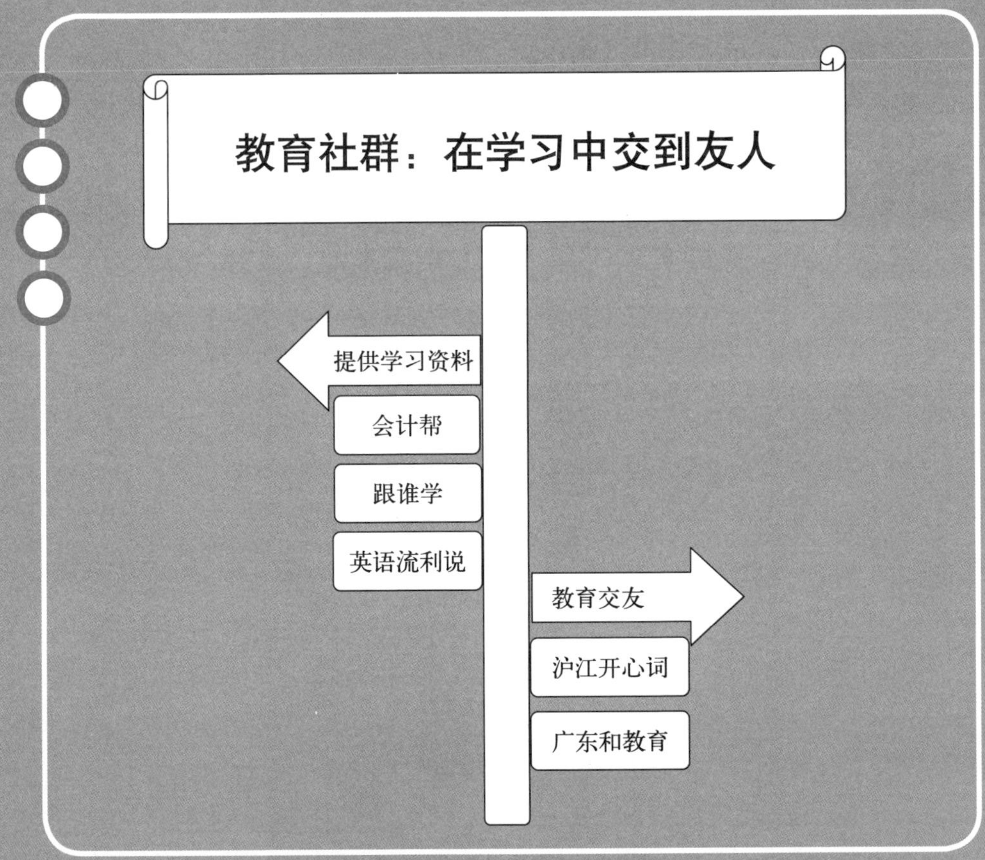

16.1 提供学习资料

对于教育社群来说，向用户提供学习资料，是社群运营中比较重要的一环。用户只有在社群中收获到了对学习有帮助的资料、内容，才会愿意长久在教育社群中待下去。

【案例 104】会计帮：帮助用户“拿下”会计职称——自由发言

【企业简介】

会计帮是一款会计学习 APP，全国会计从业资格及职称考试的各种资料、会计视频、名师答疑、考试时间、报考须知及流程等一应俱全。

【功能解析】

会计帮社群的功能如图 16-1 所示。

（1）**论坛**：用户可以发布关于会计方面的做题经验，以及难解决的问题等。

（2）**资料**：会有老师在线发布家庭作业，并提供答案等。

（3）**帮学院**：向用户提供会计考试的重点、讲课视频等。

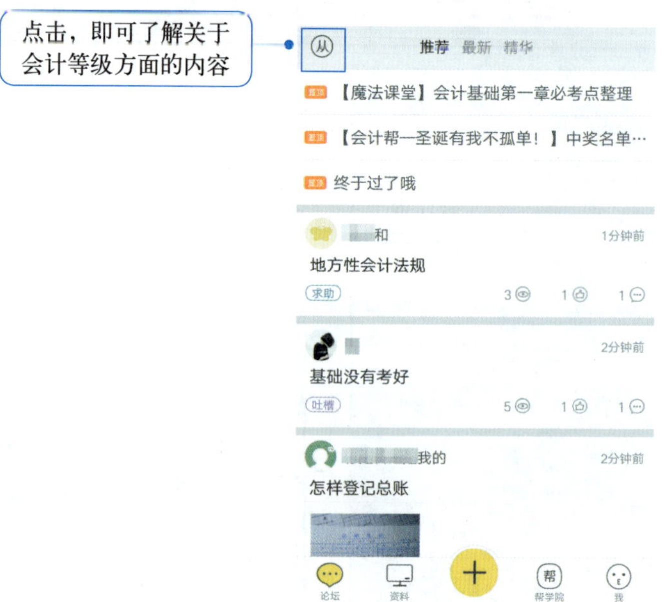

图 16-1 会计帮社群的功能

【实施分析】

下面就来分析会计帮社群的运营，如图 16-2 所示。

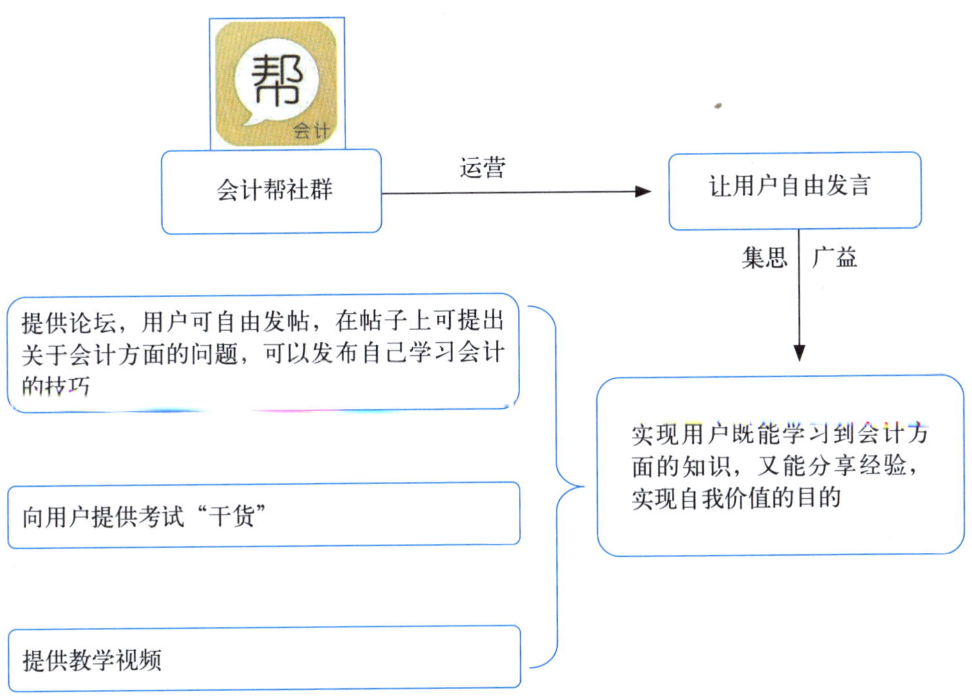

图 16-2　会计帮社群运营之自由发言

专家提醒

在教育社群中，向用户提供学习资料是满足用户需求的一种做法，这是一个教育社群所要具备的基础。除此之外，还要让用户有自由感，不能让用户在社群中感到压抑，要塑造一个“够自由、够欢乐”的教育社交平台。

【案例 105】跟谁学：做一个综合型专家教育社群——满足偏好

【企业简介】

跟谁学创立于 2014 年 6 月，是一家专注于学习服务的创新科技企业，它专注于学习服务创新，致力于打造人人乐用的学习服务平台。

【功能解析】

跟谁学社群的功能如图 16-3 所示。

（1）**首页**：增加用户的兴趣，推荐课程。用户可以观看自己感兴趣的直播课。向用户提供附近的老师、课程、教育机构等。

（2）**分类**：分类非常齐全，例如艺术、幼小、初中、高中、职高等。

（3）**社区**：用户可以进入自己感兴趣的话题小组，参与话题讨论。

（4）**发现**：用户可以进行签到、扫描二维码等。

根据用户定位，提供周边适合用户的教育机构等学习方面的内容

图 16-3　跟谁学社群的功能

【实施分析】

下面就来了解跟谁学社群的营销与运营，如图 16-4 所示。

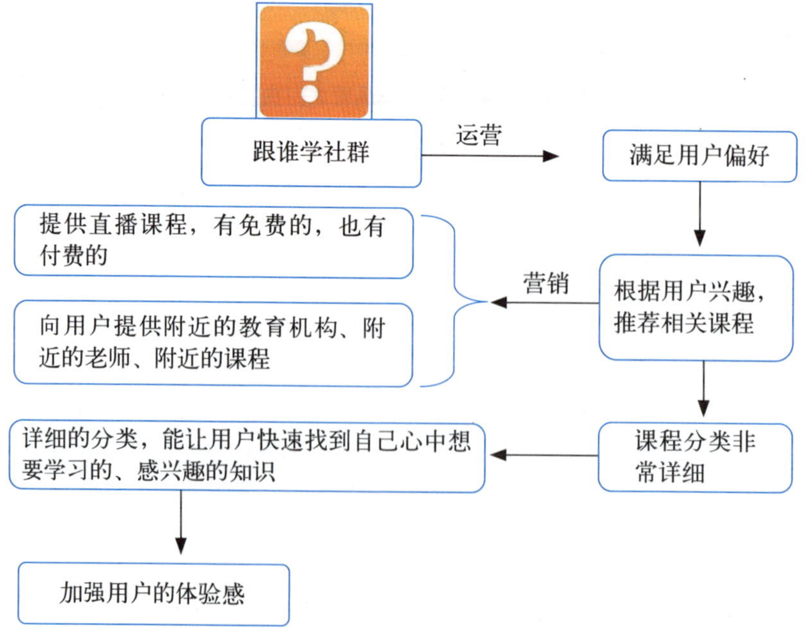

图 16-4　跟谁学社群的营销与运营

专家提醒

跟谁学社群最大的特色就是根据用户的兴趣，定制相应的课程，推荐相应的老师、教育机构，从而打动用户，产生购买。

【案例 106】英语流利说：用“有趣”鼓舞用户学习——让学习变得有趣

【企业简介】

英语流利说是一款既好玩又有效的英语口语学习应用软件，它可让用户“忍不住开口说英语”，帮用户真正摆脱“哑巴英语”的尴尬。

【功能解析】

英语流利说社群的功能如图 16-5 所示。

（1）流利吧：用户可以选择自己感兴趣的圈子，加入进去，即可查看圈子中的帖子或者自己发布相关内容的帖子。

（2）学习：用户可以用“过关”的形式，来学习知识。

（3）发现：用户可以加入 / 创建自己感兴趣的小组，在小组中与其他用户一起学习、交流等。

图 16-5　英语流利说社群的功能

【实施分析】

下面就来了解英语流利说的运营，如图 16-6 所示。

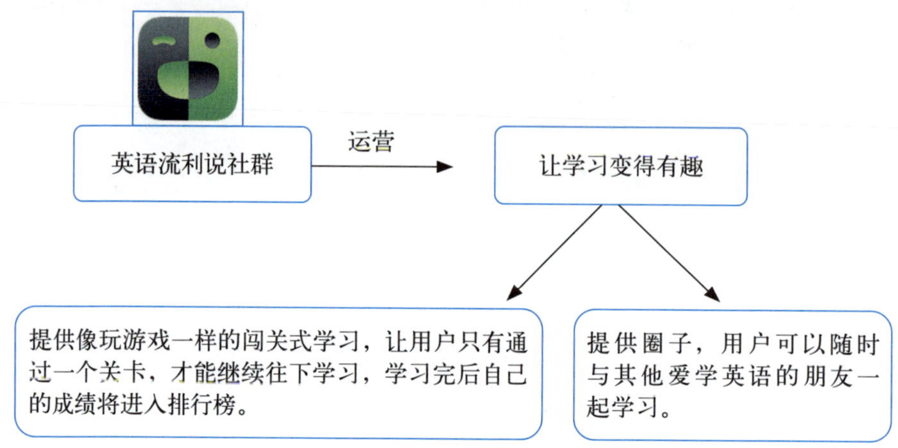

图 16-6　英语流利说社群运营之让学习变得有趣

专家提醒

在教育社群中，向用户提供有趣的学习方式，能大大地加固用户对学习的坚持心态，更能吸引住用户，用户留存率将大大地提高。

16.2　教育交友

人们在学习方面容易变得懒散，对于那些想要学习，却迟迟未见成效的人群来说，能让他们找到有共同目标的人群一起学习，能大大地解决他们心中的需求，由此，教育社群可以往“教育交友”方面定位。

【案例 107】沪江开心词：以回答情感问题为主的恋爱平台——营造氛围

【企业简介】

沪江开心词是由互联网教育平台沪江精心打造的一款多种语种背词应用软件，用户可以进行游戏化背词体验，与好友 PK 学习，提供的用户排行榜能激励用户的学习热情。

【功能解析】

沪江开心词社群的功能如图 16-7 所示。

（1）**PK 竞技场**：用户可以随机找对手，也可以与自己好友进行 PK。

（2）**排行榜**：用户可以查看与好友的排名情况。

（3）**生词本**：用户可以查看相关词汇信息。

（4）**社团**：用户进入社团中，可以选择小组，组队学习、发布帖子等。

（5）**设置**：用户可以自定义设置相关属性。

图 16-7　沪江开心词社群的功能

【实时分析】

下面就来了解沪江开心词的运营，如图 16-8 所示。

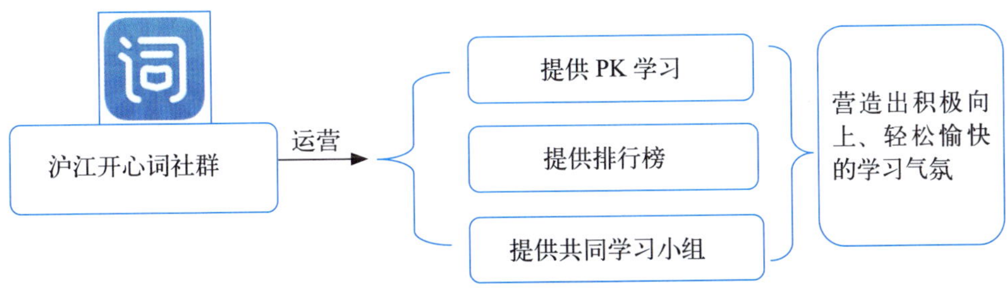

图 16-8　沪江开心词社群运营之营造氛围

专家提醒

对于教育社群来说，需要为用户营造出好的学习气氛。最好是快乐向上的、不断激励用户学习的。只有这样，用户才会有好的学习体验，才会愿意留在该社群中。

【案例 108】广东和教育：专门的恋爱交友平台——直击用户内心

【企业简介】

广东移动和教育手机客户端专为广东教育体系用户定制，应用安装包可实现教师和家长的多角色切换。

【功能解析】

广东和教育社群的功能如图 16-9 所示。

（1）**校园**：向用户提供他们订阅的、关于学习方面好的文章。

（2）**关注**：用户可以根据自己的需求加入圈子，在圈子中与其他用户进行分享交流。

（3）**圈子**：用户可以根据自己的需求加入圈子，在圈子中与其他用户进行分享交流。

（4）**学习**：向用户推荐一些专家同步课程。

图 16-9　广东和教育社群的功能

【实施分析】

下面就来分析广东和教育社群的营销与运营，如图 16-10 所示。

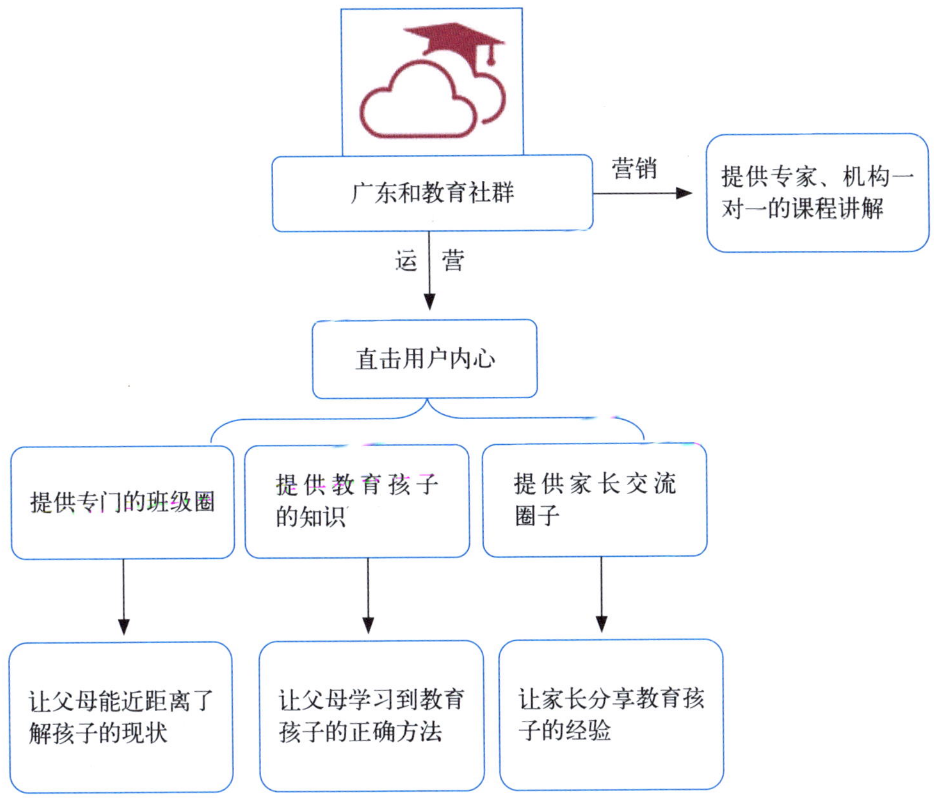

图 16-10 广东和教育社群的营销与运营

专家提醒

在广东和教育社群中，直接解决了用户教育孩子的问题。及时了解孩子在学校学习的情况、为孩子寻找比较实用的课程等功能，能大大地增强用户对社群的黏度。